牟宗三著

修訂七版

道德的理想主義

臺灣學生書局印行

修訂版序

此書與「歷史哲學」及「政道與治道」合爲一組，大抵皆是自民國三十八年至四十八年十年間所寫成者。此十年間乃是吾之文化意識及時代悲感最爲昂揚之時。此之蘊蓄由來久矣。溯自抗戰軍興即漸有此蘊蓄。當時吾與熊先生同住重慶北碚金剛碑，朝夕惕厲，啓悟良多。又時與友人唐君毅先生聚談，最爲相得。當時唐先生正寫其「道德自我之建立」，而我則正在繼「邏輯典範」後蘊釀「認識心之批判」。日常工作是如此，而瞻望國家之艱難，時風之邪僻，怵目驚心，悲感益增，所蘊蓄者固有超出有形工作之外者矣。此種蘊蓄不能求之于西方純邏輯思考之哲學，乃必求之于能開闢價值之源之孔孟之敎。深入于孔孟之成德之敎，始可暢通吾人之文化意識。有正面正大之文化意識，始能發理想以對治邪僻，立大信以貞定浮動，而不落于憤世嫉俗，或玩世不恭，或激情反動，或淺薄的理智主義。此種蘊蓄至三十八年抵臺乃全部發出，直發至十年之久。此期間，唐君毅先生所抒發者尤多，如「中國文化之精神價值」，「人文精神之重建」，「中國人文精神之發展」，「文化意識與道德理性」，等書，皆此期間所寫成者。唐先生書多重在正面疏通中國文化之精神與價值，使人對于中國文化有恰當之理解，糾正五四以來之否定主義；而我此期間之三書則重在批抉中國文化之癥結，以期蕩滌腥穢，開出中國文化健康發展之途徑。此兩方面互相配合，遂有「中國文化宣言」（爲中國文化敬告世界人士）之作。此文由唐先生執筆，加上張君勱先生，徐復觀先生，及我個人，四人聯名發表者。此文可爲此十年間吾人努力之綜結。當然，只看此文，不必能知其詳。仍希讀者取此期間諸友之作而詳讀之，當可知其底蘊。今唐先生已歸道山，吾述此一階段，不能無傷痛之感也。

就吾個人言，此一階段過後，吾所努力者仍本此階段之文化意識進而向裏疏通中國文化傳統中各階段之學術思想，藉以暢通吾華族智慧方向之大動脈，如「才性與玄理」乃疏通魏晉一階段者，「佛性與般若」乃疏通南北朝隋唐佛教者，「心體與性體」乃疏通宋明一階段者。此可謂由出而入。若不入，則根不能深，體不能透。但既入矣，亦應復出。若不出，則用不能廣，枝葉不能茂。入而復出，仍不出自三十八年至四十八年十年間所發揚之文化意識之規模。蓋吾人所遭逢之時代問題仍是文化問題。此問題並非一講過卽完者，乃須繼起者不斷之理解與講述，始能端正行動之方向。讀者若能出而入，入而出，「出入雲水幾度身」，必能發大願，立大信，暢通自己之生命，克服國家之魔難。未有道眼不明而能立國于斯世者。是爲序。中華民國六十七年四月。

序

一

吾于民國三十八年來臺。適值友人徐復觀先生創辦「民主評論」半月刊于香港。時大陸淪陷，天翻地覆。人心惶恐，不可終日。吾以流浪天涯之心境，逃難于海隅。自念身處此境，現實一切，皆無從說起。惟有靜下心去，從事文化生命之反省，庶可得其原委而不惑。面對時代，深維中華民族何以到此地步，實不可不予以徹底之疏導。于是，一方草「歷史哲學」以專其心，一方隨機撰文以暢其志。凡此等文字，大抵皆刊于「民主評論」。今「歷史哲學」已于四五年前成書印行，而隨機所撰之文直至今日方得彙集成編。即此「道德的理想主義」是也。

二

近時整個時代之癥結端在文化理想之失調與衝突。西方文化入近代以來，本有其積極之成就：一為民族國家之建立，二為科學之發展，三為自由民主之實現。此中皆有人類之積極精神在。然民族國家之建立固是每一民族之佳事，而因緣附會，演變而為帝國主義，則國家亦適為近人訴詆之對象。科學之發展固是知識上之佳事，然人之心思為科學所吸住，轉而為對于價值德性學問之忽視，則亦正是時代之大病。自由民主之實現固是政體上之佳事，然于一般生活上亦易使人之心思益趨于社會化（泛化），庸俗化，而流于眞實個性、眞實主觀性之喪失，眞實人格、創造靈感之喪失，則亦是時代精神向下低沉之徵象。此後兩者所轉生之時代病，吾人名之曰人類精神之量化，亦曰外在化。馬克斯順西方階級鬬爭之歷史，認為近代之成就皆是第三階級之成就，而於其流弊，則集中其觀察于資本主義以及帝國主義之罪惡。因此順第三階級推進一步提出第四階級之解放問題，而有共產主義之宣言，因而有共產黨之組織，與無產階級之革命。而其基本精神、則順先在之量的精神而更推進一步、徹底以唯物論爲立場、此爲量的精神之極端化。量的精神之極端化、在政治上表現爲極權、在社會上表現爲集體農場、人民公社，視人民如螞蟻，如螺絲釘，結果爲徹底之虛無主義，將人間投置于漆黑之深淵。此爲此時代大病之所在，演成今日極權與自由兩世界之對立。此大病之來臨，將侵蝕任何細胞而毀滅之。而對治此大病之自覺與反省以及建立自己積極理想之途徑，則始終不透徹，未發見。而世人猶懵然不覺而背馳！

歐西凡有理想主義之情調，對于歷史文化有通識者，皆深感近代量化精神之必日趨于墮落。斯賓格勒「西方世界之衰頹」，其論每一民族之十九世紀必繼之以大帝國之來臨、崩潰，而最後必歸于洪荒，實即已照察到此基本弊病，而見其必下趨而不可挽。其他如許維徹、索絡肯等，亦皆能認識近代精神之喪失其德性之理性，而唯是以感性與技術爲主。存在主義在時代精神上亦是對人之社會化（泛化），群衆化（客觀化）而來之反抗。尼采之超人則是對時代精神之庸俗而發。然而這一切思想家皆只能識病，而不能治病。其故即在未能獲得其表現理想之健康途徑。甚至其各人本人之思想即已在病態中。尼采本是極反量化之精神者，然其本人之質的精神却純是非理性之生命的。此種非理性主義的浪漫的理想主義演生出希特勒，益爲世所詬病，而成爲此時代之禁忌。存在主義則猶在摸索中，尚未開出其理性之坦途。許維徹有極佳之質地，而學思不能弘通。索絡肯知理性之重要，而不能透其全體大用。至于斯賓格勒則是一悲觀之宿命論者。其論歷史文化之基本原則尙落在自然生命上而爲「以氣盡理」者。凡此皆足以見時代之嚴重與對治大病之不易，亦足以見表現理想站住自己之不易。本書即以此時代病之認識爲背景而發出健康的理想主義之呼聲。

三

此書集文共十四篇。雖非一學術上之專著，而實爲一中心觀念之衍展。其目的唯在對時代喚醒人之價值意識、文化意識、與歷史意識。故其中心觀念之衍展亦在環繞此三者而爲其外延。

此中心觀念爲何？曰即孔孟之文化生命與德慧生命所印證之「怵惕惻隱之仁」是也。由吾人當下反歸于己之主體以親證此怵惕惻隱之仁，此即爲價値之根源，亦即理想之根源。直就此義而曰「道德的理想主義」。

此怵惕惻隱之仁是了悟性命天道之機竅。故直由此而立「人性論」，以期吾人處此時代能正視人性之尊嚴，並於人性有一正確而鞭辟入裡之了悟。吾之言此，並非廣徵博引，以求成一新說，乃直接祖述孔孟之所開闢，以爲外此並無更佳之途徑。又吾之言此，亦非由純理論之思辨以極成此義，此爲學院之工作，於吾此處之目的乃不適宜者。吾之言此，乃直接點醒而肯定此義，以對治共黨之唯物論，與馬克斯之人性論，以見其時代之意義與文化上之意義。此爲怵惕惻隱之仁之第一步衍展，衍展而爲人性論。

再進即爲踐仁之過程，由此而有家、國、天下（大同）之重新肯定，其極則爲「與天地萬物爲一體」。此則爲虛無低沉之時代樹立一立體之綱維，並對治共黨之邪惡而徹底與之相翻者。以爲非自己如此站得住，不足以言挽救人類之狂流，非如此認得透，不足以言識時代之癥結。

此綱維一立，則隨時照察，隨時對治，亦隨時建立其自己。故不唯揭穿共黨之膿毒，亦針砭自由世界之低沉。不唯明破共黨唯物論之邪謬，亦隨時糾正自由世界時風學風之流弊。故于法人存在主義者薩特利之「無人性與人無定義」說，必疏而通之，以袪其蔽。于德詩人侯德林所言之「上帝隱退」，亦必詳明其所以，而指出時代學風之無體、無理、與無力。于言自由之重個體者，必進而明「眞實普遍性」如何而可能，以期解消普遍性與個體性之衝突。于科學一層論、理智一元論者，必進而明價値之源以立根本，使有以知此本源之不可抹殺。價値意識提不起，即不能言文化意識與歷史意識。價値本源不清，縱有文化意識與歷史意識，亦不能透徹其本源，而或落于自生物生命觀文化。故于斯賓格勒之周期斷滅論，必進而明文化所以悠久之超越根據，而歸于「世界有窮願無窮」。「願」發自怵惕惻隱之仁。有此願力，以理生氣，而不只是「以氣盡理」，則歷史文化即不斷滅。此皆所謂隨時照察，隨時對治者也。

不惟隨時照察，隨時對治，亦且隨時建立此綱維。故「道德的理想主義」亦必函「人文主義之完成」。不惟極成此綱維，而且依據此綱維，開出中國文化發展之途徑，以充實中國文化生命之內容。由此而三統之說立：

一、道統之肯定，此即肯定道德宗教之價値，護住孔孟所開闢之人生宇宙之本源。

二、學統之開出，此即轉出「知性主體」以融納希臘傳統，開出學術之獨立性。

三、政統之繼續，此即由認識政體之發展而肯定民主政治爲必然。

此皆爲隨時建立此綱維，而爲此綱維之所函攝而融貫者。

四

本書中心觀念之衍展，其範圍只如此。吾前已言，吾之言此中心觀念乃直接祖述孔孟者。孔孟開出此觀念，經由宋明儒者之闡發，其義蘊深遠而廣大。吾茲簡單之點醒與肯定，悉以此爲背景。假若對此背景不能稍有感觸，則不能知此中心觀念之眞切與嚴肅。此將有一「心性之學」全幅展露之。又關於歷史文化者，吾茲所言，皆是由此中心觀念所投射之作用以牽連及。至于落到歷史文化上而有深切著明之表現，則有「歷史哲學」在。

關于中國文化發展之途徑，重在說明以前所以不出現科學與民主之故，以及今後如何能轉出之之理路。茲書所言，亦只是隨文作簡單之涉及。詳論則將有「政道與治道」一書。此已刊載多篇。但因系屬專論，故別成一書。

又吾此書所開闢之各領域，其哲學系統之根據乃在吾「認識心之批判」。其措辭運思有牽連到西方哲學者，或以西方哲學之術語與概念爲根據者，其表現之路數亦悉以「認識心之批判」爲本。

是以此書雖非某方面之學術專著，然悉以吾其他作品爲根據，而亦是其他作品之尾閭。凡學問、眞理，皆有其時代與文化上之作用。如吾其他作品所表現者爲體，則此書所言即其用也。是以此書乃關聯整個時代與文化，將人類有史以來所表現之各方面之眞理，如道德宗教方面，科學方面，哲學方面，政治方面，予以重新之提醒，而投射其時代之意義，以見其對治共黨之作用。故措辭行文類皆粗枝大葉，而又多激憤之辭。蓋亦悲感使然。又旨在啓發與對治，故雖言之無文，而眞性情不可泯也。試思自三十八年以來，至今已十年矣。回想當時之心境，乃直天崩地圮，斷潢絕港之時。吾尙有何顧慮而不敢直對華族文化生命負其責以用其誠乎？中華民族之有今日，豈惟政場中人之罪過？時風學風，知識分子，亦皆與有責焉。人人皆當有一徹底之反省，以自贖其罪戾。若仍膠着故習，不知自反，則罪莫大焉。故撥開一切現實之牽連，直透孔孟所開闢之本源，以之爲評判之標準，當無愧于先聖，亦無負于華族。

五

吾人所處之時代是「觀念災害」之時代。非通常所說之天災人禍，乃是觀念之災，觀念之禍。共黨以其邪惡之觀念系統到處決裂澌滅。人類自有歷史以來所表現之每一眞理，價値標準，皆動搖而不能自持自見。似皆在搖搖欲墜而不能站住其自己之時。蓋除科學外，凡屬價値領域內之內容眞理（intensional truth）皆與成習、現實，相糾結。成習、現實，不能無弊。如是，人只見成習現實之弊，而不能見其中之眞理。又「百姓日用而不知」，以其感觸之直覺，亦只能膠着于成習現實，而不能見其中之眞理。値此大變亂之時代，一切傳統，成規成矩，皆在朝不保夕，隨時可被風掣電捲以去。如是，價値標準，內容眞理，亦隱伏于成習現實之中而隨之流逝以俱去。共黨即從成習現實中看一切，以其邪惡之觀念，橫衝直撞，遂造成大顚倒，大決裂。是以今日一切成習現實俱不足恃。惟有撥開一切成習現實而提練其中之眞理，方有眞正之立場。凡價値領域內之內容眞理，俱須一一提練而考驗之，藉以堅定自己之信念。每一內容眞理，面對共黨之澌滅，俱當乘此機會，重新釐清而確定其意義，藉以彰顯其自己，站住其自己。每一眞理能彰顯而站住，自持而自見，即于共黨有一對治之作用。

從最簡單之孝弟、人倫起，進而至于人性、理性、正義、理想、自由、民主、家庭、國家、大同、普遍性、個體性、絕對、全體、乃至宗教之神性、等等，因現實之牽連，皆有其似是而非處。然此中亦皆有其眞理性與眞實性，無一而可廢。面對共黨之決裂澌滅，俱須提練而考驗之，重新釐清而肯定之，使人人皆期能正視而有正解，隨時覺醒而消除其假借之歪曲。既得正解，則每一內容眞理皆是一道防線，亦是一道光明。此即本書所欲作者，亦即前文所謂關聯整個時代與文化，而投射眞理之時代意義以見其作用者。能投射出其時代之意義而見其作用，即是豁醒其自己，站住其自己。此即所謂考驗。吾人只有在此內容眞理之考驗上立根基，始能有肯定、有信念，而不落于虛無主義之深淵。

當三十八、九年之時，人皆有憂惕迫切之感，亦有思哀思危之意。吾言之而人可聽。十年後之今日，此種哀危之思，已成明日黃花。瞻望大陸，一海之隔，儼若楚越之不相干。共黨之刺激已不復切于人心。則吾此書所言，人亦必淡然視之，認爲迂固不切事情。甚或斥之爲書生之狂言，亦所難免。人之了悟內容眞理，常視其機。機至則甚易知，甚易明，而見其爲不可移。機不至，感不切，心不開，固蔽不通，激越反動，則雖舌弊唇焦，亦無益也。雖然，慧命不可斷，人道不可息，故仍存之，以待來者。

民國四十八年八月牟宗三自序于大度山

「道德的理想主義」目錄

儒家學術之發展及其使命

中國以往二千餘年之歷史，以儒家思想爲其文化之骨幹。儒家思想不同于耶，不同于佛。其所以不同者，即在其高深之思想與形上之原則，不徒爲一思想，不徒爲一原則，且可表現爲政治社會之組織。六藝之教，亦即組織社會之法典也。是以儒者之學，自孔孟始，即以歷史文化爲其立言之根據。故其所思所言，亦必反而皆有歷史文化之義用。本末一貫內聖外王，胥由此而見其切實之意義。以儒者之學，可表現爲政治社會之組織，故某時某代，學人思想，衷心企嚮，雖不以儒學爲歸宿，而政治社會之組織，固一仍舊貫，未有能橫起而變之者。此謂禮俗（廣義的）之傳統。清季西方文化猛衝急撼，斯統始漸澌滅。民國以來，禮俗趨新。然而未有成型也。

儒者之學，除顯於政治社會之組織外，于思想則孔孟荀爲第一階段，中庸易繫樂記大學爲第二階段，董仲舒爲第三階段。此儒學之由晚周進至秦漢大一統後表現爲學術文化之力量而凝結漢代之政治社會者也。兩漢四百年，爲後世歷史之定型時期。一經成型，則禮俗傳統，于焉形成。魏晉南北朝爲混亂時期。學人思想無復儒家宗趣。此儒學之在思想方面之最黑暗者也。隋唐武功政略匹秦漢，而儒家思想無光彩。王通漸露端倪，韓愈粗能闢佛，李習之稍進精微。此皆以自覺之嚮往，而期歸宗于儒術。其所以有此自覺之歸宗，正緣學術思想不能永安于魏晉以來之散漫與頹廢，而期重新提練人類之精神，而進趨于積極建構及正面之大業。然唐不能就此而光大，徒爲文人浪漫之才華。正緣組織社會之法典，有成文可續，有定型可繼，不似漢代之初創。禮俗傳統不變，則思想方面之功用不顯，學人自覺求由學術思想以造時代之需要，亦不迫切。而唐人生命原極健旺，故致力詩文，崇尚華藻，而文物制度，亦極燦爛而可觀也。形上之思想無可取，而形下之文物則足以極人間之盛事。此則天資之美，生命之旺，所謂氣盛言宜，有足以近道者。然氣不終盛，往而不返。降至殘唐五代，則規模盡喪，無復人趣。坎陷至極，覺悟乃切。宋初諸大儒，始確爲儒學思想方面之復生。世變至此，徒有禮俗之傳統，難期濟事。而宋祖之武功政略，又遠不及唐。開國之局，原極微弱。而仍足以維持三百年者，則學術文化之力也。故宋之國勢雖弱，而文化則極高，與唐恰相反。而儒學亦于此表現爲極光輝極深遠。是爲自孔孟荀至董仲舒後之第二期之發揚。明代繼宋學而發展，又開一盡精微之局。王學之出現于歷史，正人類精神之不平凡，儒家之學之煥奇彩也。滿清入關，民族生命乃受曲折。降至清亡，以迄今日，未能復其健康之本相。吾人今日遭遇此生死之試驗，端視儒學之第三期發揚爲如何。且今日問題，又較以往任何時期爲困難。禮俗傳統崩壞無餘。儒家思想湮沒不彰。是以人喪其心，國迷其途。而吾人今日所必欲達之階段，又爲一切須創造之階段。國家須建立，政制須創造，社會經濟須充實，風俗須再建。在在無有既成可繼者。此其所以眞爲嚴重關頭也。

然衝出此嚴重之關頭，開出創造之坦途，又非頓反求諸已不爲功。而反求諸己，正有其可反之根據。此則必須有儒學之第三期之發揚。而此期之發揚，又必須能盡實現一切創造之責任。吾人必須知眼前所需要之創造，乃以往二千年歷史所未出現者。以其未出現，故必爲創造。然而所謂創造，亦必爲歷史自身發展所必然逼迫其出現之創造。是以今日之創造，必有自家之根據。而不能純爲外鑠者。所謂自家之根據，普泛言之即儒家之傳統，亦即儒家必有其第三期之發揚也。而第三期之發揚，必須再予以特殊之決定。此特殊之決定，大端可指目者，有二義。一、以往之儒學，乃純以道德形式而表現，今則復須其轉進至以國家形式而表現。二、以往之道德形式與天下觀念相應和，今則復需一形式以與國家觀念相應和。唯有此特殊之認識與決定，乃能盡創制建國之責任。政制既創，國家既建，然後政治之現代化可期。政治之現代化可期，而後社會經濟方面可充實而生動，而風俗文物亦可與其根本之文化相應和而爲本末一貫之表現。此則必有健進而構造之文化背景而後可。此非嚮壁虛談。漢代其例也，宋代其例也，德國亦其例也。而吾人今日之局，則非走此路不能衝破此難關。

欲實現儒學第三期之發揚，則純學術之從頭建立不可少。新時代之創建，欲自文化上尋基礎者，則不得不從根本處想，不得不從源頭處說。從根本處想，從源頭處說，即是從深處悟，從大處覺。依是儒學之究竟義不能不予以提練，復不能不予以充實。充實之，正所以使其轉進至第三期，而以新姿態表現于歷史，以與今日在在須創造之局面相應和。充實之之道，端賴西方文化之特質之足以補吾人之短者之吸納與融攝。于此吾人特重二義。一、在學術上名數之學之足以貫澈終始，而爲極高極低之媒介，正吾人之所缺，亦正西方之所長。儒學在以往有極高之境地，而無足以貫澈之者，正因名數之學之不立。故能上升而不能下貫，能侔于天而不能侔于人。其侔于天者，亦必馴至遠離漂蕩而不能植根于大地。其所以只能上升者，正因其系屬道德一往不復也。而足以充實之之名數之學，則足以成知識。知識不建，則生命有窒死之虞，因而必蹈虛而漂蕩。知識不廣則無博厚之根基，構造之間架，因而亦不能支撐其高遠。故名數之學，及其連帶所成之科學，必須融于吾人文化之高明中而充實此高明。且必能融之而無間也。是則須待哲學系統之建立與鑄造。二、在現實歷史社會上，國家政制之建立，亦正與名數之學之地位與作用相類比。此亦爲中國之所缺，西方之所長。國家政制不能建立，高明之道即不能客觀實現于歷史。高明之道之只表現爲道德形式，亦如普世之宗教，只有個人精神，與絕對精神。人人可以與天地精神相往來，而不能有客觀精神作集團組織之表現。是以其個人精神必止于主觀，其天地精神必流于虛浮而陰淡。人類精神仍不能有積極而充實之光輝。故國家政制之建立，即所以充實而支撐絕對精神者，亦即所以豐富而完備個人精神者。凡無國家政治之人民（如猶太人）其精神不流于墮落與邪僻，即表現爲星月之清凉與暗淡。其背後，決無眞正之熱力，與植根于天地之靈魂。朱光澈地與月白星碧之別，正在其有無客觀精神之表現，有無國家政治之肯定。故國家政制之建立，亦須融于吾人文化之極高明中而充實此高明。且亦必能融之而無間者。是亦有待于偉大之歷史哲學與文化哲學之鑄造也。

西方名數之學雖昌大，（賅攝自然科學），而見道不眞。民族國家雖早日成立，而文化背景不實。所以能維持而有今日之文物者，形下之堅强成就也。形上者雖迷離倘恍，不眞不實。而遠于人事，則于一般社會群體，亦不必頓感迫切之需要。然見道不眞，文化背景不實，則不足以持永久，終見其弊。中世而還，其宗教神學之格局一經拆穿，終不能復。近代精神，乃步步下降，日趨墮落。由個人主義而自然主義，自由平等博愛之思潮興。近代英美之政治民主，即由此而孕育。然個人主義自由主義，如不獲一超越理性根據爲其生命之安頓，則個人必只爲軀殼之個人，自由必只爲情欲之自由。因以盲爽發狂，而不能自持，終必逼出共產黨之反動而毀滅之。共產黨以無產階級革命相號召，以泯滅人性之集體主義對治軀殼之個人主義，以機械之物化系統對治情欲之自由主義。豈非步步墮落，非全部物化而毀滅之不可而何耶？此尙非人類之浩劫乎？然則有堅强之形下成就，而無眞實之文化背景者，雖曰日益飛揚，實則日趨自毀耳。然非局于現實而爲其文物所惑者所能洞曉。世人方欣羨其成就，而不知其大苦痛即將來臨也。彼若不能於文化之究竟義上，有眞實之體悟，將不能扭轉其毀滅之命運。名數之學與民族國家將徒爲自毀之道，又何貴焉？故就西方言，民族國家誠可詛咒。名數之學，或知其不負利用之責。然而眞負利用之責者，又不能建，則亦無安頓名數之學者。名數之學，不能安頓，則利弊相消，亦同歸于盡而已。人不能建其本，則科學之利正不能見其必多于其弊也。而飛揚跋扈所以震炫世人耳目者，亦正人類自娛于精神之播弄，陽焰迷鹿，麻醉一己而已。故對吾人之文化言，則名數之學與民族國家正顯其充實架構之作用，而自西方文化言則實日趨于自毀。然則西方文化之特質，融于中國文化之極高明中，而顯其美，則儒學第三期之發揚，豈徒創造自己而已哉？亦所以救西方之自毀也。故吾人之融攝，其作用與價値，必將爲世界性，而爲人類提示一新方向。

×　×　×　×

以上略說三時期之劃分。今日所需要者，正是其尚未出現之第三期。儒家思想本非造成某一特殊時代之特殊思想，事過即完者。此義，自孔子起即如此。孔子雖爲春秋時人，而其所貢献之眞理，並不爲春秋時代所限。被雖謂「郁郁乎文哉，吾從周，」然其思想之涵義，並不單就周之貴族政治而言，亦不爲貴族政治所限。周之貴族政治往矣，而孔子思想並不隨之而俱往。此即表示儒家思想並非造成某一特殊時代之特殊思想也。論語中多言仁，仁之境界極高。然專就論語之仁觀孔子，觀者或不能盡孔子之全貌，亦不必能盡孔子之仁之極致。春秋爲孔子所作，乃不容疑者。史記稱春秋爲「禮義之大宗」。由此一語，吾人可知：一、孔子實是仁義並建。論語中不常言義，而春秋却爲義道之大宗。孟子主仁義內在，正式言仁義。實則仁義並建，自孔子而已然。惟孔子論語中言仁，就日常生活而言之，春秋中言義，就當時之政治社會生活而言之，不似孟子之直就人性言仁義而道性善也。惟仁義俱是生命充沛之所發，人性中神性之流露，故仁不離義，義必根仁。亦猶論語中或仁智並言，或聖智並言。就此而觀之，可知孔子乃在啓發人之心性之全德也。（此心性之全德亦曰仁德之全。）孟子即就此而發揮，遂成盡心知性知天之道德形上學。宋明儒者亦順此路而發展。吾人名此步開拓曰「由人性以通神性」，藉以規定人類之理性。吾人亦名此曰普遍之理性，或主動之理性。由此遂成功理想主義之理性主義，或理性主義之理想主義。然適言，春秋中言義，是就政治社會生活而言之，故曰禮義之大宗。「禮義」一詞乃廣義的，荀子于此名曰「禮義之統」（此統乃系統義）。不只嚴格的道德意義之「義」，而一切典憲（即典章制度）亦概括于其中。孔子言義就典憲而言，故由「禮義之大宗」一語亦可知：二、孔子之言仁義實扣緊歷史文化而言之。此意即函說：孔子之仁義不只是道德的，且着重其客觀之實現。一切典憲皆是理性（上所規定之理性）之客觀化，客觀精神之表現。中庸稱孔子「祖述堯舜，憲章文武」，以及後來所謂堯舜禹湯文武周公孔子之統，皆指孔子就歷史文化意義之典憲之統（亦即禮義之統）而應世而言。孔子之振此統于不墜，以及其垂統于來世，皆不指往時之陳迹言，乃指此陳迹所顯示之「意義」。陳迹不可爲統，意義乃可爲統。此「意義」乃孔子就典憲之發展予以批評的反省以得之。固非一時可喜之論，一家之言，乃實心所同然，而具有客觀性與普遍性也。其批評的反省，乃于褒貶中見之。中國歷史，發展至孔子，實爲反省時期。此種反省，吾人名曰人類之覺醒。就史實言，亦曰歷史發展之點醒。此種點醒，爲功甚大。乃人類之眼目，歷史之光明也。經此點醒，意義乃顯。意義顯，則可以明朗過去之潛在，並可垂統于來世。此意義即古人所謂「道」也。此道之函義即爲上所說之一、仁義並建之主動的理性，由人性通神性所定之理性，二、即此歷史文化之肯定，視歷史文化爲實現「道」者。道不空懸，必須實現。不實現，不足以爲道。實現必通過家庭國家之客觀存在以及歷史文化之曲折婉轉而實現。而歷史文化以及家庭國家或民族國家亦正因其爲道之實現之憑藉，始有其被肯定之價值或客觀之價值。孔子曰：「文王旣歿，文不在茲乎？」此所謂「文」即是人性通神性所定之理性，以及此理性之實現于歷史文化民族國家之綜稱。孔子就歷史文化意義之典憲之發展而抒發其意義，即是其以「斯文」爲己任。文之統曰文統。孔子之言「道」完全扣緊「文統」而言之。非若耶穌之專爲宗教的，釋迦之專爲趨寂的，蘇格拉底之專爲哲學的。此種立場，名曰人文主義，亦無不可。古有「人文化成」之成語，此可爲儒家人文主義之確界。人文化成者，以人性通神性所定之理性化成天下也。就個人言，以理性化成氣質，所謂「克己復禮天下歸仁」也。就社會言，則由理性之客觀化而爲歷史文化以化成天下也。化成之義大矣哉。試思若不經人文化成，則洪荒而已矣，自然而已矣。何有于歷史？此種立場自不能容忍毀滅人類之唯物史觀。何今人之淺陋而必予以詬詆哉？孔子言道之立場，荀子能知而守之。故曰：「道者非天之道，非地之道，人之所以道也，君子之所道也。」(見荀子儒效篇)。科學亦言天道，亦言地道，而儒家本爲仁義並建之人性的，本爲歷史文化的。然儒家思想並不排斥科學也。故在今日觀之，言第三期之轉進，有名數之學之融攝。若謂儒家重人道，妨碍科學之發展，因而歸咎于儒家，則不知道之實現本有其時代之限制與夫歷史發展中之形態。徒歸咎于以往，何若從發展上觀其將來之轉進。一切眞理豈必一時皆實現耶？從發展觀其轉進，則視其函攝性如何而已耳。此本不値辯，徒因時風中讕言甚多，故略予提過。又儒家人文主義之立場，中庸亦能概其全，曰：「君子之道，本諸身，徵諸庶民，建諸天地而不悖，質諸鬼神而無疑，百世以俟聖人而不惑。」夫何以能此哉？豈不因由人性通神性而定理性以及此理性之必求實現于歷史，故能如此耶？此即言儒家之道爲常道，爲時時在實現中，爲時時在轉進其形態也。

原儒家學術之所以爲常道，乃因其本質本爲教化的，而其所以爲教化之本質則在主重提撕人之覺醒，（從現實推移中覺醒）。自孔子之爲素王起，君師兩系即已分途。此如耶穌之謂其國在天上不在地下同。孟子謂「君子所性，雖大行不加，雖窮居不損，分定故也。」又謂「君子所性，仁義禮智根于心，盎于背，晬于面。」足見儒學中心自有所在。儒家言學，以此爲宗，實欲在現實混沌之中透露一線光明，而爲現實之指導，人類之靈魂。故其在現實社會中之作用與價值，常居于指導社會，推動社會之高一層地位，而不可視爲成功某事之某一特殊思想也。孟子言分定之「君子之所性」即就此儒家學術之普遍性而言。旣爲常道，又有此普遍性，故可以居于高一層地位而爲推動社會之精神原則也。若將其僵化而凝結于某一時代，視爲歷史之陳迹，過時古董，則謬矣。

然社會演進，歷史發展，其每步總期有一特殊之成就。特殊之成就必有特殊之思想。如商鞅變法，即爲旨在成某事之特殊思想。作爲現實中之指導原則者，因現實有特殊性，故亦不能不有特殊性。世無專靠普遍性之原則而可以成事者也。世人即依此譏儒家爲迂濶，爲博而寡要，勞而少功。若專就成某事言，則儒家學術固可謂少功。然適言儒家學術中心固非在成就某事之特殊思想也。其本身有推動性與發酵性，此其本性之所在。又成就某事之特殊思想，即指導現實之特殊原則，不能不有普遍原則爲其根據。普遍原則與特殊原則合，遂成功某一特殊運動與夫此運動之特殊事業。儒家學術之責任即在擔負普遍之原則。（學術與秉承此學術之人不同。「學術」旨在普遍原則，而秉承此學術之人即儒者亦可同時有特殊原則，甚至有特殊才能）。此普遍原則作爲特殊原則之根據，然後可以用心不濫。商鞅變法，旨在成事，儒者不反對，而以法家精神爲根據，即以之爲變法時之特殊原則之普遍原則，則儒者必反對。推之革命，儒者不反對，然以唯物史觀爲根據，則必反對。使人民有飯吃，儒者不反對，以人民爲號召，儒者尤不反對，然只是吃飯，或盜竊以食之，或依唯物史觀而行清算鬥爭以食之，則儒者必反對。只是人民而忘其國，而剝奪其歷史文化，使之成爲光禿禿之「人民」，則儒者尤反對。爲其與禽獸無以異也。清算鬥爭，儒者亦非一往反對。以古語言之，不仁不義不忠不孝，貪汚黷職，罪大惡極，法所必誅，豈止清算鬥爭而已哉？然鬥爭無辜之農民，而又出之以殺戮，則尤罪大惡極，天理難容。依此衡之，孰謂儒家學術無功于人類？人不防濫，必歸于禽獸；人無所守，必致于濫行。普遍原則之功效即在防濫也。小之，防一身一家之濫，大之防一國之濫，再大之防人類之濫。要之，使其不歸于禽獸而已。近世時風，濫行不可遏止，共黨承之，以理論成就其濫行，人類之歸于禽獸，趨于自毁，豈是吾之杞憂？

×　×　×　×

儒家學術主要在表現推動社會之普遍原則，已如上述。此普遍原則，經過宋明儒者之講論，益形彰著。順此路而言，其本義即吾人上文所說之由人性通神性所定之理性。此理性，儒家嚮往其爲一普遍之理性。其嚮往也，非憑空之抽象的嚮往。乃由實踐的証實而成之嚮往。依此，其嚮往轉爲超越之崇敬。此種理性的普遍性，不獨限于人類之歷史，且大之而爲宇宙之原理，依此而成爲儒家之形上學。此具有普遍性之原理，儒家名之曰「仁」。吾人現在亦可轉名之曰「絕對理性」。此絕對理性在人文的實踐過程中彰著其自己。吾人即由此實踐而認識其爲指導歷史或貫穿歷史之精神原則，即吾人上文所說孔子經由反省而顯之「意義」。黑格爾名之曰精神。黑格爾謂此精神之本質曰「自由」。此所云之「自由」與時下「自由主義」中之自由不同。下文再稍論此兩者之關係。此言自由乃係于精神自己而言。即人類在實踐過程中亦即歷史發展中，自我之覺悟所透露之精神之自己。此精神自己，在實踐中不斷彰著其自己，同時亦即不斷顯示其自己。彰著其自己，顯示其自己，即表示其推動歷史，貫穿歷史，而歷史亦即爲其實現之過程。故黑格爾「歷史哲學」結語云：『世界底歷史，具着其年曆所呈現的變化之各幕，即是精神之「發展及實現」之過程。此是眞正之神統紀，即歷史中上帝之證實。只有此種透視始能將精神與世界之歷史消融于一起，即凡已發生者，以及每日正發生者，不只是不會「沒有上帝」，且本質上就是他的作品。』

茲就儒家而言絕對理性在實踐過程中彰著其自己。儒家學術就人性人倫歷史文化而言道，已如上述。此種型範已爲孔子所確立。孔子在其個人之生活實踐中以及春秋之批評的反省中，將「道」全幅呈現給吾人。讀論語，可知孔子之生活透體是智慧之呈露，因而可知其人格全幅是「仁」之人格。仁之爲普遍理性與孔子透體是智慧之人格打成一片。在孔子，仁全幅實現于現實之個人，而孔子之個人亦即是仁之證實。孔子不敢以聖智自居，只謂是「發憤忘食，樂以忘憂，不知老之將至」之人，「學而不厭，誨人不倦」之人。既多能鄙事，而又不以有所成名自居。（執御執射即是有所成名）。試思此是何種人格！吾人即謂此即是透體是智慧之人格，全幅是仁之人格。何謂仁？就此簡單言之，即是生命之不滯。「人之生也直，罔之生也幸而免。」仁就是「直生」。孟子言「道二：仁與不仁而已。」直生是仁，罔生是不仁。只有此兩種生。芸芸衆生，大都是罔生。勿謂「直生」是易事也。故孔子爲「肫肫其仁」之人格。而中庸于此語後直繼之以「淵淵其淵、浩浩其天。」惟肫肫其仁，始能淵淵其淵，浩浩其天。故孔子曰：「不怨天，不尤人，下學而上達。知我者其天乎？」下學上達，自知天知，即是人格之與天接，之與天契。此就是淵淵其淵，浩浩其天也。故顏淵贊孔子曰：「仰之彌高，鑽之彌堅，瞻之在前，忽焉在後。」此就是淵淵其淵，浩浩其天之茫無涯岸。後來揚子雲云：「觀乎天地，則見聖人。」程伊川對此語不謂然，曰：「不然，觀乎聖人，則見天地。」讀者勿謂此一顚倒，不關重要。實則惟有實踐而不玄談之伊川始能見出揚子語之不妥。儒者由實踐而踐仁，由仁之呈現而見天道。未有離開仁之實踐而空言天道爲如何如何也。由仁之實踐而表現仁，仁爲人道，亦爲天道。故仁爲普遍之理性。以仁爲道，道顯然必爲精神也。（心理合一之絕對精神）。由孔子仁之人格可以見其上與天接，由其歷史文化之擔負、以「斯文」爲己任、之客觀精神，更可見出其「淵淵其淵，浩浩其天」之絕對精神。觀乎聖人，則見天地，聖人與天地爲一也。而天地之本質（即道）却必由聖人之踐仁而彰著。（科學由經驗而研究自然，而聖賢之學却必由仁之實踐而證天道。兩者原不同科，而不相代。然而本末有別也。）後來孟子私淑孔子，而言盡心知性知天，遂將此人天同道之「仁」（普遍理性）由仁義內在所示之「性善」一語道破。荀子則繼承歷史文化之典憲（禮義之統）一面而言客觀精神。孔孟荀所彰之道雖未及身而見於國家政治，然而發展至董仲舒，則收其功效于漢帝國之建立。此爲此道之實現之第一期的形態。經過魏晉南北朝之混亂時期，此道便隱。隋唐再造，其根本動力亦不本于儒學。唐之精神當別論。（此所謂當別論指其精神原則言，非指文物制度言。）宋繼承無復人味之五代而興，此爲此道之第二步彰著時期。此期彰著之因緣乃在五代之混亂，故宋學之精神首在重人倫，立人極。亦惟因殘唐五代太不成話，重人倫，立人極之心重，故宋學之彰顯此道乃爲純反省的：由主靜，主敬，向裡收歛，反顯此普遍理性之絕對主體性。因爲要顯此理性之主體性，故一方超越意味重，一方克制物欲之功力亦重。不將一切物欲克服下去，一切屬于氣質屬于「自然」者滌除淨盡，則主體性不顯，普遍理性之自體不立。耶穌說教，必須刊落一切俗世之牽連，方能進天國，亦是此意。經由耶穌之教訓，上帝之絕對性及純淨性方顯。宋儒講學，其成就亦類此。然單顯此主體性，則一方在現實上，較爲消極，一方將形下之自然（外物）刺出去，而爲理性之反，尙未能至乎兩者之綜和而成爲飽滿之現實之建構。普通據此譏宋儒之拘謹無能。然此乃就功利上說。若就文化史或精神發展史上言，則此步正反之對立，主體性之彰著，乃爲必然應有者，且亦是極大之心力。而何況宋儒重人倫，美風俗，亦有其現實上之實現。宋亡後，元明間猶能憶及宋末風俗之美，（此見之于方孝孺遜志齋集）。此決非偶然。

第一期與第二期兩形態不同。第一期之形態，孔孟荀爲典型之鑄造時期，孔子以人格之實踐與天合一而爲大聖，其功效則爲漢帝國之建構。此則爲積極的，豐富的，建設的，綜和的。第二期形態則爲宋明儒之彰顯絕對主體性時期，此則較爲消極的，分解的，空靈的，其功效見于移風易俗。（兩形態皆就文化史言，不就學術內部問題言。又宋明儒及兩時代之精神亦各不同，但此亦因就文化史或學術之時代使命言，故不及細論其中之差別。）

現在再就吾人所欲說之第三期而言之。明亡，滿清以異族入主中國，儒學之根本精神完全喪失。故自清末以至今日，問題愈演愈繁，愈趨愈難。混亂墮落可謂達于頂點。步步下趨，遂有共黨之決裂。吾人于此思所以自救之道，遂有儒學發展轉進至第三期形態之嚮往。此第三期形態之內容，吾人在首段已略提及。一、自純學術言，名數之學之吸取以充實最高之原理；二、自歷史文化言，民族國家之自覺的建立以豐富普遍之理性。由道德形式轉進至國家形式，由普遍理性之純主體性發展出客觀精神。此皆爲儒家精神所易函攝或所易轉至者。只須吾人一意識到儒家學術之實踐性，則在發展之逼迫中即必然轉到此。蓋孔孟荀立教，本自人性人倫歷史文化而爲言。夷夏之辨爲儒家所固有。由歷史文化之夷夏之辨最易轉至民族國家之自覺建立。（人性人倫所以辨人禽，歷史文化所以辨夷夏。此兩義最爲儒學之本質。）此第三期，經過第二期之反顯，將有類于第一期之形態。將爲積極的，建構的，綜和的，充實飽滿的。惟此期將不復能以聖賢之人格爲媒介，而將以思想家爲媒介，因而將更爲邏輯的；而在功效之建設方面說，經過共黨之剗平，則將爲全體的，而不復只是聖君賢相的。

今因共黨之殘暴與專制，方以「自由」相號招。故承此機略說今日之自由主義。自由主義在反共上，爲一顯明之口號。此不容疑。但吾默察今日之自由主義已不復能作爲領導時代之精神原則。在文藝復興時，自由之實踐具備其充分之精神性，因而下開近代之西方文明。然而演變至今日言自由，已具體化而爲政治之民主制度，經濟之資本主義，而今日之自由主義者其心思亦粘着于政治經濟之範圍而不能超拔。自由主義顯然已失其精神性。自由固是必須者，自由主義固是對抗共黨之不自由之最佳口號，然而問題乃在如何能恢復其精神性。自眼前言，自由主義有其應付現實之時效性，此儼若對付特殊問題之特殊思想。然特殊思想必有普遍原則作根據。其精神性之恢復，端賴此普遍原則之建立。此普遍原則即儒家學術所代表之推動社會之精神原則也。惟精神透露，自由主義始能恢復其精神性，變爲可實踐者。精神（即吾人所說之心理合一之理性或仁）之本質曰「自由」（此黑格爾所說之自由）。惟此「自由」得其呈露，現實之自由，即自由主義所函攝之自由，方能得到。

吾以敬畏之心撰此文，掛一漏萬，意不能盡。但望不獲罪于先聖。時人之詆毁孔孟及理學家者多矣。吾不暇辯白。吾人有時相互論辯，遇彼不堪者，且謂一笑置之，或不必與辯，而謂詆毁聖賢者，可與之論辯乎？子貢曰：「仲尼不可毁也。他人之賢者丘陵也。猶可踰也。仲尼日月也，無得而踰焉。人雖欲自絕，其何傷于日月乎？多見其不知量也。」

理性的理想主義

「理想」的原意根于「道德的心」。一切言論與行動，個人的，或社會的，如要成爲有價值的或具有理想意義的，皆必須依據此原意的理想而成爲有價值的，成爲具有理想意義的。「理想」不只是一個「未來的未實現」。如果只是如此，則强盜之想刼財而未刼成者，貪官之想發財而未發成者，皆可說理想，皆可說有價值。此不應理，人所周知。依此，一種社會行動，其爲有價值的，爲具有理想意義的，亦不能只拿它有一個未來的嚮往或憧憬而決定。有人說，共產主義者亦是理想主義者，因爲他們以共產爲未來社會的嚮往，他們想往那個無階級的社會。然而須知：他們堅主唯物論，而唯物論不是理想主義；他們又必否決那個「道德的心」，而道德的心是發動理想的一個最根本的源泉。依此，他們雖有未來的嚮往，而不可說理想主義。因而他們的嚮往與行動，俱不可說爲有價值，說爲具有理想之意義。理想不只是一個「未來的未實現」，此種道理，一經說破，人人皆可以明白。它所以這樣顯明，是人人心中皆有個合理不合理的判斷，而這種判斷却正是根于「道德的心」的。依此，「道德的心」是普遍地存在着的。而且是隨時可以指點出的。這就是我們一切言論行動以及判斷一切言論行動的起點與標準。

道德的心，淺顯言之，就是一種「道德感」。經典地言之，就是一種生動活潑怵惕惻隱的仁心。生動活潑，是言其生命之不滯，隨時隨處感通而沛然莫之能禦。怵惕惻隱是生動活潑之特殊化，或說是它的內容。在不滯之心之感通中，常是好善惡惡，爲善去惡，有所不忍，遷善改過。依是，生物生理的活潑，不是此處所說的活潑；機變智巧的伶俐不是此處所說的生動。如果沒有怵惕惻隱之心爲本，則這一切聰明才智都是在陷於物欲的機括中耍把戲，其生命已經是呆滯而被窒塞了，那裏還能說生動活潑？

此種生動活潑恍惕惻隱的心，吾人以「覺」與「健」來概括。孟子盡心章上云：「孟子曰：舜之居深山之中，與木石居，與鹿豕遊，其所以異于深山之野人者幾希。及其聞一善言，見一善行，若決江河，沛然莫之能禦也。」此是言「覺悟」的一段最懇切的話。

荀子哀公篇云：「魯哀公問于孔子曰：寡人生於深宮之中，長于婦人之手，寡人未嘗知哀也，未嘗知憂也，未嘗知勞也，未嘗知懼也，未嘗知危也。孔子曰：君之所問，聖君之問也，丘小人也，何足以知之？曰：非吾子無所聞之也。孔子曰：君入廟門而右，登自胙階，仰視榱棟，俛見几筵，其器存，其人亡。君以此思哀，則哀將焉而不至矣。君昧爽而櫛冠，平明而聽朝，一物不應，亂之端也。君以此思憂，則憂將焉而不至矣。君平明而聽朝，日昃而退，諸侯之子孫，必有在君之末庭者。君以此思勞，則勞將焉而不至矣。君出魯之四門，以望魯四郊亡國之虛，則必有數蓋焉。君以此思懼，則懼將焉而不至矣。且丘聞之，君者舟也，庶人者水也。水則載舟，水則覆舟。君以此思危，則危將焉而不至矣。」這是當機指點使人覺悟，使人恢復其恍惕惻隱之心。

荀子大略篇又云：「子貢問於孔子曰：賜倦于學矣。願息事君。孔子曰：詩云，溫恭朝夕，執事有恪。事君難，事君焉可息哉？然則賜願息事親。孔子曰：詩云，孝子不匱，永錫爾類。事親難，事親焉可息哉？然則賜願息于妻子。孔子曰：詩云，刑于寡妻，至於兄弟，以御于家邦。妻子難，妻子焉可息哉？然則賜願息於朋友。孔子曰：詩云，朋友攸攝，攝以威儀。朋友難，朋友焉可息哉？然則賜願息耕。孔子曰：詩云，晝爾于茅，宵爾索綯，亟其乘屋，其始播百穀。耕難，耕焉可息哉？然則賜無息者乎？孔子曰：望其壙，皋如也，嵮如也，鬲如也，此則知所息矣。子貢曰：大哉死乎！君子息焉，小人休焉。」這是言健行不息的一段話。孔子就現實生活指點自强不息之心。有生之日，即不可言息。何時可息？孔子指之以壙（墳墓），子貢言下大悟。

覺與健是怵惕惻隱之心的兩個基本特徵。我們也可以說，人由覺悟而恢復其怵惕惻隱之心，則自能健行不息。從行爲方面說，健行不息是惻隱之心之後果。然從惻隱之心本身說，則健就是其常德之一。此心「於穆不已」就是它的健。心健，行爲上始能不息。在此，心健與行健是一會事。亦即本體與工夫是一會事。同理，由覺悟而復惻隱之心，即由思哀思勞思危思懼而復惻隱之心，則是由思慮之覺而恢復其不思不慮之覺，後者是本覺，前者是工夫，而工夫亦就是此本覺之發露，故在此，本體與工夫亦是一會事。故當大舜聞一善言，見一善行，沛然莫之能禦之時，就是其本心呈露而充其極之時，亦就是即本體即工夫之時。王陽明於此講「良知」，故吾人亦可說，此時亦就是知行合一之時。覺之時即是行之時。「沛然莫之能禦」不只是覺，亦賅括行。故怵惕惻隱之心就是道德的實踐之心。此心函萬德生萬化，（業師熊先生常說之語），又豈只覺健之兩目？陸象山云：「萬物森然於方寸之中，滿心而發，充塞宇宙，無非此理。孟子就四端上指示人。豈是人心只有這四端而已？又就乍見孺子入井皆有怵惕惻隱之心一端指示人，又得此心昭然。」故不惟不只覺健之兩目，亦不只四端之四目。然由此兩目或四目，亦可得此心之昭然。只要吾人于此能覺能行，便可證實此義之不虛。此義不虛，則「函萬德，生萬化」，象山所說「滿心而發，充塞宇宙」，亦自不虛。儒家的道德形上學，（即吾所謂理性主義的理想主義），完全由此而成立。此由兩目或四目所指示之「心」，吾人即名曰「仁心」。人能肫肫其仁，自能淵淵其淵，浩浩其天。人能順道德的實踐之心而健行不息，自能證實（實踐地證實）此人天所同之道之爲「仁」，仁爲宇宙萬物之本體。在宇宙萬物方面且不說，人的一切活動，一切實踐，皆不能離此道德的實踐之仁心而別有其本。離開此本，沒有一事是値得稱贊的。公然否定此本，沒有一事不是罪惡的。

此「仁心」何以是理想主義的？因好善惡惡，爲善去惡，皆根於此故。「惡」的最基本的意義就是人心之陷於物欲，亦就是「順軀殼起念」。（陽明語）。「軀殼」，用現在的話說，就是生理的機體。人的心思，若順此機體而被誘惑而追逐下去，無窮的罪惡皆從此出，一切皆不能說有價值，有理想。亞當的犯罪，也就是因爲不聽上帝的訓誡而被誘惑去追逐那軀殼的物欲。但是，亞當是上帝的一個最直接的被造的人，是人類的元祖。蛇惑在旁而被誘惑，就是人類的「原罪」。然而因爲他靠上帝最近，所以一旦覺悟，回頭是父。在他的旁邊，一方是上帝，一方是誘惑。他一刹那間，可以陷於罪惡，一刹那間，也可以歸順上帝。這個宗教的寓言，就象徵我們的心，一轉眼可以陷溺下去而至於大地陸沈，此時即無理想價值可言。（現在，以馬克司爲宗主的那個思想與行動就是如此。）但一轉眼也可以從此超拔出來而截斷那個物欲的誘惑，（即不順軀殼起念），而發露出惻隱之心，而至于日月有明，容光必照。當惻隱之心呈露之時，吾人即能好善惡惡，爲善去惡。所惡的惡就是順軀殼起念以及由此所表現的一切，所去的惡也就是這一切。從克服這一切而使吾人的現實生活生心起念皆順怵惕惻隱之心走，這方面說，此時便有理想價值可言。因爲它可以克服或扭轉眼前的陷溺，而引生未來的不陷溺，所以它是抒發理想的根源，也是價值的根源。依此而言，惟由道德的實踐之怵惕惻隱之心處始能說理想主義。這是就惡惡去惡一方面說。若就好善爲善一方面說，則吾人可問：善的根本意義在那裏？惡的根本意義旣在于陷溺其心，則善的根本意義就是從陷溺中超拔出來而歸于那個怵惕惻隱之心之自己。吾人所好的善就是這個惻隱之心之不死，之於穆不已，以及由之而出的一切行動；吾人所爲的善也就是爲的這個善。除此怵惕惻隱之心之自己以及由之而來的行爲，無純善之可言；離開此心之自己，吾人不能向外面的任何物事找善之標準。對克服「陷溺的心」言爲理想，而理想之所以爲理想，則是因爲根于善，根于怵惕惻隱之心之自己。

此怵惕惻隱之仁心何以又是理性的？此所謂理性，當然不指理論理性，即邏輯理性而言。如果此「仁心」是理性的，則吾人欲了解它何以是理性的，首先須了解與此理性相反的非理性。如果吾人的行動是順着生理心理的物欲衝動走，即順着誘惑而衝動下去，便是非理性的。如果吾人只透視到生物的生命，比生理軀殼的活動進裏一層的那個赤裸裸的生命自己，一味順着它而前衝，也仍是非理性的。因爲這個生命是把生命當作生物生命自身（Biological life as such）而觀之，而未有通過怵惕惻隱之心之潤澤。依是，它仍是自然生命，而不是通過道德的心之安頓的眞生命。它的衝動，（柏格森名曰創化，實即是衝動，）雖可以衝破空間化的物質及其機械運動，因而可爲此空間化的物質現象背後之眞實，然而這個眞實却仍是非理性的。因爲它是非理性的，所以柏格森于此，一方反理智主義，即以爲對付「空間化的物質」之僵化的理智不能把握實在，一方又只能主直覺主義，即以爲要把握此生命衝動之眞實必須用直覺而不能用僵化的理智（即邏輯的理性）。這種思想亦帶點理想主義的情調。但吾人只能說它是浪漫的理想主義，而不能說它是理性的理想主義。它是一種無歸宿，無安頓的盲爽恍惑，而不是一種切實可實踐的至誠之道。又，若只知反柏格森的直覺主義，而不知進至怵惕惻隱之仁心，而只停止于邏輯理性之理智主義，此如以數學與邏輯爲主所建立的系統，則亦不能達到道德實踐的理想主義之境地。依是，吾人此處所謂理性是指道德實踐的理性言：一方簡別理智主義而非理想主義的邏輯理性，一方簡別只講生命衝動不講實踐理性的直覺主義，浪漫的理想主義，而非理性的理想主義。我們如果明白了此所說理性不是邏輯理性，又明白了與此理性相反的非理性，則怵惕惻隱之心何以又是理性的，即可得而解。這個仁心之所以爲理性的，當從其抒發理想指導吾人之現實生活處看。仁心所抒發之每一理想皆表示一種「應當」之命令。此應當之命令只是對已現實化了的習氣（或行爲）之需要克服或扭轉言。此應當之命令所表示之理想，一方根于怵惕惻隱之心來，一方跨越其所須克服或扭轉之習氣。依是，它顯然必是「公而無私」的。凡順軀殼起念而追逐下去的一切念頭與行動皆是私利的，主觀的。如果應當之命令所表示之理想是公而無私的，則必是正義的，客觀的。自其足以指導吾人之行爲言，即自其足以指導吾人革故生新言，它是一個「理」。這個理是從怵惕惻隱之心發，所以是「天理」。天理即是天定如此之理，亦即無條件而定然如此之理。自其爲公而無私的，正義的，客觀的言，它是一個有普遍性之理，即它是一個普遍的律則。凡公心而發的皆有公性，即皆有普遍性。此即王陽明所謂「良知之天理」。此如跟怵惕惻隱之心來而說「應當仁」，「應當義」，「應當有禮」，「不應當侮慢」，「不應當順軀殼而追逐物欲」，等等，皆是普遍的律則，放之四海而皆準的；不只對我個人有效，對任何人皆有效，如果他墮落時。但在此，須有一個簡別。道德的實踐不能離開現實的生活，尤其不能離開歷史發展中的集團生活。如是，在隨特殊環境的屈曲宛轉而實現或表現理想時，就不能不有特殊性。譬如當戰爭時，不能不殺敵。勇士殺敵是他那個時候的最高道德。此儼若違背「愛人」一理想。然在歷史發展中實現理想，此亦可說是「易地則皆然」。如是，在那個階段中，此理想仍有普遍性，客觀性。又如，當忠孝不能兩全時，或捨孝存忠，或捨忠盡孝，然無論如何，當他公心而發時，皆是客觀的，普遍的。隨歷史發展中的特殊環境而表現理想，理想因所受之限制而成之特殊性不傷害其普遍性與客觀性，此與隨軀殼起念的私利的主觀性不同。吾人不只有道德生活，或宗教生活，而且有政治生活，社會生活。吾人現在提到在特殊環境中實現理想，就要表明道德實踐理性之理想主義之徹頭徹尾的實踐性。此將在下兩文中明之。又，凡公心而發的理想皆是客觀的普遍的。即由此吾人亦說皆是無條件的。其爲善，其爲理，皆是無條件的。此無條件的必須與有條件的區別開。康德說：某一善行若只是達到某一件事的工具，便是有條件的。此時，其應當之命令所表示之理想不是公心而發，所以它不是本質上就是善的。此如五霸假仁假義，便是有條件的善。故孟子必賤霸。「將欲取之，必姑予之」，亦是有條件的善，而且甚至是壞。故道家落于權術，終必歸于法家。孟子所說孺子入井一例，非要譽于鄉黨，非討好于孺子之父母，便是無條件的善。這就叫做稱心而發，毫不假借。耶穌說：「不可起誓。不可指天爲誓，因爲天是上帝的寶座。不可指地爲誓，因爲地是上帝的足蹬。也不可指耶路撒冷爲誓，因爲耶路撒冷是大君的聖都。同時，又不可指自己的頭起誓，因爲你不能使你的頭髮變黑變白。你們的話是則是，非則非，過此以往，便不是純正的。

」是則是，非則非，就是無條件的善。此是本質上即是善的，故爲絕對的善。故康德說：除善意以外，世上無絕對的善。

絕對的善，是稱「怵惕惻隱之心」而發的。由此所見的理性是理想的，由此所見的理想是理性的。由此吾人極成理性主義的理想主義，或理想主義的理性主義。怵惕惻隱之心，同時是心，同時也就是理。此心理合一的心，就是儒家所說的「仁」。孟子即于此言性善。王陽明于此言良知。康德於此言「善意」。吾人如不說人性則已，如要說人性，必須從此心理合一的仁處言人的性，了解人的性。孟子就是尅就這個「性」而言善，康德亦就是尅就這個性而言絕對的善意。這是隨時可以指點的，也是隨時可以呈現的，決不是一個抽象的概念。

× × × ×

自馬克思出，以其生產力與生產方式兩概念所成的歷史唯物論來否決一切形上學，否決一切傳統哲學中的問題與思考方式及解答路數之價值性與意義性，人類的心思及一切精神活動遂被他判決爲皆是資產階級的，被他的排他性擠到于一邊而成爲皆是自覺或不自覺地有所私的有所隸屬的。他把這一切瘋狂地擠到某種私的隸屬性裏去，如是他才能公然揭出他的私心之所藏，公然宣說他的屬於另一方面的私的隸屬性的道理，即史底唯物論（或唯物史觀）；說他所講的道理是屬于無產階級的私利的。他自別于人類自有史以來的一切傳統而另鑄造他自己的傳統。我們自然不能不佩服他的野心的偉大，以及由之而來的成就之果然不凡，譬如今日所行將演出的大悲劇。然而客觀而有超越性普遍性的眞理被他否定了，人性中的理性之公性與仁性以及一切善的動機被他咒罵了，一切價値與理想之客觀獨立性被他抹殺了，一切表示人性尊嚴的自由與向上也被他一筆勾銷了。這眞是千聖同悲，大地含寃，上蒼也呑聲的孽舉。

另一方面，自希臘而來的哲學傳統，其問題與思考方式及解答路數，皆是由理智的好奇，理性的追求，以期對于世界作邏輯的解析而決定成的。其目的在滿足吾人的邏輯要求以及形而上的要求，而期對于邏輯理性找一歸宿，找一所以可能之形上根據。它自然是思辨的與觀論的（Theoretical），而對于穿衣吃飯的實際生活與現實的實踐生活是不甚相關的，縱然有影響，也是迂遠得很；它並不能替無產階級解決問題。依是，馬克思絲毫不能給它以價值，肯定其有意義。它只是人們以「抽象能力」在製造抽象的概念，排列空洞的範疇。毫不能解析具體的事物。然而那些形上學家却以為玩弄範疇的把戲就算解析世界了。所以他們都是在唯心論的玄想泥坑裏。因而也都是布爾喬亞的。我現在只這樣說：馬克思的輕侮雖然無有是處，然而這種哲學遠于人事，與實踐無甚關係，却無問題。我還可以說：馬克思如果稍微了解一點哲學，他不至造孽如此之深。

同時，自希伯來而來的宗教傳統，一方雖是與實踐或生活有關係，然而它又只是教人皈依上帝，仍不能解決現實的吃飯問題。而教徒們的說教又足以痲醉無產階級的階級自覺，所以也是有害的，也是布爾喬亞的，也非否定不可。馬克思不能給宗教以絲毫的價值與意義。我們可以這樣說：馬克思的侮蔑雖然無有是處，然宗教的本質總是向往天國用心于來世，對于人間世的政治社會總是消極的。（這却不是說宗教對于人間的各方面無貢獻，無價值。）我們還可以說：馬克思如果稍微了解一點宗教，亦不至造孽如此之深。

又，哲學，自康德始，順希臘的傳統，進一步，提出實踐理性優越于理論理性，把握住善的意志及意志之自由，此可謂大有關于道德的實踐。下屆費息特、謝林、黑格爾、皆重視精神生活之發展，大有造于德國國家之建立，甚能表示哲學之在歷史文化上所起的作用。故至黑格爾遂正面建立歷史哲學及法律哲學。此與希臘傳統之為「觀論的」稍不同，而已進于道德的實踐之精神生活及其歷史文化之客觀的意義。此可謂康德所開啓，而充其極于黑格爾。然而馬克思對于康德的「善的意志」却視為抽象的虛構概念，實際上是沒有的。他以為康德的幻想只是代表某一階級的「虔誠的希望」，只是十八世紀末年德國落後的資產階級的經濟狀況之反映。他的「善意」一觀念，確切地符合德國資產階級之無力的，艱困的狀態。凡是講到任何東西之內在的意義，其自身尤足而爲無條件的自立體者，馬克思皆不能了解，皆視爲空想。他對于黑格爾比較客氣。但否定了他的一切，而只取了那個辯證法的空殼套在他的那個「物質」上。至于這些唯心哲學之不能作爲領導無產階級革命的理論，因而構成它們的罪狀，必須加以否定，則更顯然。

不但哲學宗教，他不能了解，就是科學他也認爲有階級性。後來列寧已經對於近代理論物理學施攻擊了。今日的史大林仍在那裏指揮他的科學家來征討布爾喬亞的生物學及理論物理學。愛因士坦及波耳都被目爲物理學的唯心論者。這雖然不是馬克思所親自動手的，然而他的原則，列寧史大林並沒有運用錯。科學，自希臘以來，就是以邏輯數學的形式性隨着知識的追求而解析自然現象以提練出其中之普遍原則的。它雖起于感覺經驗，但它不能停于此。它若不進至理解的抽象性，它是不能形成其爲科學的。沒有高度的數學，不能有高度的科學，而數學正是極端抽象的，形式的。因之，也提高邏輯的獨立發展，而邏輯之發展到今日，也正是達到其可觀的抽象性與形式性。這些都是馬克思派所不能容忍的。也必須視之爲布爾喬亞的。他們早已在那裏征討布爾喬亞的形式邏輯了。

我們以上的縷述，不只是在表明馬克思的荒謬與瘋狂，而且積極地想指出一個可以指導我們作社會的道德實踐之文化系統。馬克思的攻擊，我們可以不管它，只當作他發瘋罷了。然而他還有個積極的意義。無論他的動機如何，他有個社會問題在，他正面接觸到一個社會的勞動大衆問題。他環顧以往的一切思想學術都未曾對此問題正面措思，因而都不能作爲無產階級實踐的指導原則。如是，他想在一切系統以外，建立一個可以指導我們作社會實踐的思想系統。他如此用心，自然對于人類有他的貢獻。（然而須知他所想出的系統正足以消滅他的貢獻。可悲。）因爲科學家之獻身於科學，其所成就在科學，自然對于政治社會問題不能有指導。由希臘傳統而來的哲學是思辨的，觀論的，對于政治社會的實踐亦不能有積極的指導。基督教是宗教，它對于個人的生活有指導，而不能作政治社會問題的解決之積極原則。康德黑格爾這些哲學家究竟只是哲學家。他們的思想雖可以對于歷史文化以及實踐有積極的意義，然而它究是思辨的，哲學的；他們個人究不是孔孟以及理學家那樣躬行實踐以天下爲己任之實踐的積極性，以及那樣以其學術爲個人的與政治社會的實踐之指導原則之積極性。所以他們是哲學家，而這些人物却被我們稱爲是聖賢。復次，佛教亦是一文化系統。馬克思的攻擊雖然尚未光顧到它，然而他的徒弟們也不能饒了它。這也不必管。可是它對于人生的指導究竟是出世的，對于社會的實踐也不能有幫助。馬克思自然不會看得起它。這還能希望佛學來作爲指導社會實踐之原則嗎？這樣一來，馬克思可以稱雄了。自然，孔孟以及理學家也在被否定之列，不待言。

但是，我以爲在傳統的一切思想學術中，只有儒家的文化系統可以作爲我們社會實踐的指導原則。如果這個原則提不起來，馬克思眞可以稱雄了。儘管馬克思不懂科學哲學宗教藝術之價値，然而他的史底唯物論却可以鬧得你天翻地覆，你這一些眞理亦只好擺在那裏搖首嘆氣。現在，剩下的可以作爲社會實踐的指導原則的只有自由民主了。然而這個原則在現在已抵不過歷史唯物論的積極性系統性以及其兇猛性。所以現在，「自由民主」一原則必須靠一個更高一層的較爲積極而有力的文化系統來提挈它，維護它。維護住了自由民主，才能救住科學哲學宗教藝術乃至佛教。這個更高一層，更積極而有力的文化系統，就是儒家的文化系統，其核心思想就是理性主義的理想主義，簡言之，就是道德的理想主義，切實言之，就是道德實踐理性之理想主義。這個理想主義可以徹上徹下徹裏徹外來成就我們人類的一切實踐的：個人的及社會的。

馬克思說：「以往的哲學只是不同地解析了世界，現在我們要變更這世界。」他依唯物論來變更這世界。解析是觀論的事，而變更則非實踐不可。所以變更世界的唯物論，就叫做實踐的唯物論。人們可以改變社會，我們不知馬克思將如何來改變世界。現在我引一段羅素的話：「似乎蘇聯政府在威嚇人類這一點上獲得極大的成功後，現在却進而決定要去威嚇自然。但自然和人類不同。我們很難把自然放到集中營裏去。而我想我們也可信賴自然，去抵抗全蘇聯的命令。」（錄自「國際文摘」民三十八年八月號，羅素作的「蘇聯科學行將衰敗的理由」。）我想馬克思的改變世界，就是想把世界送到集中營裏去。儒家的文獻中庸裏說：「能盡己之性，然後能盡人之性，能盡人之性，然後能盡物之性，能盡物之性，然後可以參天地贊化育。」這是根據道德的實踐而說的。這裡所說的參贊化育，境界極高。這是「道德實踐之理想主義」的最高理境。改變世界，從道德實踐的立場上說，不是不可能的。（從科學上說自然不可能。）然而從史底唯物論的立場上說，却只有作那「把自然放到集中營裏去」的不可能的狂妄。我下文將繼續證明，若順馬克思的史底唯物論下去，必將人類全毀滅或者全變成動物歸于原始的洪荒而後已。

道德的理想主義與人性論

我們已說「怵惕惻隱之心」是「道德的實踐」的先驗根據，是「道德的理想主義」所以必然極成之確乎其不可拔的基礎。離乎怵惕惻隱之心，不可說道德的實踐，甚至不可說實踐。「實踐」是人的分內事，不是物的分內事。人的任何實踐皆不能離開「怵惕惻隱之心」這個普遍條件的籠罩。若是離開這個普遍的條件而尚可以爲實踐，則那實踐必不是實踐，只是動物性的發作，在人間社會內必不能有任何價值或理想的意義。當然，在政治或社會的實踐中，必不只是這個普遍的條件，而且常亦不能很純地表現這個條件，即其中必有夾雜，但無論如何，總不能公然否定之或離棄之，總必自覺或不自覺地以此普遍條件爲一種超越的根據。這個就是「人」之所以爲人處。

我們又說過，「怵惕惻隱之心」底兩個特徵曰覺曰健。其中「覺悟」尤其是要緊的關頭，古人名之曰覺關。因爲人禽之辨就在這個關頭上見。孟子說：「人之所以異于禽獸者幾希」。這「幾希」之差就在覺不覺。當大舜居深山之中，與木石居，與鹿豕遊，其所以異于深山之野人者幾希？幾希言差不多也。這個時候，他只是混混沌沌，不識不知，順帝之則，就是順自然的生命滾下去。但當他聞一善言，見一善行，便若決江河，沛然莫之能禦。這就是他的覺悟，而且一覺便全盤開悟，覺之充其極。這個時候，他與野人大不相同。但「野人」仍然還是「人」，不是禽獸。因爲孟子說的「人之異于禽獸」之人並不單指覺悟了的人言。野人或未覺悟的人在原則上是能覺悟的，他是有覺有感之良知的。（覺悟的程度是另一會事）。野人不即是禽獸，就靠這個「原則上能覺悟」來區別。但這個「原則上能覺悟」並不只是永遠是一個空懸的原則，而不實現的。它是隨時可以實現的，而且每一人的四端之心皆隨時可以例證這個原則之實現。人的四端之心（惻隱、是非、羞惡、辭讓、）常時呈現，即表示人常常實有其覺也。這個覺就是人的良知。決無一人一生永不呈現其良知的，除非他是死。所以王陽明「致良知」的起點就是良知。這「良知之覺」的程度可以很小，但一隙之明就是普照之端。大舜可以沛然莫之能禦，一般野人亦並非無此一隙之明，只是不能擴充而已。所以人之所以異于禽獸就在這個良知之覺，由此進一步即說就是這個怵惕惻隱之心：這是人人都有的，也是人的一個特點。人之保持與改進其生活都是靠這個怵惕惻隱之心爲其必要的普遍條件的。因爲有此怵惕惻隱之心，才能抒發理想改進其生活，因而其生活才可以繼續下去，此即是易經所說的「生生不息」。人的生活能生生不息地繼續下去，才能說保持其生活。否則，很可以死水不流而被淘汰。

良知之覺，怵惕惻隱之心，既是人的特點，所以這就是人的性。人的性就從這裏說。中庸說：能盡己之性，然後能盡人之性，盡物之性，以至于參天地贊化育，都是就這個人的性作起點而說的。盡己盡人之性就是盡的這個「性」。由此說下去，理境無邊，如參贊化育便是。但在此可以停住，不必往下說。現在須要注意的一點，就是：人既然皆有那一隙之明，而所謂「原則上能覺悟」，此中所謂覺悟是指開擴那一隙之明的覺悟言。現在，我們可問：禽獸是否也「原則上能有那一隙之明」？（不必言開擴的覺悟）。就道德的理想主義之形上學言，原則上是可能的。但就現實宇宙的進程之現實的階段上言，它尙未能。我們現在即可就這「現實的未能」與「人的已能」來區別人與禽。由這一點來說人的價値與人的特點，已經足够。

從怵惕惻隱之心來說人的性，說人性之善，乃是顯明而必然的眞理。無人能否認之。但是，馬克思偏要來否認它。他偏不就此說「人的性」。我們現在可以就他批評康德的「善意」（Good will）來證明此點。（因爲他不了解中國的學問。但道理是相通的）。馬克思不能了解「怵惕惻隱之心」之發心動念之爲「無條件的純善」，絕對的善。康德所說的絕對善的善意，他也不能了解。這或許因爲康德那種概念的思辨所成的大厦阻礙了他。但是，我們可以認爲他的善意，（由他所解說的），就是這個怵惕惻隱之心之發心動念。馬克思認爲人的「實際的意志」都是「物質地機動化的意志」（Mate rially motivated will) ，並沒有那種與現實無關的絕對的善意。那種善意只是一個抽象的概念，並非實際的人性中所有，所以也只是康德的幻想。馬氏所謂「物質地機動化」，此中之「物質」是指生產方式所成的經濟基礎言。人的生存方式是脫離不了那個生產關係的決定的，依是，人的生存方式就是他的在生產方式所成的生產關係中之地位。他是受生產關係這個物質的條件決定的。他的生存受這個決定，所以他的生心動念都是受這個物質條件來決定的。這種決定，就叫做「物質地機動化的動念」。「物質地」本可以譯爲「實際地」。但總是指那個物質的生產關係言。假若我們的生心動念都受這個物質條件的決定，則我們的意志自然是「物質地機動化的意志」。馬氏認爲就是如此。他認爲此就是實際的意志。意志如此，實際的人性亦如此。

但我可以指出，我們的意志活動不都是「物質地機動化的意志」之活動。絕對的善意也不只是一個抽象的概念，而確是在現實生活中呈現的。「無條件的命令」也不是幻想，亦確實是有的。一般人不常有，但不常有，並不能就說它只是抽象的概念。很少有人能奉行，但不能奉行只是因爲私欲間隔。不爲私欲間隔的，就能奉行。假若有能奉行者，它就不只是一個幻想，而是實際上呈現的。如果是實際上呈現的，如何便把意志普遍地定爲「物質地機動化的意志」呢？「善意之爲絕對的善」之有無是墮落與否的問題，不是原則上沒有，單憑抽象能力所製造的一個虛構的概念。我們已決定其原則上有，而且是隨時呈現的。然則如何能說它不是實際的意志？譬如，見孺子入井，人皆有怵惕惻隱之心匐匍而往救之，不爲要譽于鄉黨，不爲討好于孺子之父母，這不是絕對的善意是什麼？你能說他爲的階級的私利嗎？馬克思何不就此善反而見人性？假如你滿肚子是髒東西，見了偏不去救，那只是你個人此時失掉了人性，並不是人的性就是如此。又如曾子臨終易簀時的話，你能說這不是「絕對善意」的呈現嗎？他爲的什麼私利呢？他爲的什麼階級呢？只爲的自己不是大夫，便不該用大夫的蓆，便不應躺在上面以作臨終時之飾典。這種不苟的精神，只爲的理上不應如此，所以便決定不如此，並不因為自己在病困之時就可以馬虎過去，此不是無條件的命令，其本質上就是善的，是什麽？假如你自己貪圖虛榮，裝聾裝瞎，混過去算了，那是你自己的私心自利，並不能因之就說無條件的命令只是一個抽象的概念。又如耶穌說：不應起誓，你們的話，是則是，非則非，過此以往，便不是純正的。這種「稱心而發」的善意豈不是人間常有的嗎？耶穌說：「你們不背起你自己的十字架，便不配作我的門徒」。他開始作宗教運動時，即決定上十字架捨命，這種意志的決定，你說他爲的什麽私利，爲的那一階級？難道這也是一個抽象的概念嗎？當撒旦試探他說：「假如你是上帝的兒子，你可以叫石頭變成麵包。」耶穌回答說：「人活着不但爲麵包，亦要靠上帝口中所說的話（即眞理）。」這種服從眞理的意志，爲眞理而活着的意志決定，不是絕對的善意是什麽？撒旦又說：「假如你是上帝的兒子，你從山上跳下來，上帝托着你，不使傷你的足。」耶穌說：「撒旦退去，不可試探主，你的上帝。」這種意志的斷然決定，一方截斷撒旦的糾纏，一方就是善意、無條件的命令、的呈現：直接喝令它退去，連辨訴理由都不要，此時只是一個絕對善的絕對意志之透體呈現，壁立千仞，停停當當擺在那裏，你看還有什麽邪魔能够混進來？只有絕對善的絕對意志之透體呈現方能瓦解魔鬼的一切誘惑。一切次級的居間的辯論與理由俱不必要，因爲這些徒惹葛藤。在葛藤之中，魔鬼就可以乘隙進來。理由的層層前進而不搖動的最後根據還是這個絕對善的絕對意志，此就是最後的理由。我們要瓦解馬克思的一切試探，最後還是這個絕對善的絕對意志之透體呈現。這個絕對善的意志，我們相信馬克思也是有的。因爲撒旦只是一個象徵，不是一個現實的人。馬克思是一個現實的人。只因爲他的墮落的心所成的「意見」把他的善意淹沒了。譬如他感到了無產階級的痛苦，發心動念想解決它，這最初一念就是善意的呈現。你爲什麽不就此肯定你的性與人的性而見其與禽獸不同呢？我在此問馬克思，你試在此反省一下，你此時的一念是私的，還是公的？是善的，還是惡的？是有條件的，還是無條件的？假若你說：我那時的一念也是「物質地激動化了的」，也是私的，只爲的保持我那個經濟學專家的聲名，只爲的好宣揚我的「資本論」，增加它的銷路，我是爲我的生存方式之保持與改進打算，並不爲別的，我沒有絕對的善意，那麼，我說：若眞如此，你這個人簡直就不是人，連禽獸都不如，因爲禽獸雖無一隙之明之良知之覺，然而它並不有意地作惡，它不過只是順自然生命任運而轉，你現在旣不承認你有善意，又不順自然生命任運而轉，却有意地使壞，所以你旣不是人，又不如禽獸，只合一棒打殺，給狗子吃。我不相信馬克思眞地敢那麼說，眞地忍得那麼說。我的「假若」只是個「假若」。我斷然敢肯定馬克思最初的那一念是個善意，是客觀的，不是主觀的，是無條件的，不是有條件的。這個善意以後漸漸埋沒了，是因爲次起的念頭，紛馳下去，想到社會上，愈想愈不合理，愈思愈氣，愈想愈恨，遂以爲人間沒有善意，只有私心，因而轉過來也把自己的那個善意間隔了，堵住了，埋沒了，遂以爲人性不過是階級的私利性，意志不過是「物質地激動化了的意志」。造作系統，否定一切，這就叫做惡惡喪德，成爲一個「純否定」Pure negation，結果連自己也否定了。這才是橫撐竪架的抽象虛構，虛構人性，不是如實的眞實人性。這就叫做「意見」作祟。一念之差，流毒如此。佛氏教我們愼諸三業（身、語、意），其哀思人也深矣。一切謳歌馬恩列史的人們不應當在此坦白地反省一下嗎？

我說此話，並不是閉着眼不承認現實上人的私利性。但要講人之所以爲人，所以異于（事實上的異，不只是理論地，）禽獸，却必須就「怵惕惻隱之心」或「悱惻之感的良知之覺」上決定人的性之不同于禽獸。這個，不是一個人的理想，想人當該如此，而是事實上已經如此的；亦不是說：人間已經是天國，全體人類已經永恒地呈現了這個性，而且已經互相間諧和地實現了這個性。我們界定人禽之事實上的區別，並不須拿這個到了飽和程度的實現作標準，只須拿人事實上已有，隨時可有，原則上可有而且事實上亦能有，作標準即可。這種人的性是不能否認的。而且進一步，人間有缺陷，我們亦唯有根據這個人的性始能改進缺陷。這個人的性，是人類想保持與改進其生存方式之必要的普遍條件。若沒有或否定這個條件，缺陷亦不能說，保持與改進亦不能說。因爲，若沒有善意之抒發理想，悱惻之心之好善惡惡，何能對照出缺陷？何能改進其生活？生活不能繼續改進，則死水不流，何能保持其生存？這個顯明的眞理，爲什麼一定要千曲萬轉來否認它呢？（假定人的性眞是清一色的私利性，則一、不能有別于禽獸，而且甚至更壞于禽獸，我們既然講人的性，當然不能落于人禽無別，亦當然不能以「更壞于禽獸」之別爲滿足，爲足以沾沾自喜處，我想馬克思亦不至如此。二、清一色的私利性不能說改進與保持，此如適所說者。）

× × × ×

馬克思不能就他的「悱惻之感的良知之覺」處見人的性，他把人（包括他自己）推出去作一客觀的事實，物質的存在，而客觀地解剖之。他的客觀就像醫生播弄病人那樣客觀，人是物質的存在，而其存在又都是在一定的生產方式所成之生產關係中的存在。此種存在就叫做人的存在之物質的形態，或亦曰「生存之物質形態」。這是他的一個基本前提。他由此而講他的人性論：

一、一般的人性：人類乃是本質地且永遠地具有一種保持及改進其「生存之物質形態」的傾向。他說這是「一般人性」的根本規律，這個規律是一「自然法則」。凡自然法則皆不能取消。所以這個規律所表示的人性是人類之內在的，永久的性，是與階級的地位及利益無關的。

二、一般人性之「方式」底變化，或階級性的人性：因爲人皆有他的「生存之物質形態」，他不只是一個「生存一般」Existence in general，而是在特殊的物質形態（經濟關係所決定的）中生存。保持或改進就是要保持或改進他們各自的物質形態，依此，生存之物質形態必是可變化的。某一定的物質形態就決定屬此形態的人之性，這種所決定的人之性就是人之階級中的性。人的物質形態可變化，這個階級中的性當然也可變化。這種變化，就叫做一般人性之方式的變化。我們可以說，這種階級中的性是一般人性在歷史中的表現方式。這種「表現方式」底變化就是一般人性在歷史進程中的特殊模式之變化。一般人性是抽象地說，它的「表現方式」却是具體地說。前者指示內在的，永久的性，與階級無關的性，而具體地說的性却是變化的，與階級的地位及利益有關的。實則馬克思所着重的性就是這個性。所以他說：「一切歷史不過就是人性底連續不斷的變形」（All history is nothing but a continual transformation of human nature）

馬克思所說的一般人性是無所謂的，無作用的。它只不過指出「人類的一般欲求」這一事實。我們也不否認這一事實。但這一事實所表示的人性，我們難說它是善是惡，此就是吾人所謂無所謂或無作用。求保持或改進其生存之物質形態，無問題。（但吾人可不爲馬氏所意指的物質形態所限）。要者，在使保持或改進其生活形態（我們用此詞因它函義廣），爲可能的那個「必然而普遍的條件」之指出。若憑空問這個條件，你可以想出許多來塞責。但我們現在則以爲那最根本最普遍最必要（不可離）最必然（必須如此）的條件却就是隨時呈現的「怵惕惻隱之心」，「悱惻之感的良知之覺」。這是有所謂有作用的。我們就在這裏說人的性，却不在那「求保持或改進」處說人的性。因爲這樣說，幾乎等于是廢話。它又涵蓋的太廣，因爲保持與改進亦可用于禽獸。（在此，保持無問題，改進若無限制，在某義上，亦可用于禽獸。若加以較高級意義的限制，則改進必有其所以可能的條件，因此必逼迫吾人到悱惻之感的良知之覺，而不能只說保持與改進是人的性）。但馬氏不能再進一步了解人的性，此所以必降而特着重那階級性的私利性也。

階級性的人性，即在「生存底物質形態」中的人性，是各自爲其私利的性。馬克思說：「當資產階級統治社會時，法律、道德、宗教、在無產階級看來，都是充滿了資產階級的偏見的。在此諸偏見背後，隱藏着如許資產階級的利益」。這還說的一面的偏見化，即道德宗教等之資產階級的偏見化。這個道理，更可推進一步，成爲一般的規律，即：「道德之階級偏見化，不拘那個階級」。此即表示以「私利性」爲人性。首先是資產階級偏見化了的，然後無產階級也跟着偏見化。關于此兩層，我們俱可從兩方面看。先從資產階級方面說。一、資產階級之講道德是動機地爲其自己之利益。比如勸工人勤儉乃爲的可以替資本家多生産，勸人守秩序不要搗亂乃爲的可以保持資本家的機器輪子繼續動轉永遠得利。假若如此，此乃根本不道德，根本是惡，此乃所謂有條件的。二、資產階級也是人，假若他站在人的立場上，動機地不爲其自己之利益而講道德，而是從人性上說人人應該勤儉，自强不息，不應當偷墮頽靡；人人應當守秩序，維持公德正義，不應當隨意動亂，殃及他人。假若如此，他是善意的，在他也呈現了良知之覺。我們不應當隨便加以歪曲。當然，馬克思是不肯承認這種善意的。他可以巧辯地說：落在實際的效果上，這種道德還是于他自己有利。可是，我們雖說不應當隨便歪曲其動機，而亦可肯定他是道德的，然而我們仍可退一步說：他雖然也是人，他究竟又是資產階級，他的道德感事實上不免仍是消極的，他究竟不肯（或未進到）替無產階級着想，去接觸到這個社會的嚴重問題而思有以根本解決之。（在此，須知人的道德感是有程度之差的，其或强或弱，或高或低，不完全爲他的資產所決定。平庸人，就是窮得淨光，仍然不强不高，推拓不開。然而這些，可都不管）。如是，我們再轉而從無產階級方面說。一、無產階級之發動革命，改造社會，雖是自己起來解決自己的問題，然而是動機地爲公平爲合理爲正義，爲萬世人類而着想。假若如此，他是絕對善的，乃是最高的道德。其發心動念乃是根于一個「不忍之心」。于是，我們在這裏，見到了「悱惻之感的良知之覺」之切實的表現，「人之所以異于禽獸」的最顯明之處，「人的性」之最彰著的透露。所以他的事業與行動乃是最有價值最有理想意義的。如是，他應當而且必然地歌頌耶穌孔子與釋迦。然而孰知大謬不然。二、馬克思說：無產階級的發動革命動機不是爲的公平合理正義，乃是爲的其階級之私利。而作爲無產階級之先鋒隊的共產黨，馬克思主義者，也不承認他們的發動革命是發于不忍之心，馬克思自己也不承認有這種不忍之心。所以他們必罵耶穌孔子與釋迦。他們的革命只是報復。他們不承認人世間有那種絕對善意的道德事業，有那種順無條件的命令而來的驚天地泣鬼神的崇高行爲。你們在這裏可以見出，馬克思發動了革命，污辱了革命，對于一件具有極高道德價值的事業貶視爲魔鬼的事業。無窮的罪孽俱從此出。

這無窮的罪孽就是他的理論必然地要成爲「純否定」。

馬克思把人類以及其全部事業抽象地並且携着其壞的動機劃分爲兩類：壓迫者與被壓迫者。歷史只是階級壓迫史，因而亦只是階級鬪爭史。他極端抽象地如此分，所以：一、毫不能承認有對于人類有客觀價值的任何事業。他把一切事業皆隸屬于階級的偏見上。他這樣隸屬，其深文周納的程度可以像數學微分那樣地牽連下去。二、他對于階級壓迫的劃分，剝削被剝削的劃分，其錙銖較量的程度也可以像數學微分那樣地分下去：百畝對五十畝，五十畝對三十畝，三十畝對十畝，十畝對五畝，五畝對兩畝，兩畝對一畝，一畝對零畝，都是壓迫剝削，這叫做階級意識的自覺。可不是嗎？這樣地自覺下去，能不到微分的程度嗎？而且他以極端壞惡的動機來固定這樣劃分出的階級中之人性。依是，凡發自這種階級中的人性之一切事業（心思與行動）皆必須爲他那壞惡動機的殘酷顏色所沾染。他否定了他自己，他否定了一切人。歷史就是各階級各携其私利性的相壓相爭史，壓過來壓過去的相翻史。沒有一件事是有客觀的道德價值的，是發自不忍之心的動機的。但是他却又美麗地預測說：當無產階級翻過來壓過去的時候，就是無階級社會的到臨，大同世界的實現。到那時候，一切代表階級利益的工具，如政黨（共黨亦在內），國家、特務、警察、法律等都要消滅。他們說：資產階級不敢說消滅階級，以及代表階級利益的一切工具，他們敢說。可是，他們也不敢說，那時候也把道德宗教一起消滅。因爲他們幻想那時是天國，當然是有道德的。可是我順馬克思的人性觀却這樣說：到那時候，不全部毀滅，即全歸于更狡詐的禽獸，歸于更狡詐的有類于他們所說的原始共產社會，階級以及壓迫剝削更不能消滅。如是，歷史再從頭起。這樣循環下去，馬克思的歷史唯物論遂可永遠適用。這樣循環，你不要說只是重複。因爲外延地說是重複，而內容地說，却一次比一次壞，一次比一次兇。所以決不能永遠循環下去，結果總歸于全毀滅。那時馬克思才可說是勝利，他可以帶着勝利的微笑，鬆一口氣說：我現在才眞地克服了人類。他所想的天國，當該是如此。這個就叫做純否定，撒旦的天國。

夫改進缺陷，消滅階級，原是應當的。旣是人，就不應當有壓迫。被壓迫的人自求解放，改造其自己，藉以改造全社會，有功于人類，那更是應當的。社會上有惡，便應當惡惡。但惡惡必須根于悱惻之感的良知之覺之好善惡惡爲善去惡之心。如是，方能說改進，方能說有功于人類，人類才有進步。孔子曰：「惟仁者能好人能惡人」。這句話是儒家全幅精神的所在，是一普遍而必然的眞理。「好人」是肯定（好善），「惡人」是否定，（惡惡）。惟「仁」（怵惕惻隱之心）這個普遍而必然的條件，始能成就否定的道德判斷與肯定的道德判斷。沒有人敢公然否認「惟仁者能好人能惡人」一眞理，惟馬克思能之。所以他旣不能成就好善（肯定），也不能成就惡惡（否定）。他所成就的是一「純否定」，絕對的否定。凡肯定或否定皆是「指謂的」（Predicativc），針對一實際存在的某一缺陷或某一美德而惡之或好之。譬如對方偸人或貪汚，我罵他是小偸或不廉潔的人，我是對他某一缺陷而惡之，我並不能否認他的「人性」。這種否定，就叫做指謂的：相當于邏輯中的特稱命題。假若對方所表現的一切特性都是壞的，我說他是一個全部要不得的人，則我此時是對于這一個人的全部否定，即在這一個人身上，我作了一個全稱否定命題，而全稱否定可以化爲無窮數的特稱否定之絜和式，所以我這個全稱否定仍是指謂的：一方是專對這一個人講，故爲指謂的；一方是指這個人所表現的全部特性講，故爲指謂的。如果他這樣的壞是根于人性的喪失，則我之否定他的全部表現就等于連他的人性也否定了。但這只是他這一個人失掉了人性，他自己的歸于毀滅，並不牽連其他。如果他的人性尙潛在，則對于他的全部表現之否定不等于他的人性之否定：如果他的人性一旦恢復過來，則我對于他的表現即無法再作全稱否定，只能作特稱否定，如果他有某種缺陷時。所以，否定，無論是全稱的或特稱的，如要成就其爲否定，必須是「指謂的」。但是馬克思的否定，則不是指謂的。他是根據于一個理論把全體人類的人性加以否定，而人性是一個普遍的原則，決不只包括他人，而不包括馬克思。所以他的否定一切人的性也必函着否定自己的性：他芻狗了一切人，也芻狗了他自己。這是「非指謂的」絕對否定，所以結果必全部歸于毁滅。他不能收到「去掉資產階級的惡」的效果，他所收到的效果是全體人類的毁滅。看吧，他的信徒沒有打倒孔宋，却首先殺了無數的農民。及至原子戰爭一發，便全體毁滅，蘇俄決不能倖免。假若旁人可以剩下來，這只是「人性」的勝利，抹殺人性的人先毁滅。因爲他自動地先否定他自己的性，而他人却不一定隨着他的理論也來否定自己的性。所以馬克思的理論之事實上的效果，不是全歸毁滅，即是他自己先毁滅。他的理論旣不能成就肯定（好善），也不能成就否定（惡惡）。未有自己在人性之中而其肯定否定尙不是指謂的。只有馬克思的否定（惡惡）才是「非指謂的」。

他携着「絕對否定」的人性論來誇大他那偉大的事業，革命事業。列寧且以："First cause"（按即第一因，西方哲學用來指示上帝者）這個名詞來名這種事業。佛爲一「大事」因緣出世。他們也是爲這件大事出世。這件事誠然是偉大的，神性的。然而出之于唯物論者，否定人性者，純否定者，這件大事却給糟塌了，神性的變爲罪惡的。所以他那口頭的偉大只是虛僞的陰影。因爲私利的動機決不會有莊嚴偉大的事出現。這不過是撒旦口中的偉大而已。馬克思主義者慣會使用這種伎倆以迷惑世人。

× × × ×

馬克思的歷史唯物論不能領導並成就我們的社會實踐。他很能認識實踐的政治意義與社會意義。但是他的絕對否定的唯物論不能成就這種意義的實踐，因而亦不能解決任何社會問題。他反是需要被解決的一個社會問題。他的思想所引起的社會性的問題以及已有的任何社會問題之解決，皆需要儒家的「道德理想主義」作人類社會實踐的指導原則。這個原則的最基本的兩個前提如下：

一、「怵惕惻隱之心」或「悱惻之感的良知之覺」爲一切實踐，個人的及社會的，所以可能的普遍而必然的條件。

二、「惟仁者能好人能惡人」是一個足以成就肯定（好善）與否定（惡惡）的普遍而必然的眞理。

馬克思說：共產主義者並不宣傳道德，他們並不希望把「私的個人」變成一個專門「爲博愛而犧牲」的動物。因爲共產主義並不是用道德的宣傳可以達到的。恩格斯認爲用道德的論據來證明共產主義，不過是一首「社會的詩」。我們也認爲一個社會的問題並不是靠講道德說仁義所能解決的，也不是靠勸人爲善所能濟事的。但我們却以爲：道德不是講說的，而是實踐的。道德家、慈善家、說教者、我們也不菲薄，並不像馬克思那樣隨便加以汚辱。但我們知道一個社會問題並不是慈善家所能解決。孟子批評鄭子產「惠而不知爲政」，也是此意。但孟子却並不因而否認性善。所以道德家、慈善家、並不同於作爲一切實踐之基礎的「怵惕惻隱之心」。個人的實踐，如道德家慈善家的，不能解決社會問題，而你的社會實踐却也不能離開那個怵惕惻隱之心而成其爲實踐。我們正要本着這個「怵惕惻隱之心」來推動社會改造社會。道德的條目，若擺在外面，只是空文，道德的願望，若不去行，只是一首「詩」。但是「怵惕惻隱之心」却不是空文，也不是一首詩。而是有客觀的實在作用的，它能成就一切實踐。任何驚天動地，神性莊嚴的事，都從這裏發，都必須以它爲普遍的條件。

馬克思復認爲資產階級社會的道德學說對于人的行爲只能零零碎碎的估價（a piecemeal valuation），或只能作個人的估價，而不能是全體的或社會的。所以他們的倫理學只是「德目的倫理學」（Ethics of virtues）。這個批評我們認爲是對的，雖然我却並不否認它的價値。我也不像馬克思那樣否認實行這種德目的人的動機。但這種道德學說及倫理學是沒有積極作用的。講這種學問的人，其道德熱情及燭理之智也並不高。我向來不喜歡西方人所講的倫理學。就是因爲那種德目的倫理學幾乎都是淺薄庸俗，廢話連篇。這些人好像是孔子所說的小人儒。孔子曰：「汝爲君子儒，毋爲小人儒」。

荀子也有賤儒，陋儒、偸儒、俗儒，種種名稱。而其所謂大儒却是舜禹周公孔子之類。今日的知識階級大半也是那種俗儒，小人儒，所以甘受共黨的汚辱玩弄而不知恥。人民被殲殺，他們懵然不覺，國家被送掉，他們不以爲非。大學生只知扭秧歌而不知痛。胡元列人爲十等，而七優八娼九儒十丐，儒居第九。共黨之視知識階級亦無異於此。然而他們仍無悲痛感迫切感，不知奮起自救。生人之痛，無過于此。此眞所謂喪其心者也。失掉怵惕惻隱之心，未有不「苟合偸容」，自趨卑賤者。馬克思看不起那些講德目倫理學的人，自己就應當居于怵惕惻隱之心上作那更高的道德實踐，提出那對于人類事業作全部道德估價的道德標準。然而他不。他反而否定了此怵惕惻隱之心，否定了道德估價。他也不比小人儒更高一籌。

儒家的道德理想主義，本怵惕惻隱之心作實踐，並不是那種德目倫理學，也不是講這種倫理學的人。他們從家庭起，以至國家天下，都是在「盡性」「盡倫」中負起道德實踐的責任的。父子兄弟夫婦都是天倫。既都是天倫，則每一倫就有一個一定的道理，此曰天理。家庭並不只是一個生物學的團聚，亦不只是一個生產結合。在生產結合，生物學的團聚以上，有一個普遍的道德實在（天理）爲其所以有價值之超越的根據。人人都當在此盡倫。盡倫即盡其性，盡其性即是在此踐仁。在盡倫盡性踐仁的實踐中，他們證實了怵惕惻隱之心以及此心中之天理，並且就根據這個心與理來成就了他們的實踐。朋友也是一倫，這是處社會的。他們也在此盡倫盡性踐仁。君臣也是一倫，這是處國家政治的。也在此盡倫盡性踐仁。從家庭起以至處國家政治，乃是他們的實踐之層層擴大，層層客觀化。就是不處國家政治，他們在日常生活中，也是「居處恭、執事敬、與人忠」，這也就是盡倫盡性踐仁。儒者就此立言而建立他們的學術，並且就此實踐而領導社會。所以儒家的實踐是有客觀的原則，而其原則也是在實踐中建立與證實的。所以他們的學問，既不同于宗教，亦不同于西方的哲學。而一切哲學要必滙歸于此，而宗教的眞理亦函在這裏面。

因爲他們的躬行實踐以天下爲己任的「實踐之積極性」，以及那種以其學問爲實踐之指導原則的「理論之積極性」，所以他們是滿腔洋溢着理想，來領導社會，鼓舞社會。儒者並不是勢利眼，也並不是替「芻狗人民」的人張目。所以他們固然不替資本家代言，同樣也不贊同共黨的殺戮農民。惟他們也不是專門反對派。他們有其肯定，從大處爲全體着想，需要肯定；同時也函着：從大處爲全體着想，需要否定。這是眞正地從「全部」來估價一切事業一切行動，處于更高的道德標準來作整個的估價的。這不只是未曾實現的原則。在歷史上，儒家所表現的事實，歷歷在目。不要說孔孟荀程朱陸王亭林船山這些建體立極的聖賢人物，且就社會上一般的一命之士講，他們讀了幾句聖賢之書，便可立志不同。他們常常是除暴安良，扶持正義。東漢末年的黨錮之禍，也表示了他們與朝中的惡勢力鬭爭之氣節。北宋亡國，程伊川門下殉國的亦正不少。東林黨也正是以講學來批評政治的。南宋亡國，文天祥陸秀夫等人不要說，就是鄭所南那種人物亦是不可多得的。明亡，就是販夫走卒，樵夫漁父，也能慷慨一死，爲兩間存正氣：他們愛民族愛文化，不似今日的知識階級之甘心作奴。這是表現于高一層的界限上的，（民族大義，以及文化政治。）在社會上，同情于窮苦的人，替被壓迫的人說話的，也總是那些讀聖賢書的窮秀才。「義氣」兩字，無論高級低級的儒者，（儒者的高低不在識字多少），都能予以贊賞。一般社會上爲什麼崇拜武松以及關公，這就是因爲義氣，這也是一般讀書人所培養成的。崇拜包文正及海瑞，是因爲他們除暴安良。這後面都是有一個「道德的仁義之心」作背景的。這是儒家的文化系統所領導的。共黨的那種以唯物論階級私利性爲底子的虛僞欺騙終必爲這個社會所揭穿所唾棄。復次，凡眞正儒者都有豪傑氣，其講學也可以普及于大衆。泰州門下，若顏山農，趙大洲，何心隱，羅近溪，都有俠氣，他們講學，愚夫愚婦，販夫走卒，都可以聽，都可以懂。這就表示儒家學術唯在使人立志，盡性盡倫，並不是今日大學裏面那些專學，術知。唯因如此，它才可以領導社會，鼓舞社會，而作爲社會的道德實踐之原則。在注意社會問題方面，重農抑商，是中國的傳統政策。這不只是經濟學的理由，而且是有儒家的學術理想在裏面的。（如重樸誠，戒奢華，以及由此所函的各方面的無窮意義，在此不必多說）。漢朝以儒家學術領導其建國：孝弟力田，重農抑商，確實是作到了的。就是王莽之迂固地實行古典意味的社會主義，也是本于儒家理想的。由此可見，儒家的「道德的理想主義」實是可以作爲解決社會問題的社會實踐之指導原則的。它確有其政治社會的客觀意義。孝弟力田，重農抑商，後來漸漸凝結成爲社會上的一般風俗，由「耕讀世家」一語，你就可以見出其力量之大。不幸，演變到今日，却被共產黨視爲封建勢力而連根剷除之，成爲殺戮農民的藉口。你須知這不是爲的解決土地問題的經濟理由，乃是爲的要實行馬克思的否定人性的魔鬼理由。這種人工製造的寃獄無法能饒恕共黨的。

由以上的事實，我們現在要實行土地改革，無產階級的社會革命，爲什麼不可以本着儒家的道德理想主義來作積極的實踐呢？我們絲毫沒有理由說儒家學術與社會革命不相容，而必排斥之。

一般人常說，馬克思主義確是牽連到了人性問題，遂發問說：它是否能改變人性呢？我現在告訴大家：它不是改變人性，它乃是根本否決人性；不是人類全毀滅，就是奉行它的人先毀滅；人性終于要勝利。

我現在鄭重告訴大家：這個時代是道德比賽的時代，一切社會問題都要解決，都要正面去接觸，絲毫不能廻避或躱閃。你們的道德實踐若不比共黨高，你就不能克服他。

理想主義的實踐之函義

理想主義在以往實踐之規模

我們已知，儒家的傳統精神是在盡倫盡性踐仁：在此種實踐中，顯示出「仁」這個普遍的原理，形上的實在，即「悱惻之感的良知之覺」這個「心理合一」的形上實在；顯示出這個實在，即表示在實踐中實現這個實在；因而反過來，藉這個實在成就一切實踐，使一切實踐成爲有價値的，積極的，有理想意義的。所以，他們的實踐是積極的，從家庭社會的日常生活起以至治國平天下，所謂以天下爲己任，層層擴大，層層客觀化，都是在實踐中完成，所以是積極的實踐，而實踐必本他們由踐仁中所顯示的學術或原則，並非一氣流走，泛濫無歸，所以他們的實踐又有理論的積極性，即有學術或原則作指導。由此，我們還可推出兩層意思：一、實踐與理論是合一的。（這個理論當然是指他們在踐仁中所顯示的學術之講論言，不指普通哲學理論言。普通哲學理論不一定是可實踐的，也不必與實踐有關。）二、實踐是理論的實踐，有原則而不泛濫，故爲積極的；理論是實踐的理論，可實現而不空懸，故爲積極的。

以上是儒家理想主義的實踐之基本精神或基本型態。

由此基本型態，我們見出孔子與耶穌的一個基本不同之點。（本文只取這個比較，至于與佛家不同處可不論。）此不同點就是：孔子以「唯仁者能好人能惡人」爲一大前提，爲一切實踐之所以爲積極的之普遍而必然的條件，而耶穌的實踐則唯在顯示一個「絕對實在」（即上帝這個純粹而絕對的有）之肯定。因爲耶穌的目的唯是在顯示這個「絕對」，所以俗世的一切都無足輕重，都必須捨棄。他從決心傳教起，即決定捨命，決定上十字架。這個與普通的殉道，或儒家的殺身成仁，不同。他以爲如不捨命，不作犧牲的羔羊，即不足以放棄俗世的一切牽連，不足以顯示出絕對實在之純粹性，（即不足以顯示出眞理之標準）。絕對實在，眞理標準，顯不出來，則人間的罪惡亦對照不出來。（由此即可推出宗教的解析，即耶穌的捨命是爲衆生「贖罪」。）耶穌一生所成就的及其對于人類的貢献，即在顯示這個標準之純粹性及超越性。依此，耶穌的實踐是離的，他的教訓是離教，而孔子的實踐則是盈的，他的教訓是盈教。因爲是離教，所以俗世與天國是對立的，而不是圓融的綜和的。由此決定西方歷史的發展形態之特性。關此本文暫不論。我現在只說：這種離教所顯示的絕對，在耶穌手裡，尙不能獲得其現實的客觀妥實性（Objective validity），即內在的客觀妥實性。它只有超越的客觀妥實性。因此，耶穌尙不能成就現實生活中的道德判斷，即現實生活中的肯定（好人）與否定（惡人）。他所顯示的是一個「絕對肯定」（Pure Being），而不能成就現實生活中的特殊肯定與特殊否定，即不能成就「指謂的」肯定與否定。依此，耶穌與馬克思是兩極：一爲絕對肯定，一爲絕對否定。前者是「一」，後者是「零」；前者是上帝，後者是撒旦。（此猶太人之所以爲猶太人也。豈不悲哉！）耶穌的愛仇敵；打左臉，給右臉；剝裡衣，給外衣；讓死人去葬死人，你跟我來；以及誰是我的母親，誰是我的兄弟，等等：都是表示他的絕對離的偉大，由此反顯那個絕對實在，而不是表示他在現實生活的特殊環境中的偉大，所以也不能把他這些實踐看成是現實生活中的積極道德。儒家則是由盡倫盡性踐仁中，同時顯示那個絕對實在，同時即本那個絕對實在以作積極的實踐，成就特殊的肯定與特殊的否定，即成就現實生活中的道德判斷：它一下子即是盈的圓教，故絕對實在必爲「仁」，而不是上帝，故劈頭即說出「唯仁者能好人能惡人」這一個普遍而必然的眞理以爲一切實踐所以可能之普遍條件。依此，「仁」旣有超越的客觀妥實性，復有內在的客觀妥實性。（在宋明儒者中，程朱一派比較顯示前者，陸王一派比較顯示後者。）此是孔子的偉大所決定的文化型態，由此乃決定中國歷史發展的特殊性。我們必由此始可了解中國的歷史。

作此比較說，我們再進而略說儒家在以往的實踐之規模。

儒家在以「仁」爲實踐的普遍條件下，故一方愛民，本其悱惻之心，決不芻狗人民，視人總爲一人，保住其自尊自愛之人性；一方重人倫，視一切等級皆爲親親之殺，尊尊之等，皆爲屬于禮義之統者。人之居于其等級是其位，以德智才能分，不以財產分，故輕視錢財，而重價值，重貴不重富，重義不重利，視整個社會之組織爲實現客觀價值者。故孟子說：君子所性，仁義禮智根于心，盎于背，睟于面。又云：君子所性，雖大行不加，雖窮居不損，分定故也。人之心思之注于此，一方可以減殺或忽略人之私利性及勢利性，一方可以緩衝或拆散財富所成的階級之相翻與相壓。這種歷史的客觀精神所表現的對于現實的作用甚大，它在不斷的實踐中確足以拆散「物質的勢力」之集中與僵化。雖以曹丕之爲皇帝，尙可以說出「未若文章之無窮」的話；雖以納蘭性德之爲世家濶公子，尙可以說：「德也狂生耳，偶然間錙塵京國，烏衣門第。」皇帝與門第算得什麼？這都是無根的偶然，總有一個超越于此以上的實在東西。李鴻章居喪官吏弔，不親送，以孝孫代，而平民弔，則必親送。可見耕讀的農民是高貴的，尊嚴的。這是社會上的普遍意識，乃由一個文化系統作背景陶養成的。

復次，眞正儒者的實踐乃在表現一種精神生活。此種生活是由覺悟所顯露的理性的主體，即由內在的道德性，而轉出。凡是與感觸的或物質的混雜的東西都要在道德的實踐中磨煉掉。這種磨煉是後面有一種悱惻之感督促着的，因而亦就是因爲不甘于墮落或陷溺，故必然地有這種不斷的磨煉。在此種磨煉中，一方將感觸的或物質的東西刺出去或克服掉，將那原始的直覺渾淪或圓融予以打破，而行自我超轉，一方亦即因這種超轉而顯示那超越的道德實在，即所謂「天理」，或程明道所說的「卒殄滅不得」的那點之「秉彝」。在覺悟中顯露了這個道德的實在，是眞正的「主體的自由」，本着這道德的實在而去實踐是眞正的精神生活。由此而成的圓融或諧和，不是那原始的直覺渾淪，停在感觸狀態中的，而是通過道德的實在之光之照射的，是通過「立于禮」而來的「成于樂」。所以這種精神生活所表現的人格是「莊美」，而不是「幽美」。其所以爲莊美，乃是因着內在的道德實在之神性與莊嚴，以及與此相反的墮落與現實的衆生之私利推移之可懼與可悲，這一方面可懼可悲，那一方面可敬可畏，因而虔敬之心油然而生，而正義之理想，濟世救世之願，即沛然莫之能禦。此程朱所以必講居敬窮理之故也。依此種實踐立場言，文人風流俱次一等。程明道批評司馬光，以爲他只是天資厚，不能說見道。這裡所說的「不見道」，就是沒有透徹那個內在的道德性，因此他的爲人之誠實忠厚大半是順天資來，不能說是一種眞正的精神生活。他的讀破萬卷書，修「資治通鑑」，都不能幫助他透徹那個道德的實在，結果只成就了他的固執，以史變爲常法，或亦可說「文勝質則史」。吾友姚漢源先生說他「體史而用經」。人們固不必喜王安石那一套，但旣行之已久，而必紛紛變之，以復其所謂舊，則人們亦不必喜。此即以史變爲常法，體史而用經也。程明道又說邵堯夫天資高，不免流于玩，玩就是不敬，他那種洒脫亦不能算是眞正的精神生活。程伊川平生不讀莊老，有人請他品茶觀畫，他即說他平生不吃茶，也不識畫。竟不往。這些情形，就此細節表面看來，好像是太迂固。實則此種迂固不同于司馬光的固執。我們若從他的學術整個看來，他後面實有一種莊美人格作背景，他確乎認得要作到眞正的精神生活必須透過那內在的道德性之呈露，而此內在的道德性之呈露却必須在不斷的敬畏實踐中方能透徹。這種道理當然不是蘇東坡黃山谷那些名流文人所能了解的。詩人文人的精神生活是感觸的，直覺的。假若可以說是美，也只是「幽美」，（大分類的幽美），而不是莊美。儒者的理想主義，雖可以承認他們的客觀價值，然而他們的實踐却不能領導社會。他們可以憑其靈機一動參與某種社會的實踐，此如拜命之從軍希臘，然而也只是暫時的一動，他們是不顧及那種實踐的綜和意義與積極意義的，他們也不想領導或發動某種社會的實踐。這就是藝術性格的表現。（這當然指典型的或高級的藝術性格言，中國的那些詩人文人，名士風流，常不足以語此。）他們所以落到只是藝術性格的，就是因爲他們的精神生活停止在感觸的直覺的狀態中，他們沒有植根于「內在道德性」的那種大悲顧，也沒有那種發自于「無條件的命令」的堅定意志。感觸的，直覺的，亦並不算是壞。假若我們不是耶穌之純返于絕對，則我們不能一往否定感觸的，直覺的。孔子所規定給我們的「仁」之盈的圓教就是要歸于直覺的具體的。但是這種直覺的具體的圓融不是原始的，而是經過盡倫盡性踐仁所透露的內在道德性之調節的，所以是聖賢人格，而不只是藝術人格，雖然也含有藝術性在內。宋儒就是把這種聖賢人格的全幅歷程講說出來的，而其中要關之把住以程朱為典型，尤其是程伊川表現的最切實而顯明。凡不能把注這要關的，便不足以語于儒者的領導社會之實踐。王安石的入相變法，當然是政治的大事業，此人也是有志氣的，但終于成就不多。世人對于他的失敗當然有種種說明。失敗亦不就是一人的不行。但此人本質上是有個缺點的。吾友姚漢源先生說他是「體文而用經」。此語可謂高人一等。王安石本質上還是個文人的底子。所以他不能擔當一個大時代。儒者的實踐是綜和的，指導的，更高級的，所以他們對于人格及事業常有鞭辟入裡的透視，能作全部的估價。我們從二程的日常生活中評司馬光，王安石、邵堯夫，以及不喜蘇東坡等文人，就可以看出他們的學問及人格之底蘊。由此你可以進一步看出他們為什麼一定排佛老。佛老在根本思想上不同于儒者，因而通不過他們的允許，關此，我們本文不論。佛老的思想之形成社會上的那種山林氣，清談風，根本是儒者所反對的。這種風氣皆帶有一種藝術性格，光風霽月，流連光景，自以為是很清高的，人們亦說它是很高雅的精神生活。其實在儒者看來，只是一種放縱恣肆，並不眞是精神生活。放縱恣肆有兩型：一是軟性的，一是硬性的。和尚道士，魏晉清談，名士風流，紅樓夢裡的賈寶玉，都是軟性的放縱恣肆。今日的共產黨，左傾的浪漫，則是硬性的，粗暴的放縱恣肆。有以往的那些軟性的放縱恣肆，右傾的浪漫，隨時代所趨，就一翻而可以有今日的共產黨。有軟性的那種夢幻生活，感觸的，直覺的光風霽月，清涼散，一經揭穿，就成為那種物質的，肉欲的，頂現實的粗暴。這兩種常常是互相翻轉的。這都不是眞正的精神生活。因為他們根本就未認識精神之所以為精神，他們的精神根本就未掙扎出，他們是停在感覺的直覺的自然狀態中。他們都作了「感覺」的隸奴，而沒有解放出。他們的解放只是放縱恣肆。所以結果皆流入虛無，全體毀滅。他們的成就皆是「純否定」：佛家要出世，把一切衆生皆放進「無餘涅槃」裡；道家要成仙，也想到另一個世界裡去；共產黨要幻想他那個撒旦的天國，由他所取的路徑而達到的無階級的社會。他們異曲同工，皆想整個的翻，以爲不如此不能算徹底，不能算眞解放。其實他們的解放即是毀滅，他們的徹底就是絕對否定。這些皆不是儒家的理想主義所能許可的。

以上是深度地講。現在，再廣度地看儒家的道德實踐。這一方面便是綜和的，構造的實踐。用大學裡的話說，便是治國平天下。人的精神生活在不斷的構造的實踐中完成。荀子批評孟子說：「略法先王而不知其統，猶然而材劇志大，聞見雜博。案往舊造說，謂之五行。甚僻違而無類，幽隱而無說，閉約而無解。案飾其辭而祇敬之曰，此眞先君子之言也。子思唱之，孟軻和之，世俗之溝猶瞀儒，嚾嚾然不知其所非也。遂受而傳之，以爲仲尼子游爲茲厚于後世。是則子思孟軻之罪也。若夫總方略，齊言行，壹統類，而羣天下之英傑，而告之以大古，教之以至順，奧窔之間，簟席之上，斂（歛）然聖王之文章具焉，佛（勃）然平世之俗起焉。……是聖人之不得勢者也。仲尼子弓是也。」（非十二子篇）。孟子是深度地顯示道德實踐，荀子是廣度地顯示之。荀子不解孟子之精粹，故其批評多非是。然而荀子正面所顯示之廣度的精神，孟子實稍欠缺。此廣度的精神即荀子所反復常言之「統類」是也。他說孟子「略法先王而不知其統」。若是外部地看孟子之道說往古，實可以如此說。蓋孟子並不從歷史文化意義的典章制度之累積處而立言。法先王非必定非。故荀子非惠施鄧析云：「不法先王，不是禮義，而好治怪說，玩琦辭。」此即以不法先王爲非。雖以不法先王爲非，然亦不可空道上古。故荀子儒效篇末云：「言道德之求，不二後王。道過三代謂之蕩，法二後王謂之不雅。」（此中「二」爲動字，歧出義。）孟子略法先王而不知其統，是其非不在法先王，而在「無統」，亦在其「過三代而爲蕩，二後王而不雅。」統實不易。荀子特重之。非相篇云：「欲觀聖王之迹，則于其粲然者矣，後王是也。」此亦孔子「吾從周」之義。由此爲本，則上推往古，下開來世，莫不同條而共貫。亦孔子損益三代百世可知之義。而歷史發展之迹，禮憲隱顯之義，亦俱可得其脈絡矣。此即王制篇所謂「有法者以法行，無法者以類擧」之義也。所謂「知其統」也。以「知統類」爲準，則法先王法後王並無一定不可移者。荀子雖言「道過三代謂之蕩」，然亦說「上則法舜禹之制」，可見其並無一定不可移也。要者在「知統」，而知統要必本于其燦然者。有明備者爲本，而後「以類擧」，則舜禹之制亦可法。故稱仲尼子弓爲「總方略，齊言行，壹統類。」是則孔子實有其廣度一面，而荀子承之，孟子則發展其深度一面。儒效篇又云：「法先王，統禮義，一制度，以淺持博，以古持今，以一持萬。苟仁義之類也，雖在鳥獸之中，若別白黑。奇物怪變，所未嘗聞也，所未嘗見也，卒然起一方，則擧統類而應之，無所儗怍。張法而度之，則晻然若合符節。是大儒者也。」荀子所說的大儒，得勢的舜禹周公與不得勢的孔子俱在內。荀子注意到這一面，不能不重視實踐之政治社會的意義。此爲客觀的實踐，亦即客觀精神之表現。我們就要拿着這種精神來構造政治，來改造社會。這就是「人文化成」之積極的意義。有這種實踐的民族是有文化的民族。保持民族即是保持文化。沒有這種實踐的，則是野蠻民族，當時所謂夷狄是也。孔子時還是夷夏雜處。故孔子必主張用夏變夷，決不可用夷變夏。用夏變夷，使其沐浴于文化禮義之中，是莫大的功德。若用夷變夏，則人將禽獸，是人類的大墮落，是華夏的罪惡，同時亦是自己的罪惡。凡有悱惻之感之仁心的人，決不肯目睹而不救。故孔子說：「鳥獸不可與同羣，吾非斯人之徒與而誰與？」可見孔子很重視文化，重視人之所以爲人。保持文化不但是保持民族，亦是保持人道。故孔子一方雖說管仲之器小，而又大其功。其功即在能救住人類使其不變爲夷狄。故有文化的民族之自尊即是「人之爲人」之自尊。若單從生物的立場來看民族，則民族之自尊好像是自私的誇大。然從保持人道講，則自尊是客觀的，公心的。若是野蠻民族，而又不知進于禮義文化，則是自甘墮落，不可說爲自尊。自尊不是動物的觀念，乃是人的觀念。人與民族，一且有自尊心之表露，即是有文化之表露。於是，人與民族即有對於眞理之責任。他的責任即在「用夏變夷」，維護人類。儒家的「夷夏之辨」，不完全是種族觀念，乃是文化觀念。他們看夷狄，亦不以種族的眼孔看，而是以文化的觀點看。華夏的自尊亦不完全是種族的自尊，乃是文化的自尊。但文化不是抽象的空頭的文化，而是有某種氣質的民族所實現出的文化，在實踐的歷史中實現出的。故保歷史文化即是保民族國家。歷史文化不能消滅，民族國家亦不能消滅。我們只應在歷史文化所貫串的各民族國家中，異質地實現大同。（大同即是大通）。（異中之同）。不應當毀棄他人的歷史文化民族國家而强迫着求同質的大同。這不是大同，乃是大私。故孔子爲吾人定下一教訓，即「存滅國，繼絕世。」人不能毀棄他人的自尊，毀棄他人的自尊，即是毀棄自己的自尊。必先自己已墮落不堪，才能以芻狗看人。現在的蘇俄想以其毀滅人性的馬克思主義來强迫世界成爲同質的大同，這正是用夷變夏。決不可恕。

以上，深度地講，是人禽之辨，（函義利之辨），廣度地講，是夷夏之辨。這是孔孟荀的客觀實踐所給我們的教訓，所給我們定下的道德實踐之規模。後來，無有一個眞正的儒者能放棄這種規模的。我們現在以及無窮的未來，仍然不能違背。誰違背，誰就是自遠于人類。現在青年們嚮往着共黨的社會主義之美夢，但是你們須知：實行社會主義亦必須在此規模下始能實行。離開這個規模，沒有一件事是可以實踐成功的。

以下我們再說儒家的理想主義在現在的客觀實踐或社會實踐中，所函攝得到的。

理想主義的實踐之現代意義

一、民主的與社會的

理想主義的實踐之現代的意義，我們總提兩點：一、民主的與社會的；二、國家的與文化的。這兩點是表示充實以往的規模而爲進一步的實踐。茲分別略說如後。

在以往，政治的中樞在聖君賢相。君是國家社會的一個常數，相所代表的那一個系統是變數。變數的出身，從漢朝起，由徵辟，選擧，漸漸演變成唐朝的進士及明經，終至於明清的科甲。這一個系統就是士。士的家庭背景無論是農或工商，皆無關係。一成爲士，便套於相的那個系統中，這就是知識階級。這一部分，或從政，或講學，而兩者皆是緊密相連的。這本由於儒家的精神所貫注，故以往的讀書人皆集中其心力於政治社會的實踐。范仲淹爲秀才，即以天下爲己任，這是相的系統中的一個典型。這一個系統既是變數，故無政治上的特權階級。君所代表的那一個系統，自取得政權以後，便常是外戚宦官宗室的一個大集團。這個集團常是腐敗的中心。惟賴相的系統代表一點光明。聖君賢相是治世，昏君奸相是亂世。君是常而不常，此爲改朝換代；相不常而實常，此即相的系統總是持續下去而爲社會之中堅。然政治的實權既在相的系統，而這個系統也是一個固定的士的階級，即無異於政治的運用專限於這個階級上，而農工商便是民，民與政治是相忘於江湖的。依此，儒家的政治社會的實踐，在以往的形態下，是治民安民愛民，視民如赤子。尙未進至興發民，使其成爲一「公民」，積極地與政治生關係。這就是儒家的理想主義之實踐尙未進至充實的境地。我常說，儒家在以往，對於君與民這兩端是無積極的辦法的，由此，你可以了解以往的歷史何以是那樣。現在既有民主政治，此雖發源於西方，然總是人類一大進步。我們既處在現在這個社會裡，則我們的社會總已進至與世界其他民族的社會息息相關的境地，總不會完全是以往那個樣子，所以民主政治也適宜於我們。無論我們運用的方式及所作到的程度爲如何，然民主政治的切實內容，如思想言論集會結社宗教信仰等之自由，及其依憲法而施行的制度基礎，（此制度基礎保障那些自由），却爲普遍而永久的眞理。這個眞理，在儒家的理想主義之實踐上，必然要肯定。它若不肯定這個政治制度，則人的尊嚴，價値的實現，即不能保存。即用共產黨的名詞說，無論是資產階級作主的社會或無產階級作主的社會，民主制度皆必須肯定。此誠如陳獨秀所說的：「無產階級民主不是一個空洞名詞，其具體內容也和資產階級民主同要求一切公民都有集會結社言論出版罷工之自由，特別重要的，是反對黨派之自由。沒有這些，議會或蘇維埃同樣一文不値。」他又說：「政治上的民主主義和經濟上的社會主義是相成而非相反的東西。民主主義並非和資產階級及資本主義是不可分離的。無產政黨若因反對資產階級及資本主義，遂並民主主義而亦反對之，即令各國所謂無產階級革命出現了，而沒有民主制做官僚制之消毒素，也只是在世界上出現了一些史大林式的官僚政權：殘暴、貪汚、虛僞、欺騙、腐化、墮落，決不能夠創造什麼社會主義。所謂無產階級獨裁，根本沒有這樣的東西，即黨的獨裁結果也只能是領袖獨裁。任何獨裁制都和殘暴蒙蔽欺騙貪汚腐化的官僚政治是不能分離的。」（陳氏「我的根本意見」一文）。但是，這種常道的民主主義却是共產黨所不能承認的，也是馬克思主義所不能承認的。陳氏能說出這段話，就表示他已非馬克思主義者。根據馬克思的毀滅人性的歷史唯物論，史大林毛澤東都是正統的實行家。所以，如要肯定民主主義之普遍性及恆常性，必須否定馬克思的人性論，及歷史唯物論。但這却不必否定無產階級的社會革命。唯有理想主義的實踐始能保持民主主義及社會主義。使民主主義與社會主義相成而非相反的，是道德的理想主義，而非歷史唯物論。

我現在所要特別重視的一點，就是：在理想主義的實踐中，我們肯定民主主義，是爲的保障天才而却不許有獨裁。民主制度保障一般人民的集會結社言論出版罷工等之自由，是廣度地說，保障天才是深度地說。共產黨之成爲獨裁，是由無產階級專政一思想而來。他們以爲無產階級起來革命，打倒資產階級，必須經過一個專政的階段。專政的目的是在排除資產階級的自由，防禦他們的參與政權。無產階級可以有自由，資產階級不能有。但須知，資產階級一旦被打倒，資本主義的社會便不存在，而此時還說無產階級專政便成爲無意義的，除非革命永不成功，永在與資產階級的對立鬬爭中。但資產階級既被打倒，則他的資本家之資格被取銷，而其爲人之資格並不能取銷。此時還要說專政，那根本是一部分人把持政權。而何況「無產階級專政根本是沒有這樣的東西」，結果只有共產黨的獨裁，而「黨的獨裁結果也只能是領袖的獨裁。」不但已被打倒的資產階級沒有自由，即任何階級也沒有自由。因爲它要訓練人們都成爲歷史唯物論者，否則就是反動分子。你須知共黨領袖的獨裁不專是經濟的政治的，而且是思想的，人性的。這樣地管制起，誰還能有自由？所以「無產階級專政」的思想必然流於個人獨裁，必然只是促成達於瘋狂狀態的權力欲。或者說，一國的社會主義並不算革命成功，必須全世界的資產階級都打倒才算成功。在社會主義未擴至全世界前，無產階級專政仍然是有意義的。一旦擴至全世界，便成爲無階級的社會，世界大同，那時專政的一切工具便可不要，當然也無所謂獨裁。但是須知民主不可一日離，專政不可一日存。資本家固須隨時打倒，而民主亦不能隨時期待。那種期待之說完全是欺人的夢想。馬克思主義的獨裁者所要改變的不只是經濟問題，而是從根本上起要改變人性，使人不成爲人。（他甚至要改變世界）。他要像上帝那樣重新來創造人。這樣的獨裁永遠放不下，好像這個世界不能一天沒有上帝一樣。馬克思主義者慣會拿這種犧牲長時間距離的一切人的自由幸福甚至生命來給人一個不可能（順馬氏主義而不可能）的無階級社會的美夢。可是上帝監視着他，等他的權力欲發展到快要發瘋了，他就要被毀滅。

希特拉的主張獨裁，一方是因爲反馬克思主義的毀滅人性與個性以及否定價值與理想，一方是因爲反民主政治的庸俗淺薄，苟且虛僞。所以希特拉的純德國主義不但厭惡馬克斯主義，而且亦討厭他那時德國特殊情況下的民主政治。他之所以能風起雲湧，亦實因他的號召與思想背景能打動德國人的民族性以及有契於德國的思想傳統。平心而論，希特拉對於馬克思主義的影響，猶太人的性格，以及民主政治的流弊，確有其獨到的體會。此人不能不說是一個天才式的英雄。他能體悟到個性與價值之可貴，因而反馬克思主義，這就是他的不平凡處。不但個人有個性之尊嚴，要實現價值，而且一個民族亦有其個性，亦要實現價値與理想，（至希特拉主唯日耳曼民族是優秀民族，則是其狂妄。）而且個人亦當爲實規全體之理想而犧牲，其犧牲亦即因通過全體之理想而成爲其個人之理想，個人之價值。這種思想之大義，本爲黑格爾所發揚，而亦爲德國民族之所喜。希特拉即以此思想爲底子，遂着重全體之通籌。能綜和全體而通籌全局者，必須有超於庸人之天才與智慧，居於綱領之地位，而指揮全體，端其理想，以實現價値。這個意思，一般觀之，亦並無錯誤，但亦不必即因而至於獨裁。惟希特拉則於此以「超人」自居，配合尼采之哲學，而斷然主張獨裁，反對民主政治。彼只見民主政治之弊，而未見其利。少數人獨裁，運用智慧，通籌全局，眞得民心，爲民興利，亦未始不可。吾人固不必以成敗論英雄。但此種獨裁本質上即有毛病。人之智慧確有高低。但最高之智慧即是理性與法度。超人以其理性法度的智慧而爲超人，不能以其强力的英雄氣概而爲超人。英雄亦有其天才與「億則屢中」之聰明，但此不必說爲智慧。即可說爲智慧亦不是高級的。故眞正的超人只有是「上帝」。人而不能成爲上帝那樣的智慧之運用，便不可以超人自居而行獨裁。行之，必至於權力欲之發展，直情徑行而至於瘋狂之狀態。中國以往之視皇帝亦可以說是超人。但儒者之視此種超人不是尼采希特拉的看法，而是從他所居之「位」而視之爲神性；其居之位爲神性，儒者即以「神性之學」教之。故皇帝曰天子，言其必須法天也。法天即必須如天道之汪洋，如天德之無量，垂拱而治，無爲而無不爲。儒者之教皇帝如此，顯然不是希特拉之獨裁。因爲獨裁要賣弄本事，而儒者所教之皇帝正是不要他賣弄本事。這才是超人之神。依是，皇帝居天子之位而爲神，儒者即以神視之，而不以人視之，向神德方面教他，不向人德方面教他。當然皇帝也是人，但人而必須神，方合君德。所以儒者並不主獨裁。皇帝居超人之位，儒者即向超人之神方面教他。這就給了他一個很大的限制。但人究竟是人，他不能成爲神。儒者的教訓，對於皇帝的性德及行動，不能說無影響，但他不能成爲具有神德之君，而一味向下墮落，則儒者於此究無妥善的辦法。依是，必具有神德，方可說爲超人。而神之爲超人，則亦無所謂獨裁。上帝無所謂獨裁，儒者之視皇帝當該是「無爲而無不爲」，這也無所謂獨裁。不能成爲神式之超人，則說獨裁必流於權力欲而趨於自毀。依是，政治必不可言獨裁。通籌全局是一會事，獨裁又是一會事。兩者決無連帶關係。希特拉之自毀而毀其國，正是貪獨裁之惡果。此亦浪漫的理想主義不可為正道之故也。

政治必不可言獨裁，必須是民主主義的。惟民主政治可以保障天才。這是什麼意思？一、人的天才不能以作政治領袖為唯一的出路。天才的充分發展可以讓其轉為科學哲學藝術宗教方面的，即轉為文化的，此是在社會文化上以追求眞理而充分發展其天才，而實現其對於人類之貢獻。而這種天才之能在社會上得其充分的發展，惟有民主制度的政治始能允許之保障之。如果人的天才在文化上不能得其出路，則只有集中於政治權力之爭奪。此決非人類之福。自馬克思主義出，本哲學以從事政治，而又以政治生活為蓋盡一切者，莫過於共黨。故一方面必流於獨裁，一方面又消滅了文化的獨立價值，否定了追求眞理者之獨立的人格，將一切人俱牽連於階級政治之私利與鬪爭中。吾不知其於人類究有何種貢獻。此是毀滅之道，不可以為法。惟民主政治方能保住人類及文化。二、民主政治不但保住社會上天才之文化的發展，而且在政治上亦不許有以天才英雄自居而得以充分發揮其權力欲者。這句話的意思是說：「天才」二字直不許用於政治領袖或政治家，而只許用於科學哲學宗教藝術家等方面。普通說，某人有政治天才，可以作政治家。但是有可以作政治家的天才，却不同於那種以超人自居的獨裁者之為天才。主張獨裁的人，始把天才用於政治上。然而吾人說於政治上必不可說獨裁。故天才亦不可用於政治上。這是因為政治的本質限制了他。天才的性格是孤峭獨特的，此最易於向文化學術方面發展，亦最易於在這方面表現。而政治家不能是孤峭獨特的，他必須順俗從衆，謀及庶人。他必須為公共利益而守法尊制度，依法而退，依法而進。他的境界不能太高。政治不能不講法度，法度就限制了他不能為天才。他有政治的天才，只能說他有適應法度運用法度的本事，他是在限制中運用他的才具的。只有獨裁者才毀棄一切法度，而自認他本人就是法度。依是，他必超過政治的範圍。史大林要毀滅人性，要使一切人成爲歷史唯物論者。希特拉要作超人，他的感覺可以指揮一切。但是這一些妄人終必毀滅。所以要說政治，就不能說天才。讓天才在文化方面發展，間接地鼓舞社會，督導政治。人類的向上，天定要繞個圈子的。若從政治權力上直接指導，必不能向上，而只有墮落。民主政治就是一方面讓天才轉爲文化的，一方面禁止政治權力欲之無限的發展。此其所以獨爲可貴也。政治家，在天才上，轉爲聖人，理論上也是可能的。聖人作政治領袖也是最好的。因爲聖人之德也能順俗從衆，不露鋒芒。但在政治上，政治家轉進而爲聖人，必不獨裁，必不以天才自居，因爲他超過了天才。聖人而作政治領袖亦然。柏拉圖所想的「哲王」（Philosopher King），以及以往儒家所想的君，皆有此理想。但究竟在人類自有歷史以來，這類的哲王從未出現，聖人亦從未作過皇帝或政治領袖。我想，聖人已超過了皇帝的階段。及其成爲聖人，他便事實上很難作皇帝，雖然並非邏輯上不可能。孔子只成了個素王。耶穌自覺地說他的國在天上，不在地上。釋迦牟尼則並皇帝而不爲。我想，聖人若作了皇帝，那時便是天國，而不是地國，而亦就無所謂政治了。在天國未實現以前，民主政治仍是最可貴的制度。我們還是讓聖人掌教化；而亦唯民主政治始能保障聖人而尊仰之。

以上說儒家的理想主義之實踐在現代必承認民主政治，必須是民主的，以下再說其必須是社會的，必承認社會主義。

以前儒者雖主張安民愛民富民，以及「不患寡而患不均」，「重農抑商」，諸義，但究竟是教化意味重，並沒有正面地當作一個社會問題而處理。土地問題，每代時有擬議，但究未能積極地見諸實行。這也許因爲歷史的發展以及種種條件的配合，尙不足以形成一個吸引人注意的客觀的主要問題，尙可以適合於儒家的實踐之教化形態。即譬如在今日，落後的中國，社會主義仍然尙不是一個主要的問題。不過在今日套在世界的大局上而觀之，思想的風氣既吸引住人的心思而集中於此，則也便是到了可以實行的時候，吾人便不能不正面地接觸此問題。儒家以往用心於此，雖說是消極的，但不能不說它在本質上是肯定社會主義的。聖賢用心，「一夫不得其所，若己推而納諸溝中。」豈有不承認社會主義之理想的？而且從其用心上說，其悱惻之心實亦不只是空想，這確是一個迫切之感，而爲其仁心之性德所必然函攝的。惟因歷史的發展，此問題尚在潛存中，故其仁心表現之方式尚未至於以此爲主要問題而思及解決之之表現方式。然在今日，則固可轉至此也。

以儒家的理想主義之實踐而接觸到的社會主義決不是空想的社會主義。一、儒家以盡倫盡性踐仁的實踐之積極性爲基礎，他們本質上就是實踐的，而他們的實踐復有原則之積極性，決不是一時的靈感，而他們的原則就是從其盡倫盡性踐仁中所顯示的道德實在，所建立的學術。他們的理想主義是內在地必然要行動：所謂「內在地」是說他們在盡性踐仁中所顯示的悱惻之感，心理合一之仁，不容已地要推動他去實踐。這決不只是慈善家的小惠，道德家的宣傳。馬克思說社會主義的成功決不要靠道德的宣傳，他並不希望把「私的個人」變成一個「專門爲愛而犧牲的動物」。但是儒家的實踐並不只是道德的宣傳。光宣傳而不行動是沒有用的。一個客觀的社會問題，豈是宣傳所能解決？任何事業，任何理論，若不實踐，皆不能成爲實現的。儒家的第一步即是要建立實踐之本的，要內在地極成實踐之爲必然的。這是人類的一切行動與嚮往之骨幹，是壁立千仞的一個「體」，一個「極」。我們若因「光是道德的宣傳不能成事」，便否認這個「使任何實踐爲可能」的普遍而必然的條件，這就是馬克思的毀滅人性，也就是他的主義之所以不能成就任何實踐之故。我們若了解儒家的第一步便是要「內在地極成實踐之爲必然」，則即可知它不是「道德的宣傳」那一類型，因此，它所接觸到的社會主義亦決不是空想的社會主義。二、內在地要實踐，這是從「主體」方面說，這是一個骨幹，即建體立極。從客體方面說，要達成其實踐，必須還要了解社會方面之問題性，以及該問題的歷史發展之客觀性，即外在的某方面史實發展之客觀性。關於此點，我們承認馬克思的經濟史觀有他的貢獻。但必須揭穿他那兩個前提：甲、「存在決定思維而非思維決定存在」，這是一個含混籠統而又以偏概全攪擾層次的命題，是馬氏的「洞窟之蔽」（Idol of Cave）。我們必須予以揭穿。乙、以階級的私利性，即階級性，定人性，須知這是毀滅人性，不是改變人性，因爲他否認了那個「使任何實踐爲可能」的普遍而必然的條件，即悱惻之感的良知之覺。這個我們必須徹底反對。馬氏拿「存在決定思維」與「思維決定存在」兩句含混籠統的話劃分一切哲學。拿「思維決定存在」一語論謂一切唯心論的哲學，一切正宗的偉大的哲學系統，說它們皆是反動的，反革命的，把它們擠到一邊，說它們皆是資產階級的哲學。而不知唯心論者（或理想主義者）在何層次上主張「思維決定存在」，在何層次上亦可不主張「思維決定存在」，又不知彼等主張「決定存在」之思維是何種思維，「不決定存在」之思維是何種思維。而只含混籠統地概括之，殊爲「無知妄作」，大有背於「知之爲知之，不知爲不知，」一原則。而吠影吠聲，欺惑愚衆，堵塞慧根，阻碍學子向上之心，此實爲難以原諒之過擧。彼又拿「存在決定思維」一語論謂一切唯物論的哲學，這且不管，而又用之於歷史社會上，遂視人之「物質的生存方式」爲能決定者，一切法律哲學宗教藝術爲被決定者，爲隨之而變者，又推進一步，說人性即是階級性，或階級的私利性。他把這一套皆視爲「存在決定思維」一原則下的思想，皆是革命的。這些推理，若詳細考慮起來，沒有一步是對的。我現在只說：他不能承認有永恆而普遍的眞理；他不能承認有人性，而只承認有動物性。他這兩步歸結，顯然是錯誤的。我們則承認有變的眞理，有不變的眞理；人固有動物性，亦有人性，而人之所以爲人在人性，不在動物性。我們承認人性，即悱惻之感的良知之覺，好善惡惡，爲善去惡的怵惕惻隱之仁心，爲什麼就不能革命呢？若如馬氏所說，則革命事業勢必是壞心私心惡心不仁之心所發的。又，我們承認人性，爲什麼便到處即是「思維決定存在」呢？爲什麼就不能承認社會史實之客觀性以及其發展之相當規律性呢？一個社會問題，譬如資本家所造成的罪惡以及勞資階級的對立與不平，我們承認有它的客觀的發展，始、壯、究、三階段的曲線發展或强度的發展：在其開始時，欣欣向榮，造福於人類，不具備問題性；在其壯大時，問題性的趨勢即表露；

在其究結時，解決此問題的歷史條件已具備已成熟，問題必然要解決，社會必然要轉變而向新的形態走：凡此一切，我們爲什麼不能承認呢？凡是誠懇的實踐者，踐仁的實踐者，皆一方必肯定人性爲體，一方必肯定智之默察事變爲用。爲何一肯定人性，便流於空想的社會主義呢？在實踐中，一方是科學的，這是智之事，一方是道德的，這是仁之事。這兩者爲什麼必不相容呢？然而唯有道德的理想主義始能融和之，只有歷史的唯物論才必排斥仁。排斥仁，就是不能成就任何實踐的。又，在我們承認智之事中，我們的實踐是客觀的，社會的，集團的。唯有社會的實踐始能解決社會問題，轉變社會形態，使之向上。在此，就使說：「一切過去的社會歷史皆是階級鬬爭史」，我們爲什麼不可說：皆是爲自由平等，爲公平合理而鬬爭的階級鬬爭史呢？爲什麼一定要說：皆爲私利而鬬爭呢？自己被侮辱被壓迫，就應當鬬爭。這種鬬爭雖是爲自己，但是爲自己的被侮辱被壓迫，這就是爲公道爲正義，不是爲私利。如是，我們爲什麼不能承認一切文化的客觀價值，一切傳統哲學及聖賢言行的有功於人類，有功於眞理，而必予以侮辱抹殺呢？人的私利可以被壓迫，而且應當完全去掉，但是人的正義眞理不能被壓迫被侮辱。正義眞理被侮辱，這是最大的不公平，不道德。耶穌說：「人們的一切罪，一切褻瀆的話，都可得赦免，惟獨褻瀆上帝的靈，就萬不能赦免了。」侮辱正義眞理是不可饒恕的罪惡。還講什麼社會革命，成就什麼社會主義呢？馬克思說：「資本家階級已把人們所尊崇的及敬畏的職業給剝去皮了。他已經把醫生、律師、僧侶、詩人、科學家，給變成他的工資勞動者了。」又說：「金錢和商品的流通，就好像一個社會的大蒸溜器，一切東西都經不起這個煉金爐的錘煉。連聖人的骨頭都要給它化爲灰燼。」馬氏說這些話的立場，不能高於「有錢使着鬼推磨」的立場，亦不能高於蘇秦發達後所說的「人生富貴豈可忽乎哉」的沾沾自喜以及回想當年所受的父母妻子兄嫂之氣之發洩之立場。這本來是一些事實，我們並不想否認。但是，就因爲這樣壞，所以我們才改造社會。我們並不能連我們改造的心也爲資本家變成工資勞動者，也變成私利的了。但是馬克思反而連改造的心之正義性也給否認了。這比資本家的洪爐都兇。無怪流毒如此之深，苟偷無恥之輩如此其多。我在此並不能見出他能創造出什麼對於人類有幸福的社會主義來。所以唯有道德的理想主義才能使民主主義與社會主義成爲相成而非相反的。它能綜和此兩者而亦成就此兩者。馬克思的社會主義並非科學的，亦非道德的，乃是洩憤的，魔術的。

二、國家的與文化的

在道德理想主義的實踐中，旣綜和了民主主義與社會主義，我們現在再進而就「國家的與文化的」一點說明社會主義與國家主義之相成而非相反；說明我們的實踐必須滙歸于「國家的與文化的」，然後始能透露其價値性與理想性；說明民主政治與社會主義必須立于「國家的與文化的」一大界限下，然後始能不墮落不物化；說明世界大同必須透過「國家的與文化的」一大界限，而後始能爲異中之同，異質的大通，而不是同質的大私。

社會主義增進人類現實生活的幸福，民主主義保障人類精神生活之自由，使天才有其充分之發展，在文化內之發展。這後面的基本精神是道德的理想主義。若爲現實生活的幸福而必否決民主主義，則現實生活的幸福亦不可得，社會主義亦必不可實踐，而所謂麵包第一，其所成者亦不過是齊于物的純然動物而已，結果，麵包亦吃不成。說到保障天才之發展，必須歸結到文化的。民主主義保障文化，亦返而必受文化之指導與鼓舞。民主主義若不能作到含有保障文化受教于文化之理性的成分，則必成爲暴民政治，成爲虛僞欺騙，苟且頹墮，結黨營私的政治。故民主主義之內在的本質：一、允許人們有思想言論出版結社等之自由，二、依憲法而施行的制度基礎之確立。然除此內在的本質，還當有外在的開明之德量，此即是保障文化而且受教于文化之理性的成分。此內在的本質與外在的德量合，始能形成健全的民主主義。這個健全的民主主義，從其外在的德量方面說，必須歸結到文化的，而「

文化的」不能離開精神生活之自由。精神生活之自由，一方有個人氣質的限制，一方有民族氣質的限制。人的精神生活不能不在氣質中表現；因爲人不是「純靈」（Pure Spirit），不是純理純型（Pure form）。故人的精神生活必須在限于氣質而又改變氣質之中表現。此義，轉進一步即爲：人的精神生活之表現必須是普遍的與特殊的兩者之合一。再轉進一步，則爲：文化的發展必須是理想或精神（普遍的）受限于現實而且實現于現實；離開在現實中而且實現于現實，不能有文化。上帝是精神或理想之自己，而他本身無所謂文化。他亦須實現于現實中，而他之實現于現實，必須靠人。人之神性及精神性必須返而充其極而上齊于上帝，即理想或精神之自己。此義即函說：上帝必須由人之神性或精神性來證實，而上帝亦必須轉爲一個純精神的主體。由此，他的實現即是文化，經過人之受限于現實而且又實現于現實之理想或精神而形成之文化。在上帝本身無所謂文化，人才可說文化，而隸屬于他的文化，即是人的文化。而人的文化不能離開現實。此所謂現實即是民族氣質，或民族的現實生活。因而文化亦不能離開民族國家。民主主義與社會主義，若必歸結爲文化的，則亦必歸結爲國家的。所以，道德的理想主義不但使民主主義與社會主義爲相成而非相反，而且亦使此兩者與國家主義亦相成而非相反。其中之關鍵，則爲「文化的」一義。「文化的」一義即由道德的理想主義而直接透出。是即不啻于說：道德理想主義必然要肯定國家之存在以及其獨立性。

國家主義既不是封建的狹隘的，亦不是侵略的，而「國家」更不是壓迫的工具。它之建立，除由文化之實現上說，還可以由人之自尊上而顯示。一切文化離不開人性之尊嚴，人道之尊重。自尊其人性，即須尊人之人性，自尊其獨立，即須尊人之獨立。凡稍有自尊心者，何能不尊其國，不尊其文化；凡稍有人性者，何能不尊人之國，不尊人之文化。侵略與壓迫何關于國家？病從口入，豈便因而閉口不食？凡發此論者，慣會株連無辜，抹殺一切。此乃洩憤狠愎之心理，故流入純否定而不自覺。

或者說：一言文化，何必肯定國家？從事眞理之探討以及文化之工作，皆期有功于全人類，文化與眞理皆是普遍的或普世的，並不對某一國家而言。故社會與文化可以連于一起，而文化與國家却不必連于一起。曰：眞理固是普遍的，文化固亦期其有普世之作用，而從事文化工作及研究眞理者亦不必念茲在茲說這是爲國家。而當專心于眞理之探討時，很可以除眞理以外，什麼都不想到。但這並不碍國家之肯定，亦不碍文化之創造必連繫于國家。蓋因眞理雖是普遍的，而追求眞理之眞誠却是基于人性，基于理想之熱愛，因而可以發出追求眞理之德慧。凡是基于人性而有德慧的人皆必尊人性而重人道。國家的肯定正是在此種重人道尊人性的自尊尊人處而彰著。我尊重我自己，我亦必尊重他人。我尊重我自己民族的聖哲及其所鑄造之文化，我亦必尊重他民族的聖哲及其文化。眞理之爲普遍的，豈必即因而抹殺國家乎？橫逆之來而無動于中，這種人根本無悱惻之感的良知之覺，根本是陷溺于個人的自私而無客觀精神。無悱惻之感，無客觀精神的人，根本說不上追求眞理。因爲他的心已經死了。否定自己的國家而甘心媚外的，那是自己卑賤，根本不用說。復次，眞理固有普遍性，文化固亦期其有普世之效用，而專心于眞理之探討的人，當其探討時，亦很可以什麼都忘掉，不如此，其心不能專。然而這只是了解或探討眞理，文化之期其有普世性亦只是從其效果方面說。這尙沒有注意到眞理之實現與文化之創造。倘若注意到實現與創造，則民族國家必然被肯定。蓋眞理是普遍的，而其實現則不能不與特殊的結合。從形而上學方面講，普遍的理實現于特殊的東西中，方能成「個體」；理雖是普遍的，而說到其實現，則不能不肯定個體。離開個體，理之普遍徒顯其空掛。從人類社會方面講亦如此。個人，家庭，國家都是實現理者。理實現于個人的實踐中，因而肯定個人；亦實現于家庭的關係中，因而亦肯定家庭；亦實現于國家的組織中，因而亦肯定國家；凡其所實現之處皆是一「個體」。個人是一個體，家庭國家亦是一個體。皆有它的個體性（Individuality）。凡是說到實現，必有特殊者之糾結或結聚。每一結聚即是一「個體」。家庭是骨肉之親之結合，藉之以實現仁，即仁之「情的表現」。因它實現仁，所以它有被肯定之價值，因而它是一個體。從其實現仁而爲一值得被肯定之個體方面說，它不是一和合假，如章太炎援用佛學之所說者。它不是一「和合假」，故于父子兄弟夫婦皆說爲天倫，天倫即依據「天理之仁」而爲天倫。從天理天倫方面說，它之爲個體有一超越的根據。吾人即由此超越的根據而證明家庭不爲和合假，此即是予家庭以「超越的證明」（Transcendental justification）。國家是家庭以外的實際生活之結合，藉之以實現仁，即仁之「義的表現」。因它實現義道，故有肯定之價値，因而亦是一個體。因此，它亦不是和合假。于此處而有仁之義的表現，故國家亦有超越的根據。離開仁這個超越的根據，（即天理天倫），家庭國家都要毀滅，亦無被肯定之價値，而人類亦必歸于洪荒。眞理之普遍性，文化之普世性，只能引導我們作實現之擴大，而不能有助于家庭國家之取消。由國家再擴大一步，便是人間之「天下」，即「大同」。這個亦可說爲一種組織，乃國與國間的實際生活之結合。在此，我們要實現一個國家間的諧和，即仁之國家間的綜和，仁之人類方面的絕對綜和。所以「天下」若是一個組織，它亦是一個體，不是一和合假，它亦有超越的根據。（它與國家不同處，見下。）但這個絕對綜和還是人間的，所以可以是一個組織。但仁的擴大並不停止于人類，它亦必擴至宇宙萬物。故云：「仁者與天地萬物爲一體」（程明道語）。仁者精神生活必發展至與天地合德，與日月合明的境地而後已。到此便是聖賢人格的絕對精神，天地氣象；由此而亦證明宇宙的本體便是仁。到此而說的仁的絕對綜和便不是一個人間的組織，而是作爲天地萬物的生化之理的仁本身之組織。此組織便是宇宙。到此便是一體平鋪，各正性命。我們由此亦能肯定宇宙。宇宙亦不是虛幻。仁之擴大實現，精神生活之發展，以及聖賢人格之德量，必至此而後止。我們由仁之實現，即可明家庭國家天下宇宙四層無一不是眞實。而佛家偏欲一切破滅之，則其非爲正道可知。章太炎援引其說以明家庭國家都是「和合假法」，徒見其狂悖乖謬而已。馬克思主義者則欲由否定家庭國家歷史文化而製造其無階級社會之大同，則亦除歸于毀滅之一途，不能有其他。或者說：你所說，普遍眞理，乃指仁（即實踐理性）言。此固可如公所說。但科學的眞理，數學的眞理，等，此如何言實現？這些眞理與實踐理性可無關，而發明這些眞理亦與民族氣質無關。這些眞理的實現亦與家庭國家無關。此將如何說？曰：吾人的問題是由學術文化眞理之普遍性與國家有關而起，自然須就有關者而言。此其一。人的生活不能只是科學家數學家，而必須從全體看其大前提，籠罩者。科學家數學家及其所硏究的眞理亦必須套在仁的實踐這個全體系統中始能有意義有價値，而唯這個系統始能保住他們不關心的硏究。此其二。這些眞理的實現與發明雖與家庭國家之肯定無關，但亦與仁的實現有助益；它有助于這個系統，而亦不能外于這個系統而獨立。言各有當，豈必以科學數學衡量一切耶？豈必因國家之肯定故，而即排斥與此無關者耶？此其三。學術文化的總發源在仁的實踐。科學數學等只是這個文化大系中的一員。我們說文化的創造，眞理的實現，就是從這個文化大系的本原處說。而從此本原處說，即可直接建立起家庭國家天下等之肯定。由此亦可見出此三者之根本之直接與此文化大系相連，此三者就是文化大系之骨幹。由此，我們可以說：

從文化的創造，眞理的實現方面說，民族的氣質，個人的氣質，是它的特殊性，是它實現之限制而又是它實現之具體的憑藉，因此，家庭國家就是實現眞理創造文化之個體，它們是普遍者與特殊者結合而成的。普遍者作爲構成它們的一成分，因而亦即是在它們之中呈現。呈現即實現。實現眞理即是創造文化。普遍即是它們的理性根據，即上文所說的「超越的根據」。此即是仁，或道德的理性。我們根據這個理性的實踐，旣能成就文化的創造，亦能成就家庭國家天下等之肯定。以上的說法，是家庭國家等之形而上學的證明。以下我們再從道德的實踐方面證明。

依是我們現在即根據道德實踐的客觀精神以明民族國家之必然被肯定。在道德實踐的過程中，道德理性的實現，必然要經過家庭國家之肯定始能擴至于天下，即大同。近代人習于外在的觀點，並習于外部的時間階段之觀點，以爲家庭國家的階段都已過去，以爲要實現大同，必須否定已經過時的家庭國家之封界，以爲大同爲時間上一個可以獨立的階段，一個可以不要家庭國家爲其充實之內容的階段，把大同完全看成是一個外部的虛懸階段，以爲到那時，家庭國家全已泯滅，小孩送孤兒院，老人送養老院，人死了燒成灰作肥料：完全社會化，即完全外部化，（或外延化），人們都成了孤零零的個體，只是成了穿衣吃飯的量的生活，情感正義都失去其道德的意義，精神的意義，都變成量的，物質化的。他們說這是均平，而這種均平須知也只是量的，外延的。如是，那時，除物質的享受外，一無所有。人們都好似機器中的零件，早已安排好了的。這是他們所嚮往的美夢。康有爲只是夢想，共產黨想用階級鬭爭來達到：所以他們現在什麼都不要，都要否定，以期來實現他們那個純量的享受生活。我告訴大家，這是完全不可實踐的。除毀滅一切外，不能有任何所得。他們把人的一切都剝掉，只剩下一個孤零零的個體，私的個體。但是這個私的個體注定要套在一個系統內，它必然須要一個普遍性的東西來安頓它，它需要裝備，需要文飾，需要一個東西來潤澤它。但是現在，凡足以安頓它裝備文飾它潤澤它的普遍性的東西或超越的東西都已剝掉，然則這個私的個體將靠什麼來維繫呢？若無維繫之的東西，它必頓感惶惑，茫然無所措手足。夢想那種大同的人，想把人看成機器的零件，但人究不是機器的零件：你把它剝掉一切時，他仍然會感不安。這就是他不同于機器處。共產黨有辦法來對付這種不安。一、從現實方面說，它把他們套在一個極端專制的機械系統中，這就是共產黨的組織，以及其所謂只有黨性，沒有個性。（下面是極端散的私的個體，上面非極端專制不可。）二、從未來方面說，它給他們一個希望，這就是未來的「大同」，純量的享受生活之大同。然而須知一個極端專制的機械系統所造成的大同只是一個「大私」，隸屬于共黨的私意，淸一色的，不容有異己的大私。這個大私的大同完全是個影子：一、對人們說是一個影子，剝奪一切的「私的個體」，只有嚮往未來的大同作其停止之所，寄其安慰于未來的不可實現的幻境，齊于物的，爽然若失的痴呆生活。這個毀滅一切的痴呆大同是私的個體所投射的一個影子：一面是極端的私，赤裸裸的個體，一面就是極端的公，沒有價値，沒有意義的齊于物的大同。這兩者是一而二二而一，而且是互爲因果的。在現實上以其氾濫衝破一切而無安頓的人就憧憬那個大同，而憧憬那個大同的人，一落到現實上，就是不顧一切極端自私的人。這是近一二十年來由社會風氣所形成的社會病所可看出的。而在現實上這種氾濫無歸的人，好似極端的進步，極端的精采，而其實是盲爽發狂。（我曾名之曰大浪漫）。這種呈盲爽發狂的精采的人，一旦停止其精采，便儼若痴呆。這便是他們的大同。這種精采正助長了共黨的滋長，而共黨亦正投了這個機。不投這個機，不能為人喝采。反過來，共黨就利用這部分人來使天下人都成為盲爽發狂，到那時，精采便可停止，因而一起痴呆，這就是他們的大同的實現。所以這個痴呆大同就是呈盲爽發狂的精采的人的影子。二、對共黨說，亦是一個影子。它的極端專制，使天下人成為清一色的唯物論，這種管教人的權力欲之發展是完全放不下的，因而那個大同是永遠不可實現的，它的社會主義是永遠不可實踐的。然而它却投映一個虛影在那裡以吸引那些盲爽發狂的人。然而共黨自己却是清楚的。他們是在芻狗人。所以對于共黨之為影子與對于一般私的個體之為影子稍有不同。而他們兩者的結果是如此：對一般人說，精采停止，便是痴呆；對共黨說，他們的芻狗人不會停止，除却毀滅。

人們如果察識了以上所說的病痛，便知「大同」完全不是那會事，便知要實現大同，完全是在另一個途徑上，而不在盲爽發狂的途徑上，不在極端專制使天下人都成為歷史唯物論的途徑上。這另一個途徑便是家庭國家都要肯定的途徑。家庭是人倫人道的起點，因而也就是表現道德理性最具體而親切之處。故孔子曰：「孝弟也者，其為仁之本與？」而儒者的盡性盡倫踐仁之實踐也必不能越過這一步或否定這一步而可以稱得起為道德的實踐。在必然不能否定這一步上，就必須肯定家庭之存在。但是，道德理性（即仁）雖在這裡表現，而在此處的表現精神却尚未進至于客觀的境地。因為家庭的關係是骨肉至親的關係，是一個情的分數居多的關係。也可以說道德理性是在「情之至親」中表現，尚未進于在「義之分位」中表現。人的生活不只限于家庭，尚有家庭以外的。因此，我們的實踐就必然須擴大至家庭以外。但家庭以外不就是一個莽蕩的無涯際，不就是一個空無落足處。若然，家庭以外，即無生活，因而亦無可表現。依是，家庭以外必有一個實在的獨立組織體，即必有一個供家庭外的生活成爲實際的生活的實在處。既然有個實際生活的實在處，故道德理性亦須在這裡表現。而在這裡的表現就是在義的分位關係上的表現，而其表現精神就叫做客觀精神。這個義的分位關係就是國家政治的組織，而道德理性之客觀的表現，就在這裡彰著，而客觀精神亦在這裡發揚。道德理性之表現，人的精神生活之發展，是不能封在一個一定的界限之內，單允許其在某一界限內活動，而不允許其在另一範圍內活動。凡有實踐生活處，皆應爲道德理性所貫注。否則，就有一部分生活爲非理性的，爲無價值的，因而亦就不成其爲生活。故由家庭之情的表現必須進至義的表現。而義的表現就是客觀的表現。人類之實踐若無客觀的表現精神，則連家庭之情的表現亦不能維持于永久，必馴至枯餒以死。故客觀精神之必須表現就函着國家之永恒存在，必然地被肯定。客觀精神是一個重要的關鍵，是由家庭過渡到天下（大同）的重要而不可少的通路。它是使吾人的價值生活出乎家庭骨肉以外而擴大至天下的一個媒介。沒有這個媒介，天下是一個荒蕪的觀念，完全是無生活意義的，而家庭亦必枯槁困頓委靡以死。馴致一切歸于荒烟蔓草，此即所謂天地閉，賢人隱。痴呆的大同就是這個境界，共黨就是向此而趨。

但是，天下（大同），從現實社會方面說，就是國與國間的協調觀念，大一統的全體觀念。在春秋時，就是周天子所代表的觀念。在現在，則是國際聯合機構所代表的觀念。大學所謂齊家治國平天下，所謂平天下就是平國與國間的複雜關係而使之協調，所謂「和協萬邦」是也。這個平天下的精神是與「絕對精神」相應的，也就是道德理性之在人間現實上的絕對實現。它既與絕對精神相應，它自然與客觀精神不同。因而現實方面表示天下的組織亦與國家不同。國家有其民族的來歷，有其歷史文化的縱貫之根：這是表示一條一條的縱貫線的。而天下則是現實上的一個絕對的綜和；在現實上是無外的。它是一個橫的系統，它的內容就是各縱的系統；它必須通過各有其「縱的根」的國家而始有根。它的組織不能像國家那樣强而密，因爲：一、它是國家間的一個綜和，它是容許「各自發展的異」中之同，它是承認它們而又處于它們之上的一個諧和，它不是由一個國家而强制其他，因此，它不能不王道，不能不代表理性。若是由一國而强制其他，則它是代表力，抹殺他人的個性，這不是異中之同，而是侵略的同。因此，它的組織不能强而密。二、它代表理性，王道，而又是現實上的至大無外，（現實上是指現實的人類言），所以它所代表的理性是絕對理性，而它表現此種理性的精神是絕對精神，雖然是現實的，限于人類的。代表「絕對」的東西是各種歧異間的諧和，它不能再自處于對待中，所以它不能表示力的强度，而只能表示理的强度，精神的諧和。三、因爲它是那樣的大而無外，所以人們的實際的實踐生活，對于它是間接的，而對于國家是直接的，只有少數領導人類社會而有高遠理想能表現絕對精神的政治家，其實踐生活對于它才是直接的。所以這個組織不能不代表理性，不能不王道。而國家對于一般人們的實際生活之影響太繁密而直接，故人們的實踐對於國家的關係亦不能不密切而爲直接的。以上三點，即可區別現實的人類中的天下與國家之不同。但說「天下」之爲組織不能像國家那樣强而密，這却並不是說國家必須是代表武力，必須是侵略的。國家及其法律亦同樣代表理性。國家是道德理性在客觀精神的表現下而被肯定被建立，法律則是道德理性的客觀化，藉客觀精神的表現而客觀化。國家及法律同是表現道德理性的客觀精神之所肯定。這是它的本質是如此。國家不能代表理性，就要被毀滅，或他毀或自毀。法律不能得到客觀精神的允許，就要去掉，而另制行。沒有客觀精神的民族不能建立國家，不能遵守法律，不能處公共生活。只因它與一般人們的實在生活太密切，而一般人們又萬有不齊，利害錯雜，常常惹故生非，故國家的組織不能不强而密，至少要比天下之爲組織强而密，而又不能不重義道，這就是它的爲客觀精神處，不同于家庭及天下處。它須要有力，但是力是它的用，而理是它的體。故國家政治，對于人民，一方有强力性，一方復要維持人民的自由民主。這兩種相反的性質，就要靠理性來綜和。若不能以理爲體，而以力爲體，它就要被毀或自毀，這也是人類的道德理性所給它的懲罰。由此，你可以看出，理性處于家庭國家之中而又常超出于家庭國家之外，爲其內在的「普遍性的根據」，而又爲其外在的「普遍性的籠罩與涵育」。一國的人民，愈是理性高，客觀精神强，則國家的强力即愈減。然而國家仍是永恒存在：這是由人們的生活之繁密，及在此繁密中的實踐之客觀精神所肯定。由經濟中擴張性而引起的國家之侵略性，並不能因而即謂國家的本質即是侵略的，即謂必須否定國家，因爲那明明是經濟問題。我們的實踐可以來改變經濟的制度。這就是我們承認社會主義而不否認國家之故。社會主義與民主主義相成，而此兩者復與國家的存在相容相成。這些相容的綜和都要靠道德理性的實踐來完成。

復次，人類的道德實踐不能停于客觀精神處。因爲由客觀精神而肯定的國家是表示個個縱的系統。精神若只限于自己的國家內，必流于侵略。故必超乎此而期有一綜和之系統。綜和之，即所以諧和之。理性必超乎縱的對待而趨于諧和的絕對。人類的精神不發展至絕對的諧和，便不能算圓滿，因而亦不能停止。因爲現實的一切，譬如各縱的系統，不能有一個在理性的貫徹之外，而不爲其所涵蓋所潤澤。因此，精神亦必須發展至絕對精神始能滿足。但是絕對精神所表示的絕對諧和不能離開家庭國家之存在而有其內容，即不能離開道德理性之情的表現與義的表現而有其內容。人類的精神發展要越過此兩層，但不能否定此兩層。所謂越過，即諧和之；諧和之，即圓融其衝突與矛盾。而它所圓融的就是它所有的充實內容。它不能離開這些內容，而別有內容。家庭國家亦必須融于天下而始得其價值之最後的歸宿，而天下亦必須以這些價值爲內容而始成爲有價值的。天下一觀念之有意義，完全在其對家庭國家之肯定而期有以融和之上而有意義。若謂天下離開家庭國家而可以自成一階段，則它那個階段便是空乏的，荒蕪的，如上所說。能把握住這個「綜和的大系統」的只有儒家的理想主義；佛教不能，耶教亦不能。它們都表示絕對精神（雖然有不同），但亦只是表示絕對精神之一面。它們的表現之價値性還得綜和在這個大系統內始能見出。耶佛都不應反對孔孟之教。而我們則必反對共黨的荒蕪的大同，而救住耶佛之在人類文化上的貢獻。

從人類社會上所說的大同（天下）尚可以說爲人間的一個組織，由此而表現的絕對精神，即吾人上文所屢說的現實上的絕對精神，即限于現實的人類而言的絕對精神。這個組織雖是至大無外，因而可以說爲現實上的絕對精神，然而其大無外亦是指人類言。人類以外尚有天地萬物，並不含在這個大同的組織之內。而絕對精神的函義及其函攝却並不爲這個現實的人類所限，因而亦並不爲這個人間的大同組織所限。在這個大同上所表示的絕對精神尚不是最後的，因而亦只是現實人類上的，此可曰相對的絕對，或有限的絕對。眞正的絕對精神必須超過這個限制而擴至天地萬物。此在西方，就是宗教所表示的，在儒家就是「仁者與天地萬物爲一體」。這個境界，在西方，是上帝所管轄的，在儒家，就是作爲生化之理的仁所管轄的。必至此，道德理性始得到其最後的普及，而絕對精神始得到其最後的圓滿。即人類的精神必須在上帝前，在作爲宇宙萬物之本體的「仁」前完成。但是這個爲上帝所管轄的宇宙，却不是人間的一個組織，它是神或仁的一個組織。所以絕對精神之在這裡表現是宗教的，藝術的，而不是政治的。而生活的實踐在此亦必須是聖賢的人格，而不是政治家的人格。在人間的大同組織上，尚是政治的，故生活的實踐在此亦是政治家的人格。聖賢的實踐必須是仁德無量，故與天地合德，與日月合明。絕對精神在此是充其極的發展。故孔子耶穌都可以是神而人，人而神。他們都表現絕對精神。人間的大同組織以及在此所表現的絕對精神只是那個絕對精神自己在人類方面的具體實現。人間的學術眞理之普遍性，一方指點超越家庭國家的人間大同之必然性，一方即引導我們必歸宿于最後的絕對精神之自己。科學宗教藝術道德以及聖賢人格都是如此表示。但是，這一切都不能否定家庭國家的存在，都不能否定它們在絕對精神的系統中之價値與地位。客觀精神可以不及絕對精神之高，但絕對精神必含有客觀精神爲其充實之內容。沒有客觀精神，絕對精神亦無從表現。從這裡，你可以看出人在兩間的地位。此所以儒家必主立人極而參贊化育也。若謂否定人性人道，仁之情的表現（家庭），義的表現（國家），而可以講大同，那大同必是物化，墮落，荒蕪，痴呆的大同。

由上我們可以綜結說：

一、只有依據道德理性的實踐，始能使民主主義與社會主義相成而非相反，並使此兩者與民族國家的肯定相成而非相反。

二、民族國家世界大同（國際主義）在道德實踐的精神發展下綜和起來，統一起來。

三、民主主義與社會主義只有在家庭國家天下同時肯定而成的精神發展之系統中始能不墮落不物化。

四、一切學術文化都必須在家庭國家天下同時肯定而成的精神發展之系統中始能獲得其價值性與理想性。

闢共產主義者的「矛盾論」

一、作本文的大體意向

共產主義者有兩種重要的思想，一爲「矛盾論」，一爲「實踐論」。實踐論要義是講認識在實踐過程中完成。我將另文闢之。他們的矛盾論主要的是講所謂唯物辯證法中「對立統一」一法則。他們的講法，並無甚麼新鮮，亦無甚麼獨創。只是馬克思列寧的代言。千篇一律，聞之熟矣。平常，他們拿這套東西迷惑青年智識份子，收效已不小。現在他們控制着整個大陸，他們的威權統馭着大陸上的一切。正在復拿這套東西，作上帝的事業，來改變人類，改變萬物。人民觳觫於他們的恐怖之下，見了這類文字，更易於誠惶誠恐，視若神聖。同時，他們的虐政，已到了鑿喪生命，堵塞慧根，逼得人人受不了的時候。「作於其心，害於其事。作於其事，害於其政。」他們那套思想觀念，沒有一個是可實踐的。一落實踐，便趨毀滅。因爲他們最基本的靈魂是徹底的虛無主義，他們的最基本的原理是「純否定原理」。所以當他們的行動已暴露出來，披露到全社會的時候，他們的思想，我們仍須加以疏導刊正，以闢其謬，使世人明白他們何以是生心害政。由是以開啓慧根，突發新生，灼然了悟於邪說奸言之不可信，歸於大方大正，伸大義於天下。

我之批評他們的「矛盾論」，不在糾纏於他們用「矛盾」這個字眼所意指的事實，而在這種事實是否可以用辯證法去說。又，宇宙是否只此一面。又，他們所意指的這種事實，其意義與層次究竟如何去規定。

他們所沾沾自喜的從變動的，關聯的觀點看事物，亦無甚麼不對處，亦無人反對。他們所講的對立統一亦無人反對。事物有對立，有不對立，對立的有衝突的，有不衝突的。這些原都可以說。具體存在的事物原有無窮的複雜性，若有所當，從那一面說都可以。沒有糾纏較量的必要。時下講辯證法的人多得很。他們所用的矛盾一詞之意義，所意指的事實，所講的對立統一，都和共黨的唯物辯證法所講的大體無二致。天地間不只一物就有不同。有不同，縱有不對立，亦有對立，縱有不相反，亦有相反。相反的，縱有不衝突，亦有衝突。你要在衝突的地方說矛盾，說就是了。無論衝突不衝突，只要相反就說矛盾，你要這樣說，我也無可如何。反正事實如此。這種事實，共黨講，非共黨的人亦講。就是程明道當年也說：天地間無獨有偶，靜夜思之，不知手之舞之，足之蹈之。共黨看見必以爲這就是講的唯物辯證法。但是程明道決不是唯物論者，亦決不會贊成唯物史觀。他若生在今日，必反共。可見若是唯物辯證法所講的就是這一類的事實，沒有反對的必要，也不必怕。他講，你也講就是了。要者單看誰運用的好，誰觀察的巧。但是你却不要以爲這就是「辯證法」的本義，辯證法只是此，只如此。你也不要隨着共黨胡說，說黑格爾的辯證法是頭在下，脚在上。

黑格爾講辯證法的層次並不錯。他不在「知性」一層上講。他從「知性」以上「主動的理性」（active reason）一層上講。他從這一層上所發的精神表現的發展過程上表現辯證的發展。這是辯證法的本義。要懂得這種辯證法，必須懂得精神生活的開發。否則，只看辯證法本身中的那幾個名詞，毫無意義。若懂得精神生活的開發，你眞可以見到其中辯證發展的必然性與眞實性，反而這種辯證的發展更可以使你更深入地更嚴肅地認識精神生活之豐富性與廣大性。這是馬克思派所完全不能了解的。

復次，黑格爾並不注重從外在的具體事物上講辯證。精神表現必須從實踐上見。他是從精神在實踐中貫澈着物質（自然）上顯出「精神表現」的辯證發展。所以，嚴格說，辯證法並不能單從物一面講，或單從心一面講。馬派完全不了解此義。他們只把辯證法的那些名詞襲取來用于外在的具體事物上，這只是辯證本義的應用與比附，在具體事物的對立相反上比附。他們這種比附應用究竟有何意義？他們所意指的事實很簡單，只是「天下事無獨有偶」，只是「對立統一」一句話，只是變動的關聯的看事實。若單從這裡繁爲推演，只是浮辭濫調。它不能解決任何問題，它不能成就任何學問。我在本文裡願意確定它的層次與意義，我不必在「無獨有偶」這種具體事實上去糾纏。

復次，他們從外在的具體事物上講辯證，復開爲三大法則：一爲質量互變法則，二爲對立物的統一法則，三爲否定之否定法則。並謂此三大法則已由黑格爾所確立。並謂由黑格爾邏輯學中「存在論」引出質量互變法則，由本質論引出對立統一法則，由概念論引出否定之否定法則。此皆亂說。黑格爾的「邏輯學」是想從「絕對之有」起，藉辯證的發展，把知識對象的各種領域中的基本範疇推演出來。他這部工作實在是一個大把戲。質量不過是許多範疇中的兩個範疇。他何曾把質量在辯證發展中的轉化列爲辯證法中的一特殊的大法則？辯證的法則只是對立之統一與否定之否定，而此兩句實是一義。這個辯證的意義，在他全書中到處表現，何曾如說者所安排？本文關於黑格爾的學問，不多說。在此只一提耳食者之謬。

二、數學，具體事物，俱不可用辯證法去說明

他們從外在的具體事物上講辯證法，這還是我給確定的。但是他們講起來，却是極端的氾濫，無層次，無範圍，而且又是只拿這一副眼孔看世界，泯一切，混一切，外乎此者一概不能承認。

何以說極端的氾濫，無層次，無範圍？

他們常引恩格斯的話說：「高等數學的主要基礎之一，就是矛盾。」「就是初等數學，也充滿着矛盾。」又引列寧的話說：「在數學中，正和負，微分和積分。在力學中，作用和反作用。在物理學中，陽電和陰電。在化學中，原子的化合和分解。在社會科學中，階級鬥爭。」物理化學及社會科學方面還是說的具體的事物，至于數學方面便不是具體的事物。他們對于數學，可以說全不懂。只是閉着眼睛隨口亂說。數學若是以矛盾爲基礎，還成其爲數學嗎？若有人說：「全部初等數學都充滿着矛

盾，」這必令人驚得發呆。但是馬派的人可以不負責任地這樣瞎說。我們可以說數學（無論高等或初等）的基礎之一是邏輯中的「矛盾律」，但不能說是矛盾。矛盾律是禁止有矛盾，不是主張矛盾。數學就是不矛盾的，自身一致的，一個推演系統。邏輯中的矛盾是說的命題，不是說的具體事物。其中的矛盾律是應用于命題，不應用于具體的事物。「凡人有死」與「有人不死」是矛盾的對當關係，即是說，此兩命題不能同眞同假，此假彼必眞，此眞彼必假。「白筆不是白的」是自相矛盾的命題，其値爲絕對假，即，不可能。矛盾律用于數學，就是禁止命題以及命題間的關係有矛盾，而作自身一致的推演。若說有正與負（還有一與零），但正負的對立無所謂矛盾。正負是兩個運用的符號。不是具體的事物。它沒有情感，沒有意識，也沒有力學中的動力。何來矛盾？何來鬥爭？亦無所謂對立的統一。肯定正，就不能肯定負。反之亦然。譬如a與$-a$，如果肯定a是眞的，「$-a$」就是假的。反之亦然。而「a是眞的」，「$-a$是假的」，都是命題。若「a眞」，同時「$-a$亦眞，」便是矛盾。數學只是藉這兩個符號來作一致的推演。a不能等于$-a$，但可以等于「$-a$」的否定。而「$-a$」的否定等于a，並不等于辯證法中對立物之統一的否定之否定。這裡邊並沒有奧伏赫變。並沒有淘汰與保留。一加一等于二，非「非二」還是二。這裡只有量，沒有質。同時，在數學上，

$$a \cdot -a = -a^2$$

$$a + -a = 0$$

而在邏輯上，

$$a \cdot -a = 0$$

$$a + -a = 1$$

在數學方面，是數目式。在邏輯方面，則前式表示矛盾律，後式表示排中律。故邏輯表示軌範。數學即依此軌範而爲自身一致的演算。故a乘「$-a$」等於「$-a$」的平方，歸於負數一面，而a加「$-a$

」等于零，即表示正負相消等于「無有」。無有是無有正數或負數，而只是零數。而若一有決定數，則必是歸于一面，或正或負。決不能既正又負。它不能既正又負，即表示它遵守邏輯中的矛盾律而爲自身一致的推演。邏輯是軌範，數學是構造。每一步構造是一步決定，依矛盾律而來的決定。數學藉正負兩個符號的運用以成自身一致推演。正負不是兩個具體物，數學亦不是由正負具體物的對立統一而成。試問數學中的正負如何能綜和在一起而成一個高級的非正非負亦正亦負的新形態？這如何能用唯物辯證法中的矛盾法則來說明數學？如何能說全部數學都充滿了你們辯證法中的「矛盾」？他們還有這樣一句怪話：「除了運動的物質以外，世界上什麼也沒有。」這是加重唯物論的立場的話。渾一色的物質運動，渾一色的對立統一。但恰恰數學就不是物質，也不會運動。可是他們却說數學充滿着他們辯證法中的矛盾。依是，我們有一範圍不是唯物辯證法所能應用的。這一層次與範圍，馬派的人亦當正面而視，虛心以求了解。庶幾有以轉化自己也。你們的心思亦當來一個辯證的發展，不應僵死在那個氾濫上。

依是，他們的辯證法當該限于外在的具體事物上。數學方面的，可以取銷。

自然科學與社會科學都是以具體事象爲對象。如是，我們轉而看辯證法在這一方的應用。首先，自然現象方面，在力學中的作用和反作用。這是牛頓的三大定律中之一所說的，即：有一與動，必有一反動。大小相等，方向相反。這是力的現象。譬如，我打出一拳去，若不是打在空裡，我的拳頭必感覺到有一種震動或甚至痛疼。這種震動或痛疼就是外物的抵阻力之反擊。這就是反作用。石頭之相撞亦然。作用與反作用，其相反以方向來規定。這只是「與動」所引起。與心理學上的刺激反應同。我們能于刺激反應上說矛盾嗎？能在這裡說對立之統一，否定之否定，辯證的發展嗎？我看完全不能。「與動」與「反動」也不是一物自身之矛盾，兩者也無所謂統一而成一較高級之形態。各發其所當發，各止其所當止。如無外力之施，它又依然故我。這裡並沒有「否定之否定」之無窮的辯證發展。此所以為機械力學也。那末，再看物理學中的陰電子與陽電子。我們從原子核的構造裡，只開同性相斥，異性相吸。只開陰陽電子的數目有定，配合而成均衡。只開跳出一個或擠進一個，而失均衡，必求恢復定數而復原狀。陰陽電子雖其性相反對立而並不矛盾。其電子數之出入而得失均衡，也不是原子核內部之必然的矛盾，而向對立之統一，否定之否定，之辯證的發展走。電子的跳動有一定的軌道，其出軌或入軌，或由于偶然的機會，或由于外力的干擾。這都無所謂辯證的。化學中原子的化合與分解亦然。我們當然亦不能說化合與分解是矛盾的。這只是兩種不同的手術。依此，自然現象無可說辯證。具體的事物當然有變動，有關聯。但變動與關聯不必是辯證法的。辯證法中的概念，如原始諧和，精神與自然（物質）的正反對立，對立之統一，否定之否定，奧伏赫變，再度諧和，以及無窮的發展下去，一個用不上。在有機的生物現象上，亦復如此。一個穀種，放在那裡仍是個穀種。放在土裡，加上水的滋潤，它可以發芽生長，生長到成熟，它停止了。一棵穀乾枯了，它變成乾草，變成灰塵。它固然轉變了，但它已不是一棵穀了。這些發展轉變，都不是辯證法的。都不是穀種或一棵穀自身的無窮的辯證發展。穀種加上土和水，它才腐爛而生長。並不是其自身內部起了對立物的矛盾，而為辯證的發展。穀種在土水裡，其自身內部如何矛盾對立，這是無人知其秘密的。如果可以解析，也不過是生物學物理化學的解析，而這裡都提供不出一個辯證發展的確定意義，提供不出一個矛盾對立的確定意義。說矛盾對立，說辯證法的，都是望風捕影之談。一個穀種不放在土水裡，放在桌子上，放在石頭上，空氣的侵蝕，雨打風吹，太陽的蒸曬，也可以使它乾枯，枯朽，化為無有。但它自身內部如何起矛盾對立而化為無有，也無人知其秘密。如有，亦只是生物物理化學的解析。

依是，自然現象決無可說辯證處。在這裡說辯證，只是望文生義，望風捕影，隨便比附而已。如是，我們再轉而看社會現象。

共黨的唯物史觀就是「歷史之唯物辯證觀」。歷史是人或一個民族的集團實踐過程，如何能只是唯物的，即，只是經濟的看法？就使只是經濟的，而經濟活動也是人的實踐之所表現，也不能如外在的自然現象之爲現成的，擺在人的實踐以外。但是馬派的人却把它看成如「外在的自然」一樣，完全是外于人的實踐之物類，把它擺在那裡，看其自身之發展，美其名曰客觀。依是，社會集團的活動完全沒有「精神的提撕」在其後，完全不以發自道德良心的理想理性正義爲其調節，爲其指導。依是在生產關係中所分成的各集團完全是物類的概念。他們所謂「階級」就是一個物類概念。階級當然是人集成的。但是在他們所謂階級中的人之「人性」只是其階級的私利性，各爲其階級的私利而保存而爭取而改變。毫無所謂道德、理想、正義之可言。（參看前面拙作「道德的理想主義與人性論」一文）。依是，人完全是一個自私自利，形而下的軀殼的人，聰明才智只成就一個壞，比其他動物還要壞。依是，雖有聰明才智，亦只是物類。在這種物類的集團觀，有時對立，有時不對立，其對立也，有時矛盾，有時不矛盾。其對立而矛盾是以「利害衝突」定。如是，當然可以說「矛盾」，矛盾只是利害的衝突，不能並立。但是物類概念的集團（階級）何以必是辯證的發展，無窮的發展下去，是沒有理由的。它可以有若干階段的對立統一，顛倒下去，但不必能無窮地發展下去。一個物類的集團很可以墮落腐敗，完全停滯下去，由停滯也可以全毀滅死亡。同時，一個階級私利的集團，順其仇恨的狠愎之心推至其極，很可以完全消滅對方，所謂斬盡殺絕。而凡此種完全消滅對方的狠愎之心自己亦必流入瘋狂狀態而滅毀自己。必流于全體毀滅而後已，這就是徹底的虛無主義。這不只是推論，亦是事實。以前洪秀全集團的末路就是如此。現在的共黨亦必向此趨。它的理論與行動都是向此趨。若是人類眞地只是如此，則只能有一時的對立統一之顛倒，而決不能無窮地辯證地發展下去。因此，也就不是辯證的發展。辯證的發展是生息向上豐富廣大之道，不是毀滅之道。生產力與生產關係，若只是物質的概念，其對立統一的顛倒，決不能無窮地辯證地發展下去。停滯不進而至于消滅的民族多得很。有何理由從物質的觀點看生產力與生產關係自身的矛盾對立即斷定其是無窮地辯證地發展下去？以往的歷史，從經濟觀點說，若眞是由原始共產社會進到奴隸社會，再進到封建社會，再進到資本主義社會，而將來且向較爲合理的社會主義的社會趨（決不是共產主義所能至，其所至的只是毀滅），而此種轉變若眞是向前發展向上進步，而且是辯證地發展，且是無窮地發展下去，則社會集團決不只是物類，其中的個人之人性決不只是階級的私利性，必有「精神的提撕」在其背後，必有發自道德良心的理想、正義，爲其行動的調節與指導，而生產力與生產關係所成的經濟結構亦決不能如「外在自然」一樣，擺在那裡而外于人的實踐，亦必是內在于「人的實踐」，而不只是物質的概念。如其然，則歷史觀即不能是唯物的辯證觀。而必須是集團實踐中精神表現的辯證觀。因爲發到外部的物質生活背後有精神的提撕爲其支柱，有發自道德良心的理想、理性、正義，爲其調節與指導。亦惟如此，人的活動才可說實踐。實踐單是屬于人的：既不屬于上帝，亦不屬于動物，自然現象更說不上。精神的提撕，發自道德良心的理想、理性、正義，因爲人的動物性，雖是不純，有夾雜（若是純了，人間便是天國，但人的動物性不可免。）但它却是使社會發展向上的唯一動力。就因爲這個動力，才說歷史是精神表現的發展史，而其發展才是辯證的發展，而且是無窮地發展下去。何以是無窮地發展下去？因爲道德良心就是「不容已」的「願力」所在。人有此「願力」，乃「自覺地」向上發展，向前引生，而不令其斷滅。所以「無窮的發展」一主斷之成立，必于形而下的物質生活以上有一個「超越的根據」始可能。而此超越根據就是不容已的願力自覺地要如此。這是最顯明而不可移的道理。何以是辯證的發展？因爲能發理想、理性、正義的道德良心就是集團實踐中的「主體」，它的「客體」就是實踐中隨軀殼起念的私利。這個主客體的對立通過道德良心自覺而成立。誰腐敗下去而只有私利性，誰就是客體，就是反。誰通過自覺而抒發理想理性與正義，誰就是主體，就是正。「正」一定是作爲主體的精神，「反」一定是作爲客體的私利（腐敗，物質，自然）。這是決不能隨便移動，隨便比附的。這個正反的對立是人的實踐中「不容已的願力」之自覺必然地要發出。這個對立的意義是確定而清楚的。

因此，它的矛盾也是確定而清楚的，也是必然的。因爲作爲主體的精神不能容許私利的存在，而作爲客體的私利一時轉不過來，亦必然是精神實現的障碍。但是精神之不容許私利，只是轉化對方的私利性，並不是消滅它的人性。依此，惟精神始能引發精神而成全對方。當它引發精神而成全對方就是轉化對方使它起了質的變化，它不與精神對立而爲障碍，它統一于精神而爲協調。同時，精神亦不與客體對立，而却統攝客體亦成爲協調。此就是對於對立的消融而成爲一較高級的綜和。亦就是否定之否定。此一步亦是必然的，而且是確定而清楚的。此就是眞正的辯證發展，辯證的本義。在此辯證發展中，促使社會形態向上發展，向前進步，向較爲合理的形態轉變。就是內在於人的實踐中的生產力與生產關係的對立矛盾統一，也必通過人的「不容已的願力」之自覺而形成。若是掌握生產力生產工具的一方只是瘋狂地爲其私利，則必促成對方的自覺而抒發理想理性正義，以爲主體，而使它成爲客體，同時，當客體尙未轉化，主體尙在與之對立時，其瘋狂的私利行動即造成其生產力與生產關係的不協調而促使其崩解，轉化爲新形態。所以經濟活動中生產力與生產關係的對立矛盾統一，是爲社會集團通過不容已的願力，而形成主客體的對立的辯證發展所携帶以成以趨。若是拉掉社會集團方面的「自覺」，其本身是無所謂辯證的。

以上，我從數學，自然及社會方面，說明共黨的唯物辯證法之不可通，即，辯證法不能用於數學，自然現象的變動關聯亦不是辯證的，而於社會現象方面，若是物類的集團觀，亦不是辯證的。最後我即說到社會現象必須拉入人的實踐中，歷史必須是精神表現的發展史，因而唯在此才是辯證的發展。此決不可移。亦無所謂顚倒。此就是黑格爾所表現的辯證發展。馬派的唯物辯證法既不是辯證法，則撇開數學方面不論，那麼在具體事物方面，它所說的那一套與其所謂唯物辯證法所意指的事實是甚麼意義？這個問題須留在後面第四段詳細說明。

三、形而上學中體性學所見的「不變者」不能否認

現在我先解決下面一個問題，即：

何以說馬派的唯物辯證法是只拿這一副眼孔看世界，泯一切，混一切，外乎此者一概不能承認？因爲他們是只承認變道，而且是他們所謂辯證的變道，而不承認常道，無論是科學的，或是形而上學的。

他們常說：「在人類的認識史中，從來就有關於宇宙發展法則的兩種見解，一種是形而上學的見解，一種是辯證法的見解，形成了互相對立的兩種宇宙觀。」又說：「所謂形而上學的或庸俗進化論的宇宙觀，就是用孤立的，靜止的和片面的觀點去看世界。這種宇宙觀把世界一切事物，一切事物的形態和種類，都看成是永遠彼此孤立和永遠不變化的。如果說有變化，也只是數量的增減和場所的變更。而這種增減和變更的原因，不在事物的內部而在事物的外部，即是由於外力的推動。形而上學家認爲，世界上各種不同事物和事物的特性，從他們一開始存在的時候，就是如此。後來的變化，不過是數量上的擴大或縮小。他們認爲一種事物永遠只能反覆地產生爲同樣的事物，而不能變化爲另一種不同的事物。」

這段話是什麼意思呢？在此，我願就這段話先說明形而上學的職責是什麼？如果這方面的常道，他都不承認，則反而即知他所只承認的辯證法的變道有什麼歸結出現。

一般地說來，形而上學的職責唯在于變化中顯示出「不變」來。形而上學內有兩部分：一爲本體論或體性學（Ontology），一爲宇宙論。這兩部分常是關聯着的，不是截然分開的，亦都是要從變化中顯示不變者。惟本文對他們的論點說，則以體性學所注意的爲切。故我們可從這裡入手。

首先，有柏拉圖所講的「理型」。這是對具體的可變的事物講的。感覺所接觸的現象，經驗所遭

遇的對象都是具體的，可變的。這無人不知，無人不承認。柏拉圖名此爲感覺世界。形而上學家何嘗不知道變化？惟柏拉圖所注意的是：如果只是感覺現象之變，而無「不變者」在，則任何東西不能說「是」（在），說「成」（形成），任何名詞及命題不能有意義。結果是一「虛無之流」。馬派的人，在哲學史上，所稱贊的海拉克利圖斯與普洛太哥拉斯，都是講變的。海氏是從宇宙論上說，任何東西都在變，整個宇宙是一變化流。但是他還有一個「洛哥斯」（Logos），以及由「洛哥斯」（道）所顯的「理性法則」，這却是不變的，這一面我且不說。普洛太哥拉斯是所謂詭辯派（Sophist），他是從感覺知識上說感覺現象之爲變爲相對。凡現于我者爲是，即對我爲是，現于我者爲不是，即對我爲不是。是與不是（在與不在）都是對我而言。所以說「人是萬物的尺度」。這裡所謂「人」是指各個「具體的我」講，即生理機體的我。（不是心靈的我）。所謂尺度，就是以這個「我」爲標準來衡量感覺現象之「是」或「不是」。但是，柏拉圖在這裡就和他辯，說：如果只以生理機體的我爲尺度來衡量感覺現象之「是」，結果即無「是」可言。你以爲還可量出個「是」來，不管是變的，或相對的，其實連個「是」亦量不出來。因爲你的「生理機體的我」所接觸的感覺現象是永遠在變的，而且一變，就必須變到底，決不會有一瞬的停住。如果能停一瞬，我們還可以說在一瞬裏爲「是」。實則就不能停一瞬，結果是永遠「是而不是」，馴至于無所謂是與不是，只是一虛無流。而且你生理機體的我也是一大堆具體的事象，也必須在不停地變。也只是一虛無流，兩頭無掛搭，決交涉不出一個「是」來。因此，你開始說：凡現于我爲是者，即對我爲是。到此，你是否定了你自己的主張。你量不出一個「是」來。因此，任何變化的現象必須預設一個不變的「理型」爲標準，才能使吾人說是或不是。因此，吾人的名詞與命題才能有意義。「白的」必須依照「白之理」而爲「白的」，「方的」必須依照「方之理」而爲「方的」，人必須依照「人之理」而爲人。具體的人，具體的白的，方的，儘管可以變，而其所依照之理不能變。唯柏拉圖對於他所逼出的「理型」（不變者）是超越而外在的看法，不在具體物中，具體物是依照它而成。他對於萬物所持的觀點是認其為被創造的，他於宇宙萬物持創造說，最後的劃造者就是造物主（上帝）。造物主是依照理型而造萬物，一如匠人之依照其心中之理型而造桌子。依此，具體物所依照之理型，最後，都在上帝心中而為其內容。上帝除理型以外，無內容。這是給「理型」以形而上的理性歸宿。假若你不滿意他的外在說與創造說，你可以另有令人滿意的說法，但你不能否認追求「不變者」之意義與價値以及其必然性。這種追求「不變者」之形而上學家有何罪過而必欲詬詆之，打倒之，連「不變者」且一起否定之而不予以承認？且何以必是資產階級的？我以為他們的問題與所追求的「不變者」，無產階級亦得承認。革命與不革命都得承認。共產黨必須「是」一個共產黨才能說別的，必須守住自己才能革他人之命。若只是「是而不是」，馴至於無所謂是與不是，而只是一虛無流，則亦無所謂革命矣。（實則共產黨的革命亦只是本其徹底的虛無主義而自毀毀人的虛無過程。其堅持守住其自己實亦只是堅持自毀其自己。）

假若你不滿意柏拉圖的外在說，你可以看亞里士多德的內在說。依亞氏，理型，轉為形式，或普遍者（共理，普通曰共相），必須內在於具體的個體物中，即必須內在於特殊的東西中，而為成就此特殊的東西之形式。同時，亦必須承認有此形式，而後對象始為可理解的。其如何表現為可理解？曰：即在邏輯定義中。凡一具體對象，依邏輯中定義的手續，對之可有一眞實定義，（不是名言定義），它即是可理解的。而此眞實定義所成的理解就是把對象的形式或普遍者表彰出來，而對所界定之具體物言，此形式或普遍者就是此具體物中之「本質」（或亦曰「體性」。）如果不承認有此體性，則任何物不能下定義。如果你說：這不過是依邏輯中定義的手續而只「是其所是地」擺出來的體性（本質），這體性在存在方面究竟有如何的眞實根據，它與具體物中一大堆的具體事象，（假若把具體物即看成是一大堆的具體事象，）究竟在如何的關係中或方式中呈現，這還不能令人親切可解，則亞氏是這樣答覆你，即：亞氏把任何具體的個體物都看成是依生長發展的過程來完成其自己，這其中就含有他有名的四因說。（一爲形式因，二爲材料因，三爲因致因或運動因，四爲目的因或終成因。）依是，「形式」即在具體物的生長發展過程中所自具，而其最後的根源必落於「因致因」中。因致因，從生長的觀點說，就是生機（恩得來希）。如果再推進一步，我們很可以說是「心靈」，（宇宙論上的）或至少我們可以說是「非物質」的，因爲「生機」就已是「非物質的」。因爲純物質的材料不會動，它純爲被動。那麼使它動的，使它套于形式中成爲一個具體物，即實現爲一個具體物的，決定是「非物質的」。「形式」的最後歸宿或來源就在這個生機或心靈或作爲因致因的非物質的東西處。因爲純物質的材料不但是純爲被動，而且其本身只是漆黑一團，是混沌（Chaos），那麼表示秩序與條理的「形式」決定不從純物質的材料出，而必須是從「非物質的」生機或心靈出。這就是形式內在說所說的「形式」在存在方面的眞實根據。

假定你還不滿意，你不願意推到這麼遠，推到心靈上，你乾脆就把一個具體物先看成是一大堆具體事象之結聚，然後再說這一大堆事象如何結聚起來而成一堆，成一個體。如是你必須如羅素所說，連結這些事象而結聚起來的是因果關係。如是，你說一個具體物就是一大堆因果關係所結聚的「事象群」。所結聚的事象可以變，可以消逝，所結聚成的「個體物」可以變，可以消逝，但是結聚它們于一起的因果關係却不變，而它們一成爲個體物，由因果關係所呈現的模型或形式却不變。這由因果關係所呈現的模型或形式就是使這個具體物成爲具體物（石頭成其爲石頭，草木成其爲草木。）亦就是使這個具體物成其爲可理解的。你總得承認有一個「不變者」。就是佛家把一切東西看成是因緣和合而生而成，因緣離散而毀而滅，因此，一切東西皆無自性，由此以觀空，萬法無自性，以「空」爲性，然當其以因緣和合而生而成說此物之生成時，則此物之成爲此物亦必由因緣和合所呈現之樣子而成其爲此物而不爲他物，因此吾可以說是此物而不是他物。順眞諦，萬法皆空，當下即如；順俗諦，不違比量，山是山，水是水，石頭是石頭。萬法皆空，不是萬法皆混也。

依是，形上學中的體性學，不管是那一派，那一系統，如何講法，總是要說明具體物之成其爲具體物，總是要在變化中顯示出一個「不變者」。如果不承認有不變者，個體物之成爲個體物即不能說明，即無個體物之可言。個體物可以變滅，但當其一成爲個體物所呈現之模型或形式，則一成不變，永恒如如。縱然將來再不實現，亦是掛在那裡而不會變滅。人一成其爲人，就有人之理。人可以死，人類可以淘汰，而一旦有人，旣成其爲人，則人之理即永恒不變，縱然人類淘汰了，而人之理亦掛在那裡而不會變滅。不過不實現罷了。具體物會變，「理」不會變。若再有人出現，而還是個人，則還是此個理。這就是荀子所說的「類不悖，雖久同理。」若類悖了，則成爲另一理，而不是此類之理矣。這就是形而上學的職責，這個道理如何能否定？形而上學家由個體物之形成而見「不變者」對于你的革命有何妨碍，而必予以抹殺？形而上學家講「不變者」，何以就是只知「不變者」，而不知「變者」？你何所據而云然？

若如馬派所說，只承認那種辯證法的變道，而不承認由個體物之成爲個體物所見的「不變者」，則個體物之形成，以及物類之形成，統不能說。但是說辯證的變化，亦是說一個東西在辯證地變。而一個東西就得要成其爲一個東西。他們說：我們能說明一個東西之成，我們是以辯證發展中「對立之統一」來說明一物之成。所謂「一物之成」就是對立之統一（或同一）。但是他們引列寧的話說：「對立的統一是有條件的，一時的，暫存的，相對的，互相排斥的對立鬬爭則是絕對的，正如發展、運動是絕對的一樣。」他們解析說：「一切過程都有始有終，一切過程都轉化爲它們的對立物。一切過程的常住性是相對的，但是一切過程轉化爲他種過程的這種變動性則是絕對的。」又說：「爲什麼鷄蛋能够轉化爲鷄子，而石頭不能够轉化爲鷄子呢？爲什麼戰爭與和平有同一性，而戰爭與石頭却沒有同一性呢？爲什麼人能生人不能生出其他的東西呢？沒有別的，就是因爲矛盾的同一性要在一定的必要的條件之下。缺乏一定的必要的條件，就沒有任何的同一性。」好了，我們先就他以「對立之統一」說「一物之成」來衡量他這些話的意義。

雞卵之成爲雞卵，是由雞卵中一大堆事象之「對立的統一」而成。而此「統一」是有待于一定的必要的條件的，而且是暫時的，相對的。人成其爲人亦是如此。如是，假定把一定的必要條件拿去了，雞卵就不成其爲雞卵，人就不成其爲人。而且其由「統一」而成爲雞卵成爲人是暫時的，相對的，隨時可以破裂而不成其爲雞卵，不成其爲人，轉化而爲另一過程。現在，我們可以考量這個思想的函義。

屬于某一類的個體物自身之變化是一會事，由其死亡或破滅轉化爲另一物，如人死化而爲灰塵，又是一會事。這兩者不能混爲一事，一概由對立鬭爭對立統一來說明。現在，他們既不承認由屬于某類的個體物之形成而見的「不變者」，斥之爲形而上學的見地，則是一概以對立鬭爭對立統一視一切，只有這個一律的觀點，清一色的顢頇看法。問題就在這裡。當然毛病不在「人死後轉化爲灰塵」一面，因爲這一面，無人不知，無人不承認。毛病是在「個體物之形成與當其尙爲此個體物時自身之變化」一面。「人成其爲人」既由其中的成分的對立之暫時的統一而然，且有待于一定的必要的條件而爲暫時的統一，那麼試問：這個必要的條件是什麼？其中的成分如何成爲辯證地對立的？從屬于某類的一物之成上說，我想這是無人能知的。只有上帝能知其中之秘密。就照朱子疏解太極圖說而言，光是陰陽二氣並不能說明個體之形成，必須再加上五行。但是五行仍是一個普遍的原則，同是五行，究竟如何糾結而成爲此物，又如何糾結而成爲彼物，這還是不能說明的。其中的秘密亦只有上帝知道。及其一成爲某類之個體，還得承認其有爲個體之理。陰陽五行不過是宇宙論的普遍陳述。現在他們竟然居于條件論的立場上，輕輕說一個有待于一定的必要條件而成爲一時的統一，成爲一物。這竟是以上帝自居。以條件論爲原則，實是一個無定準的「隨意原則」。他很可以隨意放上這個條件，隨意抽去這個條件。而且他也知道這個條件是什麼。當他願意叫你成人時，他放上這個條件，當他不願意叫你成人而要改造你時，他抽去這個條件。這實是目中無人，目中無物，只有他那個隨意原則的條件論。條件的辯證發展混了一切，毀了一切。照他這個無上的權威，當一個具體的個人尙在生存的時候，其由一時的統一而成爲人，他們很可以把那個必要的條件抽去而使其中的對立不統一，再加上他心目中的條件而使它們統一起來再成爲一個「非人」，尙在活着的「非人」。這和人死後化爲灰塵不同。這好像魔術師喝聲變，這個人便立即變爲人面獸身，或人身獸面，或四足垂尾，或腦後生目一樣。本來共黨就是這樣看人與物，也就這樣去行動。他們以上帝自居。所以蘇俄的生物學家李森科可以依條件論硬叫後天的習得性遺傳，這是辯證法的科學，無產階級的科學。但是仔細想想，他們眞能依條件論叫人成爲非人嗎？他們眞能隨意放上條件抽去條件，叫你成叫你變嗎？曰：能！不過他所能的只是叫你毀滅，叫你死亡，並不是叫你成。他可以隨意放上條件，就是把你關在集中營裡，勒刻死你。他能隨意抽去條件，就是控制住你的胃，不給你麵包吃。他不能像魔術那樣叫人成爲非人，他能叫你死亡成爲灰塵的「非人」。所以條件論的對立統一只是混人混物，毀人毀物，無人無物。他能預備好條件叫石轉化爲小鷄，他也能預備好條件叫人不生人而生其他東西。天乎！人乎！他眞能嗎？他所能的只是毀滅而已。

依是，個物之成決不能拿辯證法中一時的對立統一來說明。依是，必肯定體性學及其所見的「不變者」。而肯定此「不變者」，亦並不妨碍現象的變動義與關聯義。如是，像馬派辯證法中所說的矛盾，對立，統一，轉化等，在某一面亦並非不可說。但只不可只有此一律的觀點以否定其他一切，以混抹其他一切。這是有層次，有分際，有界劃的。依是，我們可以說：一、像海拉克利圖斯那種變的宇宙觀是一面的意義；二、像亞里士多德以四因說所解析的生長發展的宇宙觀也是一種不可反駁的意義；三、易經也是一個偉大的系統；四、柏格森的創化論也有所見；五、僧肇的遷即不遷，當體即如，又是一義；六、業師熊十力先生的由功能翕闢剎那滅以言生化，亦是一義；七、馬派的辯證法所見的也是一面。當然還可以列舉出許多來。但是這已夠了。我看這些主張都不是互相矛盾的，因而也不必「眞其一必假其他」。假若凡講變的（其中也含有宇宙論的不變者）是縱貫的經，則必有體性學的「不變者」以爲其緯。如是，便形成了層次分際與界劃，而經緯犂然，脈絡分明。

如是，他們所說的「形而上學的宇宙觀是用孤立的，靜止的和片面的觀點去看世界。」這話有絲毫根據嗎？可謂不學之甚矣。又說：「形而上學家認爲，世界上各種不同事物和事物的特性，從它們一開始存在的時候就是如此。後來的變化不過是數量上的擴大或縮小。他們認爲一種事物永遠只能反覆地產生爲同樣的事物，而不能變化爲另一種不同的事物。」這幾句話，我可以解析答覆如下：一、屬于某類的個體事物，它一經成爲此個體，（即一開始存在），它就終其生或終其存在是此個體。它死了，或毀了，轉化而爲別的，難道形而上學家不知道這點嗎？至于此個體之特性有本質特性與偶然特性之別。本質特性是隨此「個體之成」之本質而來，爲不變者；偶然特性則是可變者。亦未嘗不知其有質變。唯來布尼茲主張；凡被造的個體，當其一被造時，它所已有與未來所可能有的一切變化，俱已含在此個體內。（這同于中國所說：一飲一啄，莫非命定。不管怎樣變化，都已注定。）他又主張：凡一有現實存在的個體都是無窮的複雜。不管怎樣複雜，都含在此個體內。所以如果你有清明的心靈與無窮的時間，都可以把它分析出來。唯人的知覺不能常清明，人亦不能有無窮的時間。所以能作這部工作的只有上帝。他這些思想都不是無理的。二、「類不悖，雖久同理。」人永遠生人，猴子永遠生猴子。種瓜得瓜，種豆得豆。這眞理能反對嗎？如何不可說「永遠反覆地產生爲同樣的事物」？至于轉化爲另一種不同事物，事實上也有。如人死了化爲灰塵。難道形而上學家不知道這點嗎？當然，類之悖不悖是很難有先天保證的。凡宇宙間存在的個體類，連人類在內，邏輯上都不能保其必然如此。也許被淘汰了，也許從此永遠不存在了。也許變了，不是原來那個類的樣子。但這些都不是我們人力的事。也許是自然冥冥中的事，也許是上帝的事。我們不管。但無論如何，不是辯證的對立統一所能說明。三、「就是變化也不過是數量上的擴大或縮小」，形而上學家沒有這樣愚。科學化質歸量，以求一定之則，自然注意量一面，你不能否認，也不能反對。只有機械唯物論，隨科學放馬後炮，擴大而為整個的人生觀宇宙觀，或許如此。你們那種辯證的唯物論，雖說量變質變，其實所抹殺的「質」已太多了，還有什麼臉來詬詆形而上學家？

本段所接觸的，只求足以遮撥謬誤即足，過此以往，不必多談。

四、從主體方面確定馬派辯証法所意指的事實之意義與層次

現在所剩下的問題就是：馬派的辯證法及其所觀的具體事物方面的理境究竟是什麼意義？這個問題，我須從「主體」方面確定它的層次與意義。

人心的了解外物，第一級是要通過「感覺」的。接于耳而知聲，接于目而知色。此名曰「感性層」。感性層之接外物是「直覺的」，惟此直覺是感觸的直覺。名曰直覺，是說未經過邏輯數學思想的辨解過程的。

第二級是「知性層」。人心之表現為「知性」即表示其轉為「思想主體」。感性層是表現「生理主體」，人心附着于生理主體而只成為感覺。「知性」是表示人心要從「生理主體」的束縛中解放出來，超拔出來，因而成為思想主體。人心必得轉為思想主體，才能說是理解外物，才能說是進入思想階段。思想，知性的理解活動，是以「邏輯數學的運用程續」來規定的。我們可以說凡遵守邏輯數學的運用程續的思想是知性層的思想。惟此思想活動始能成科學。遵守邏輯數學的運用程續的思想有一定的「對象」，外物是作為對象而被了解，（通過感性而成為對象）；我們對于它不是一種直覺的「通觀」，而是使用概念的「分解的理解」。在使用概念上說，我們要通過一些基本概念，如質，量，關係等，復由之以成經驗概念以類族辨物。這些概念都是有所當的，同時亦表示封域與界限。都是方

方正正，層次分明的。所以成科學。反而亦說這種「知性活動」是科學的。

第三級是「超知性層」，亦曰「智的直覺層」。此中所謂「智」不是邏輯數學的，不是使用概念的；所謂「直覺」，不是感觸的，而是理智的。因此，它對于外物不是使用概念的理解，而是直覺的通觀。外物在此種「智的直覺」前亦不是以「一定的對象」之姿態出現，而是以往復循環，盈虛消長，曲折宛轉之虛的脈絡姿態出現，或以大化流行恒自如如的姿態出現。所以此種「智的直覺」之通觀萬物之變與化，亦無一定的對象，它是一種虛靈不昧之心知而直接與萬物爲神遇：隨感而應，隨化而逝，隨幾而轉，過而不留，因應無爲，不爲物先，不爲物後，冥契獨化，而與造物者遊，天地與我並生，萬物與我爲一。雖無一定之對象，而亦無微而不至，無幾而不應，無纖細而可漏。通一亦即通全，通全亦即致曲。此即冥應符契之神遇。邏輯數學在此全用不上，固定的對象在此亦全化而爲虛脈。此種神遇，可名曰「觀照」。知性的活動可名曰「觀論」（Theoretic）。觀論成科學，亦是科學的；觀照，既不能成科學，亦不是科學的。但是它却有一種最能把握眞實的神解。人心轉爲此種「觀照」，即表示其從思想主體的概念圈套中解放出來，在以前道家，就是要作「致虛極，守靜篤」的工夫，把心訓練成虛一而靜，虛靈不昧的心，只是一片清淨的鏡子。但仍只是「認識的心」，智的直覺之認識的心。凡認識的心都是靜態的。在觀論層上，思想主體是靜態的，外物亦是靜態的。在觀照層上，智的直覺主體是靜態的，而外物是動態的。（亦可以是動靜一如的。）

了解此義，即可刊定馬派的辯證法及其所觀的具體事物方面的理境之意義與層次。

首先，它的意義與層次必須規定在「智的直覺層」上，因此，它既不能成科學，亦不是科學的。我必須把「科學的」這個形容詞從馬派的誇大欺惑中剝下來。他們藉這個字眼來虛張聲勢，欺惑愚人。他們知道「科學」一詞足以聳動這個時代的人。其實，不是「科學的」，並不一定壞。沒有一個科學家能從「矛盾對立鬥爭統一」的觀點觀具體事象能成就出科學來，亦沒有一個科學家能不遵守邏輯數學的思想程續而可以完成科學知識。這是必然不可移的道理。所謂依照唯物辯證法這最高原則的指導而來的唯物辯證法的科學，無產階級的科學，這都是政治權威教條高於一切的隨意胡說。

其次，他們從「變動，關聯，轉化」的觀點看具體事象，並把此觀點特殊化之以「矛盾，對立，鬥爭，統一。」我在上面第二大段中已指出這不是辯證的發展。他們是把人的意識生活中的衝突矛盾理欲交戰之意義擴大化普遍化而用於一切自然現象，這是一種文學的浪漫情調之聳動。人間的社會活動，因爲有人的意識利害貫穿其內，所以有衝突矛盾鬥爭協調，他們也把這個概括化而用於一切。現在，我必須指出，在自然現象方面，他們用矛盾，對立，鬥爭，統一所規範的變動，關聯，轉化，不是辯證法的，辯證的發展在此用不上。但是，他們藉用辯證法中的名詞，其心目中所意指的變動，關聯，轉化之事實，却也實可以成一面之觀。可是在這裡，我們可以觀大化流行，也可以觀只有新新而無故故。可以觀幾動之微，與轉化之勢，也可以觀無獨有偶，參伍錯綜。可以觀往復循環，盈虛消長，也可以觀「一入於一切」，「一切入於一」。可以觀一切如如，一體平鋪。也可以觀遷即不遷，動靜一如，一切皆是相忘之獨化。（莊子大宗師云：「朝徹而後能見獨，見獨而後能無古今，無古今而後能入於不死不生。」）這裡邊境界多方，妙義無窮。但是他們站在有用於他們的革命立場，他們只限於觀幾動之微，轉化之勢，無獨有偶，參伍錯綜，而圈套之以矛盾對立鬥爭統一。在智的直覺層次上，本可以大洒脫，無義不收，但是他們有物結之，而不能自解。我現在剝掉他們的文學的浪漫情調之聳動，剝掉他們的「辯證發展」一詞之使用，則知其所觀的一面實是「物變之幾與勢」。這不是辯證觀，而是幾勢觀。無所謂唯物辯證法，（詳言之，即唯物主義的辯證法），只是具體事物之辯證觀，而辯證不可用，則只是具體事物之「幾勢觀」。

在人間的社會活動方面，如果不管如何以理調節其意識生活之衝突矛盾，如何以理調節各個人各集團之利害衝突矛盾，而期轉化人的意識生活而使之向上，轉化各個人各集團的衝突矛盾，而使之向上，而只把這種社會活動推出去視爲客觀現象，而只客觀地外在地如如而觀之，則亦只是「幾勢觀」，而無所謂辯證觀。因爲，如果一注意到以理調節，則即把社會活動社會現象拉進於人的實踐過程中，拉進於人的精神生活中，而以理制欲，以理節私，（個人的，集團的都在內）。有人的悲心宏願（即上第二大段中所說的「願力」）在其後，有理與欲，理與私的確定的對立，可以意識得很清楚的對立，呈現於人之前，有「願力的不容已」的推動與其所湧現的理想爲克服此對立的發展目標，故而辯證的發展出焉，而且是無窮的發展。此即爲精神表現的辯證發展，辯證發展只有在此成立，在此有興義。今把社會活動，社會現象，推出去，而外在地如如而觀之，則即只可以觀其幾勢，而不可以于此說辯證。

觀幾之微，勢之向，是極深微，極不容易的。故易繫云：「極深研幾」。又云：「見幾而作，不俟終日。」又云：「知幾其神乎？」又云：「知至至之，可與幾也。知終終之，可與義也。」（馬派只有幾勢，沒有「義」，須注意。）故極深研幾，必呈露「智的直覺主體」，即必須致虛極，守靜篤，把心打掃得乾乾淨淨，空空蕩蕩，而成爲虛靈不昧的一片鏡子。（此處把心掃得乾淨，不是道德的意義，而只是純智的。注意。）它只是冷觀，靜觀。冷得人情味都沒得，靜得一點意志理想都沒有。故老子云：「天地不仁，以萬物爲芻狗，聖人不仁，以百姓爲芻狗。」只知自然幾勢，不知人文化成。易經之言「幾」，還有敬以直內，義以方外。不只是一條鞭的。故禮記經解篇云：「絜靜精微，易教也。」又曰：「易之失賊。」又曰：「絜靜精微而不賊，則深于易者也。」極深研幾，固是絜靜精微之學，但若沒有敬義在內以經緯之，則便是「賊」。流入道家法家，便是「易之失賊。」流入共黨，更是「易之失賊。」

我承認毛澤東史大林等在主體方面，對于冷觀靜觀都有極深的訓練，觀物變之幾勢亦有獨到之表現。此其所以身居窰洞，克里姆林宮，而能聳動世人，恐怖天下者。但是，他們之所以流入「易之失賊」，是在他們堅持唯物論與唯物史觀。有物結之，而不能自解。唯物論與唯物史觀這兩物把他們的「智的直覺主體——心」結縛住了，變爲漆黑，變態，而流入狠愎。這兩物是他們的「幾勢觀」之經緯。他們依這個作爲經緯的教義而聳動天下，亦因這個教義而賊害天下，賊害其自己，而歸于徹底的虛無主義。因此，由他們的冷靜之心所發出的智之直覺，以及由之而觀的物變之幾勢，徒成爲穿鑿之惡智（乾慧），賊害之資具。好善惡惡是理想之根源，是當該有的。但是他們惡惡太甚，流入喪德，因而其由好善惡惡所顯之「理想」全轉而爲非理想，成爲自身之否定。因爲，爲無產大衆請命，這是救苦救難的菩薩心腸，本可成一理想。但是因爲唯物論與唯物史觀兩物作梗，先已使自己之心變爲黑漆，變態，而至于狠愎，故爲「無產大衆請命」一理想，通過斬盡殺絕之階級鬥爭，而鬥爭已失掉互相磨蕩，刮垢磨光，以求公平與合理之義，而却成爲祖宗三代都牽連在內之摧殘與屠戮，而階級復不只以財產規定，凡意識形態，人格價値，都在內，一切都化爲物類概念之階級，除此以外，任何眞理標準不能承認，（譬如父子兄弟夫婦之倫常），遂使其原來之理想全成爲掛空不能落實之死概念，成爲殺人之工具，結果遂以鬥爭殺人爲目的爲興趣，而原來之理想早已失其爲理想，全成爲空無內容之虛無的影子，鞭策天下，如陽焰迷鹿，燈蛾撲火，向之而趨。我以大悲心懇問毛澤東史大林，由子之道（唯物論與唯物史觀），是如此乎？不如此乎？你們若于此捫心自問，從頭反省一下，亦必惻然有所覺，將百口不能興辯。在老莊，其冷靜之心之觀物變之幾勢，雖無敬與義以爲經緯，然尙有其他諸義以沖淡之，尙可不爲害。如自然無爲，恬淡自守，慈儉簡以安天下，逍遙乘化，物我兩忘，過而不留，以與造物者遊。其爲道，往而不返，雖屬異端，亦未始非人間一付清涼散。若其爲法家所用，結之以權術，滯之以齊一之法，鑿喪生命，堵塞慧根，始大害乃成。故董仲舒云：「自古以來，大敗天下之民，未有如秦者也。」共黨即近代化之法家。亦結之以權術，滯之以唯物論與唯物史觀之教義，其不同者，尚無法家之齊一之法，故其賊害天下之民尤烈于秦與法家。然則，「易之失賊」一語之義，其憂人也深矣。凡眞有大悲宏願以救民者，都不能不于此想一想。

在此一想，即是轉化之機。這個關鍵是什麼呢？即，仍屬于認識心的「智的直覺主體」，即只是智的虛靈不昧之心，尚不是最後的。你在此，必須再轉進一層，來認識孟子的由惻隱之心以見仁，由羞惡之心以見義，由辭讓之心以見禮，由是非之心以見智：總之，由心以見仁義禮智之性。這一層是道德實踐的心，不只是智的直覺之認識的心，而智的直覺亦含于其中。這就是攝智歸仁，仁以養智。敬與義俱由此出，人文化成俱由此立，智的直覺之妙觀察而不失之賊亦由此定。一切理想與實踐俱依此而完成。智的直覺之觀物變之幾勢，離開此道德的實踐的心，即爲賊，潤于此道德的實踐的心，即成德：繁興大用，德業無疆。如是，孔孟之教以及宋明儒者所繼承而日夜講習不輟者，其關係人群之成毀亦大矣。你們應當洞開你們的心胸來接受此眞理。

假若你知道觀物變之幾勢，其意義與層次是繫屬于「智的直覺主體」一層，則你當該鄭重認識此「主體」之意義，並反省其如何由「知性層」（思想主體）超拔而來。你若能鄭重認識此主體之意義，你也必能鄭重認識「思想主體」一層之意義與成就。如是，你層層轉進，而知「智的直覺層」如何不是最後的，必再向「道德實踐的主體」（仁智合一之心）轉進。這是從主體方面說。至于從客體方面，你必須知道觀物變之幾勢只是一層一面之理境，決不能只認此義而排斥其他。如是，自然逼着你必承認體性學所見的「不變者」以爲經緯。這是上段之所講。我如此開闢疏導，爲的希望洞開你們的心胸，正視中外學術之大宗，以向廣大之理境悟入。客觀方面的「理」與主觀方面的「主體之心」都爲你們敞開着。陸象山云：「宇宙不曾限隔人，人自限隔了宇宙。」如今蒼生已苦矣，劫難已深矣。到處有啼痕，家家有寃氣。毒霧迷天，是誰造成？中夜思之，能不惻然。你在這裡，把你們的教義從頭反省一下，能免于「生心害政」之罪戾乎？在眞理面前，無畏無怖，勇于改過，是謂大善。

闢共產主義者的「實踐論」

我既作「闢共產主義者的矛盾論」于前，今再取其「實踐論」，辭而闢之，以端趨向。他們的實踐論，消極方面是在對治他們黨內的教條主義與經驗主義的錯誤思想，積極方面是在說明：「認識和實踐的關係——知和行的關係。」他們的主要意思是講「認識在實踐中成完」。本來，一般地說來，這個意思是不錯的。沒有人能反對。但是「實踐」，有是道德的實踐，有是政治活動的實踐，有是成就科學知識的科學實踐（實驗）。因此，知識或認識，亦因而有聖賢學問中的知識，有政治活動中的知識，亦有科學的知識。這三者是不能混爲一談的。但是，他們的實踐論却是只拿成就「知識」中了解客觀對象的認識過程」這一認識爲唯一的意思，而復將此意義的認識束縛于政治經濟的活動中而不予以解放；同時，復只以成就「了解對象的知識」中之實踐這一實踐義爲唯一的意思，實踐只成了「去了解」的實際活動，而不能標明道德的實踐，政治的實踐之特殊的意義與價値。因此，從其將「認識」束縛於政治經濟的活動中而不予以解放方面說，他不能救住科學知識的獨立性，學術的獨立性；從其將「實踐」只限爲「去了解對象的實際活動」方面說，他不能救住實踐的行爲意義與道德意義，他只能說明「了解的實踐」，而不能說明「道德的實踐」。因此，他既不能救住「知」，復不能救住「行」。盜亦有道，盜亦有他的知，有他的行。而他的知亦必須在他的行中眞切完成。但是，所完成的是盜的知，不是有貢獻于人類的科學知識；他藉以完成其知的行是盜的行，不是使人向上足以成就學術文化提撕人間的善的行。這就是他們的實踐論的歸結。本文即想說明這些意思。

一、「認識對生產與階級鬥爭的依賴關係」之謬

他們開頭就說：「馬克思以前的唯物論，離開人的歷史發展，去觀察認識問題，因此不能了解認

識對社會實踐的依賴關係，即認識對生產與階級鬬爭的依賴關係。」

首先，我們須知他們所說的「馬克思以前的唯物論」，主要地就是指費爾巴赫的唯物論講。這種唯物論，他們叫它是機械唯物論，我們或者也可以叫它是「自然唯物論」。遠自希臘的原子論者的唯物論不必講，就是費爾巴赫的這種唯物論也是順着「知性」解放後科學知識成立而來的人生觀與宇宙觀。自然科學，單是在希臘精神下並不能完成。因爲希臘精神是審美觀點的藝術精神。光是柏拉圖的理型，柏拉圖的愛好數學秩序的審美精神，並不能完成自然科學。就是原子論者的宇宙觀，也只是順希臘早期自然哲學家的「好奇的想像」而來的一個系統。希臘精神畢竟是質的，而不是量的，其心靈是依于審美精神而向上，而不是轉爲冷靜的理智落于「實然」而向下。由希臘的審美精神轉到中世紀的宗教精神，這都是向上的，其本身俱不足以形成自然科學。自然科學，必須是在哥白尼、葛利略、蓋伯勒、牛頓這一傳統所代表的精神下完成。而這一傳統所代表的精神就是以前向上浸潤或向上昂揚的精神之冷靜下來。這一步冷靜，我們依精神之辯證的發展說，也可以叫它是一步坎陷，坎陷於「實然」中而實是求是。所以這一步坎陷是有成果的，與墮落的物化不同。這一步坎陷，從心靈方面說，不是向上求清淨解脫，而是轉爲冷靜的理智向下落于實然中以成對於外物的理解。從其所理解的外物方面說，必須把屬于質的完全抽掉，而只剩下量的。這就是科學的化質歸量。因此，這一步成科學的坎陷精神，就是一步量化的精神：其成就科學的主要原理就是：數學與經驗的合一。在冷靜的理智，量化的精神下，所看的一切，自然都是量的。科學家在這種精神下發見了自然宇宙之機械系統一面，這就是物理化學所代表的自然系統。但是科學家本身却不必只承認這一面。牛頓就是一個虔誠的宗教信仰者。科學家本身不必就是唯物論者。科學知識本身也無所謂唯物，也無所謂唯心。科學知識與唯物論是兩層。在這裏說唯物論，是對於科學知識加以反省，反省的結果是只承認物理化學所代表的自然宇宙之機械系統一面爲基本眞實，而不承認其他方面的眞實性。這是跟在科學後面放馬後砲，把科學家所不敢說的話，却利用科學知識來放大，概括一切自然與人生，俱視之爲自然宇宙之機械系統。這就是作爲哲學家的費爾巴赫手中的唯物論。所以科學知識不爲害，而居于另一層的哲學家的唯物論却爲害不淺。

但是，就是這種唯物論也是隨着學統的獨立性而成的，即順着「知性」解放後科學知識成立而來的。我們只能說執持這種唯物論的人淺薄無知，膠着於科學知識，膠着於科學中的量化。他們的反省不能開闢科學知識以外的領域，經過這步反省，倒把有限的瀰漫成爲無限的。其罪過只在不能反省主體，順主體向裏深入，以開闢另一個領域。但是，這種唯物論畢竟還是順學統的獨立性而來。我說這話，爲的點醒讀者，鄭重認識此義，認識學問自身內部的問題。馬派的人却完全不識此種學問獨立性。他們之批評費爾巴赫的唯物論，也不就他的膠着于科學中的量化，他的爲科學知識所限，而疏導批評之，却說他離開人的歷史發展而講認識問題，却說他不能了解認識對社會實踐的依賴關係，不能了解認識對生產與階級鬪爭的依賴關係。這種批評，可以說完全文不對題。因爲費氏的機械或自然的唯物論是順學統的獨立性而來，不是順政治鬪爭而來，是順自然科學知識的成果而講認識問題，而成立自然主義唯物主義的人生觀宇宙觀，不是順階級鬪爭的歷史發展，政治社會的實踐，經濟生產的活動關係，而講這些東西中的認識問題與眞理問題。這完全是兩回事。人的歷史發展有它的道理，政治社會的實踐有它的道理，經濟生產的活動關係亦有它的道理，因此，我們都當該認識它。這種認識依賴於社會的實踐，依賴於生產與階級鬪爭，並不是一切認識都依賴於政治社會的實踐，依賴於生產與階級鬪爭。數學眞理的認識，自然科學中的認識，與這些東西並無依賴性。就是費氏的唯物論也是順自然科學的知識來講認識問題，與歷史發展，社會實踐，並無關係。它之對不對是另一問題。爲什麼文不對題地硬拿「認識對社會實踐的依賴性」來批評它？爲什麼把學統中自身內部的問題，把科學知識中純認識的問題（主體如何去了解自然外物的問題）硬拉進人的歷史發展中，政治鬪爭中，社會實踐中，而强說其依賴性？這是一個極端罪惡性的束縛。你去在你們的社會實踐中認識歷史發展的道理，政治鬪爭的道理，經濟生產的道理，就算了，爲何定要把一切東西束縛在這些東西中？

馬派的唯物論是從「理解」轉到「實踐」，從自然轉到社會。綜起來說，就是：從對於自然的純認識問題轉到社會實踐上來。這一轉本是可以的。因爲認識眞理的方面本無窮盡。但是，一轉到社會上來而主唯物論，則必禍害人群。馴至把實踐的崇高性與價值性完全否定，實踐不成其爲實踐，而只成爲惡智所指導的狡猾行動。

以上兩層意思，我首先說在這裏。以下將隨文明之。現在我即轉而論「人的認識主要地依賴于物質生產活動」之謬。

二、「認識依賴于物質的生產活動」之謬

他們說：「馬克思主義者認爲人類的生產活動是最基本的實踐活動，是決定其他一切活動的東西。人的認識，主要地依賴于物質的生產活動，逐漸地了解自然的現象，自然的性質，自然的規律性，人與自然的關係；而且經過生產活動，也在各種不同程度上逐漸地認識了人與人的一定的相互關係。一切這些知識，離開生產活動是不能得到的。」

他把「人的認識主要地依賴于物質的生產活動」作爲一般認識的函蓋原理，就是科學知識的純認識問題，也在此原理的限制下而形成。這個原理成了一個不可離的必須條件。好像科學眞理，數學眞理，俱依賴於物質的生產活動而成立。若說與「物質生產活動」有關的眞理，有關的方面，或有關的關係，依賴於物質的生產活動，始能被認識，這是可以的。若說自然科學的眞理，數學的眞理，幾何學的眞理，也必須依賴於物質的生產活動始能被認識，這是無人能承認的。若說人與人間父子兄弟夫婦師友的倫常關係，也必須依賴於物質的生產活動始能被認識，這尤其罪極惡極。若說聖賢人格所蘊

發的道德眞理，宗教眞理，也必須依賴於物質的生產活動始能被認識，尤其荒謬之至。

具體的人是現實的存在，當然有他的物質生活，有他的尋找食物的直接活動或生產的活動。在此活動中，對於他所接觸的物質對象，當然有他相當的認識。譬如嘗百穀、鑽木取火之類。但是，這種認識，永遠是停在感觸的狀態，實用的狀態中。就使說，「逐漸地了解自然的現象，自然的性質，自然的規律性，」也是感觸狀態中的自然的現象，性質及規律性。譬如月暈而風，礎潤而雨的這種規律性，就是感觸狀態實用狀態而未經過科學洗禮的經驗聯想中的規律性。這種了解只是粗糙狀態中的當然，而不是精確狀態中的理之所以然。這種認識不能成爲科學，也不是「學之爲學」的成立處。學之爲學的成立，科學之成立，必須暫時離開感觸的狀態，實用的狀態，而進於「知性」的解放，從感觸狀態中解放出來。知性解放出來，成爲純粹的理解，即對於外物成爲純粹理性的理解，然後科學始能成立，科學之「學之爲學」始能成立。是以「學之爲學」的基礎必須是在：內而純粹「知性主體」呈露，外而純粹的「理性理解」成立。就照西方科學的發展史言，亦是如此。譬如，我們大家都說幾何學起源於埃及的測量土地。測量土地與「物質的生產活動」有關。但幾何學究竟未曾成立於埃及，而成立於希臘。中國亦未嘗不知測量土地，亦未嘗無些暗合於幾何學的勾股的知識，但中國亦究竟未出現幾何學。這就表示與「物質生產活動」有關的測量土地中的認識是停在感觸狀態實用狀態中。測量土地只是外緣，說幾何學起源於埃及的測量土地，亦只是歷史的外緣的追述，究竟不是幾何學成立的內因。停在實用狀態中，便爲實用所限。目的在利用一些知識測量土地，而不在所利用的知識本身之追求。或由「試驗錯誤」的測量中啓發出些知識，而測量完畢即工作完畢，目的亦在測量，不在知識本身之追求。此其所以爲實用所限。蓋興趣有專注，工作有層次。如果測量土地是第一序，則對知識本身有興趣是第二序。而第二序的興趣與工作是反省的。在「反省的」層次上，就表示已脫離實用狀態。脫離實用的羈絆而歸於「純知性」，始能發出「純粹理性的理解」。這就表示已脫離感觸的狀態。希臘人之治幾何學，即在此種精神下進行。從「了解」方面說，內而是純知性呈露，外而是純粹理性的理解。而此背後尙復有一種審美興趣的鼓舞，發而爲對於形式之美之欣賞。「純知性」的活動以及審美興趣的鼓舞就是幾何學所以成立乃至「學之爲學」之所以成立之基本精神。所以，認識而達到科學的境界，成爲「學之爲學」的境界，無論是純形式科學如數學幾何，或自然科學，如物理化學，都必須從「實用」層次上反回來而歸於「反省」層次，基于「純知性」的呈露，發而爲純粹理性的理解，始可能。這就是脫離實用狀態，感觸狀態的關鍵。在這個關鍵上，就表示已脫離「物質生產活動」的束縛。這個關鍵就表示從這束縛中而來的解放。科學的認識必須經過這一步解放始能成立。這表示：倒不是依賴於物質生產活動，反是不依賴於物質生產活動。在這步解放上，始能說學術的獨立性客觀性，而學統于焉成。馬派的人完全不能了解此義，却把一切認識束縛于「物質生產活動」中。解放出來的科學認識與科學之成立再拉下來而泯滅於物質生產活動中，感觸狀態中，實用狀態中，而消滅了科學，消滅了學之爲學，消滅了學術之獨立性與客觀性。

中國的文化精神就是因爲「知性」不能從實用狀態感觸狀態中解放出來，所以邏輯、數學、科學才不能出現。譬如從中國文化生命中湧現出來的最古的文化模型是「正德利用厚生」，這是一個道德政治的觀念模型，是一個「仁的系統」。仁是一個籠罩系統。在利用厚生中，未嘗沒有對於外物的粗淺認識。但是這種認識，因爲停在實用狀態中，感觸狀態中，所以「智的系統」始終隱伏於「仁」中而未彰著其自身，未轉出「知性形態」，獨立發展其自己，使其自身有獨立之成果。（邏輯數學科學即是其獨立之成果）。古天文律曆正是表示對於自然之窺測，屬于「智」之事。但因爲在道德政治的觀念模型下，由利用厚生而接觸及，所以中國之天文律曆終未轉至科學之形態。中國這個以「仁」爲籠罩系統的文化模型，經過孔孟及理學家的發展，將「智」統攝於仁中，成爲直覺妙用，轉爲智慧之圓。這是智之「向上」收，聖賢人格中之「智」。固已脫離感觸狀態，實用狀態，但是它跨過「知性形態」而直升至「超知性形態」，收攝於仁中而爲直覺形態。（這個直覺不是低級的感觸的直覺，而是超知性的「智的直覺」。）而高於感觸直覺的「知性形態」則始終未轉出。所以中國的「智」只有爲實用所限的「智」，或聖賢人格中仁中的「智」。這是兩個極，而中間一層的「知性」之智，則始終未轉出。這個知性之智，既須從「實用」中解放，又須從仁中轉出，而爲有其自身獨立發展獨立成果之「知性形態」。這是西方文化生命所首先表現者，故有邏輯數學科學之成立，而中國則始終未轉化出，故亦無邏輯數學科學之出現。今疏通文化生命，指導中國之國運，捨於此着眼定趨向，別無他途。（當然疏通中國文化生命，這只是一面，尙有國家政治法律一面。這兩面是相通的。本文不具論。）而馬派的人於此茫然無所知，全不予以重視，而却只以「認識依賴於物質生產活動」的邪謬思想來泯滅知識之追求，消滅學術之獨立，其歸結只有使人類黑暗毀滅。至於中國之國運將導致於何所，更不必問矣。

由上所述，明乎西方「科學認識」之所以成立，與夫中國科學認識之所以不出現，則「一切認識主要依賴于物質的生產活動」一思想之謬，不問可知。

夫人有物質生活，有生產活動，自不待言。但是馬派的人却一眼瞅定物質之只爲物質，生產之只爲生產，全不知在物質生活，生產活動中，有文化生命文化理想的綱維作用，有道德政治的觀念模型之指導作用，而却把物質生產活動偏面地抽象地提出來，擺在一面，視爲決定者，把文化生命，文化理想、道德政治的觀念模型又抽象地擺在另一面，視爲被定者，此本是唯物史觀之僻執，其內心漆黑，中心無主，而善於一面倒，固無足怪。其把「認識」束縛於物質生產活動中，亦視爲被決定者，全不知科學認識之所以成立，全不知「知性」之須要解放，亦無足怪。其所以不知道這些，主要地還是由於他們不知道人們在茫昧的物質生活中，本能的生產活動中，忽然有靈光爆破的自覺性。因有此自覺性，所以才于現實活動中，湧現出不依於物質生產活動的「觀念模型」以指導現實，推動現實。這根本指出人在本質上是一精神生命文化生命之存在。復次，因有此自覺性，所以才能于外向的現實活動中反回來自覺到人之所以爲人的所在，而立出不依于物質生產活動的人倫人道，如父子兄弟夫婦的關係，而樹立起不依于物質生產活動的道德宗教的聖賢人格，以爲人間向上實現價值的規範。同時，因有此自覺性，所以從認識方面，才能反回來呈露知性主體，發爲純粹的理性理解，立出不依於物質生產活動的科學認識，邏輯數學科學之「學之爲學」。

以上由闢「認識依賴於物質生產活動」之謬，而明科學認識之成立，「學之爲學」之成立。此而成立，則哲學上順此而來的「認識論」亦成立，亦有其確定之意義。

三、他們所說的感性認識理性認識之意義及其據之以駁經驗論及唯理論之謬

他們的實踐論主文是在說明：感性認識與理性認識在實踐過程中的統一發展。這，一般說來，是不錯的。感性認識起於感官經驗，只認識外物的現象，外物的片面，外物的外部聯繫。理性認識則屬于「概念、判斷、與推理的階段」，認識了「事物的本質，事物的全體，事物的內部聯繫。」發展到理性認識，了解了「客觀世界的規律性」，復拿「這種對于客觀規律性的認識去能動地改造世界。」這又是歸于實踐。這三步在實踐中循環無止地發展下去。這就是他們主要所說的認識過程與實踐過程。第一第二步是解析世界，第三步是改變世界。這是根據馬克思所說的：「以往的哲學只是解析了世界，現在則須要改變世界」，而來。現在，我們看出，只在第三步上，才是「實踐」這個字的眞意義。在解析世界中的「實踐」只是認識上的實際接觸，不是行爲上的實踐。在感性認識理性認識的統一發展中的認識過程，有類於哲學上的認識論。但是，它所類的是認識論反省的題材，而不眞是認識論。現在，我首先說明這一點。

何以它所類的只是認識論反省的題材，而不眞是認識論？因爲他們所描述的認識過程只是事實上的「實然」，實際求知識的過程的實然。這是「作」之事，而不是「論」之事。實際求知識的人，如科學家，已是這樣「作」了。這不是問題之所在。「作」之事是第一序，「論」之事是第二序。第一序是構造的，第二序是批評的，也是反省的。此如康德所說，知識已經可能了（此即是「實然」），問題單在「如何可能」。在此步反省上，才成立了哲學上的認識論（或知識論）。這是順科學認識之成立，「學之爲學」之成立，而來的哲學上的理論，因而亦形成了西方全部哲學史。從「純知性」的解放，向前「作」，就形成了科學的認識，這是科學的學統；向後「論」（反省），就形成了哲學的活動，這是哲學的學統。這兩個學統，在蘇格拉底以前，尙不顯明。到蘇格拉底時，就已經顯明了。現在他們只指出了實際求知識的事實上的實然，這只算指陳了一件「事實」，如何能算是認識論？譬如「今天下雨」，你說「今天下雨」。這只是說了一件事實，並沒有把「下雨」的原因原理說出來。尤其不能拿「這一件事實的指出」來推翻隨哲學學統而來的一切理論，抹殺它們的價值，一切皆詬詆之爲資產階級的，爲反動的。因爲這些理論對錯是一回事，至少它們已進入解析「事實」的境地，而你只是指陳這事實，尙未進入解析的境地。你有何資格來抹殺？

感性認識理性認識的統一發展既是事實上的實然，沒有一派哲學能反對。就是洛克、休謨等的經驗主義，也未嘗不知道從感覺知覺或印象發展到概念判斷及推理。那麽，他們說：「如果以爲認識可以停頓在低級的感性階段，以爲只有感性認識可靠，而理性認識是靠不住的，這便是重複了歷史上的經驗論的錯誤。」這話有根據嗎？你這種批評，洛克、休謨能接受嗎？他們聽之，必覺得莫知所云。須知他們的經驗主義並不是你所罵的你們革命行動中的「庸俗的事物主義」，膠着的經驗主義，只「尊重經驗而看輕理論」的那種行動中的經驗主義。他們的經驗主義倒是反省認識過程而來的認識論裏的經驗主義。洛克經由自感覺而來的單純觀念、加以心的反省聯想之活動，而至複合觀念，抽象觀念，由之以說明自然科學中的基本概念，以及教學中的基本概念。（此即是由經驗之一根的發展而說明，故爲經驗主義。）這不是已進到概念判斷推理的階段嗎？這不就是在說明理性的認識嗎？不發展到複合觀念，抽象觀念，如何能運用概念判斷及推理呢？他何曾停頓在低級的感性階段？何曾「以爲只有感性認識可靠，而理性認識是靠不住的」呢？在經驗主義，大體都以爲感性認識是親知，而理性認識是推知。推知必以「感覺與料」爲根據，而推的逾遠，當然其可靠性就有問題。可靠與否以及可靠與否的程度最後還是以經驗現象來核對。一說「經驗知識」，這點能反對嗎？所以認識論必接觸到「是否能認識外界實在」以及「眞理的標準」諸問題。至於洛克的經驗主義，除其正面「由經驗之一根的發展而說明」外，消極方面則不承認理性主義的固有觀念，先天知識。以爲心如白紙，一切都由經驗來。並無內在而固有的觀念，先天的知識。由此正反兩面，遂成其爲經驗主義。但洛克並不解理性主義者所執持的內在而固有的觀念與先天的知識何所指以及其是何意義。這點即表示經驗主義對于表示各種眞理的各種命題的認識不及理性主義，其程度還淺。理性主義者以爲除代表經驗知識的經驗命題外，尙有代表先天（或先驗）知識的必然命題（或曰分析命題）。他們所謂內在而固有的觀念以及先天的知識即是指這類的命題言。而這類的命題也是有一定的範圍的，其實就是指邏輯數學的命題言。而他們之說這類命題是先天知識，也不是說人生下來就知道。從學習的立場說，小孩或白癡並不知道數目或數目式，也不知道同一律及矛盾律。但是理性主義者說它是先天的，乃是說它的値是必然的眞。並不是從學習立場說。以此，洛克從「人生下來心如白紙」的立場來反對先天的知識，無有是處。一個數學命題的値是必然的眞，乃是說，不如此，便是自相矛盾的，便是不可能的。二加二如果不等于四，便是自相矛盾，不可能。經驗命題沒有此特性。「太陽不從東方出」是可能的，並不自相矛盾。吃砒霜不死亦然。經驗命題的値是靠經驗來證實。先天命題的値則不靠經驗來證實，而靠矛盾律來決定。這就是理性主義者所說的先天，所說的內在而固有的觀念。至于同一律矛盾律，亦是「理論理性」上必然的，故亦是內在而固有的觀念。此在今日已成常識。毛澤東何曾知道這些？而理性主義者由此指點「理性」，有何過患，而必詬詆之？這還是說的邏輯數學的理性。至于說到實踐理性，則孟子所說的「仁義禮智，我固有之也，非由外鑠我也，」亦是不可反駁的。關于理性主義，我稍後再說。我現在且略說休謨。

休謨亦從感覺印像說起，而且亦順此一根而前進。他亦未嘗不知道概念判斷推理之階段。不過他的問題是在反省你「推理」的根據。一切經驗知識靠歸納，而歸納推理的根據在因果律。但是因果律能證明嗎？順經驗一根而前進，休謨的答覆是不能證明。這才眞正是認識論的問題。共黨們何曾知道這些？你可以批評他，你可以說他太狹，你可以另有辦法。但你必須接觸到這問題。這不是只是「從感性發展到理性」所能罵倒的。而從經驗上不能證明「因果律之必然性」亦是眞的。所以，為說明經驗知識之可能，必須找出他的「先驗根據」來。經驗主義者只知向外向前看，所以他們的反省尚不够。能向「先驗根據」方面想，才眞接觸到「反省」這個字的意義。「經驗」是向外的一個矢頭，而找它的先驗根據，則矢頭反而向裏向後，這才眞是接觸到認識論這一詞之意義，因而開闢了科學知識外的一個領域，這就是哲學的立足處。找經驗知識的先驗根據，就是康德的工作。而康德之言「感性」與「知性」之綜和的統一亦與他們所說的感性認識與理性認識的統一發展不同。康德不是外在的，經驗的，實然的順着說，而是找先驗根據的說法。關此，我不必多說。

我現在再反而略說康德前的理性主義（唯理論）。此則大體指笛卡爾、來布尼茲、斯頻諾薩三人而言。這三人思想豐富，系統偉大。且都是就科學的學統繼承哲學的學統而來。我在本文不必一一講述。我只大體指出其系統之方向與意向即可。我前面已提到他們就先天的知識，內在而固有的觀念，指點「理性」。（此則大體就笛卡爾、來布尼茲說。斯頻諾薩又特別。）他們這是徹底從感覺經驗向後反，建立形而上的理性系統，屬于存在的理性系統。他們之言理性，主要地是就邏輯數學說，尤其是數學，而所謂數學亦不是現代人所講的數學的意義。他們大體是把數學看成是意指一個存在的客觀系統。（這是從柏拉圖傳下來的一個古典的意義。到現在數理邏輯與始變。）凌空的，虛控的邏輯思考是以落實的，存在的數學系統爲底子。邏輯代表「思」的理性，數學代表「所思」的理性。他們所講的理性是經驗現象後面的那個理性系統，這是他們後反建立形上的理性系統之方向。他們反顯出這個理性系統，爲的給經驗現象，自然宇宙，立出一個經常之大本。經驗現象，自然宇宙，只有其後面是一理性系統，才是可理解的，科學知識的追求才有根據，才有可能。這是他們建立形上的理性系統之意向。笛卡爾由此意向與方向，建立心一本體，物質一本體，上帝一超越本體。這都是建立這個理性系統的關節。斯頻諾薩，通過一物的「體性」之認識，在永恆的方式下看萬物（體性即是永恆的）

，把整個的自然宇宙澄清而爲一必然的理性系統。來布尼茲則依據矛盾律與充足理由律這兩大原則進行其現實宇宙之爲一理性系統之證明。他們所講的理性是如此，並不是實際求知識的從感性認識發展到理性認識的這個經驗的實然過程中的「理性認識」。而這個經驗的實然過程中的理性認識却正要靠後面的那個理性系統始有根始可能。如是，你何能拿你實然過程中的理性認識來代替唯理論所講的？

從知識方面說，唯理論者有時以爲理性認識不從感性認識來，這裏所說的理性認識是指認識數學命題言：二加二等于四，並不靠世界上有兩棵樹兩個桃，所以它的値之爲眞爲假亦不靠經驗來決定，而是靠矛盾律來決定，此即爲純理性的認識。這不是從小孩之學習數學的立場上說，而是從這種命題之値之爲「必然眞」的立場上說。所以這裏所謂「純理性的認識」並不是實際求知識的經驗發展中的理性認識。你何能拿這種「理性認識」來曲解理性主義者的思想？

又，他們說：「哲學史上有所謂唯理論一派，就是只承認理性的實在性，不承認經驗的實在性，以爲只有理性靠得住，而感覺的經驗是靠不住。這一派的錯誤在于顚倒了事實。理性的東西所以靠得住，正是由于它來源于感性。否則，理性的東西就成了無源之水，無本之木，而只是主觀自生的靠不住的東西了。」感覺經驗是變化無常的，它所接觸的只是特殊的事，不是普遍的理。這是它的本性是如此。就感覺而言感覺，它不能成爲確定的，有系統的知識。它之所以被說爲靠不住，就是依此而言。正因如此，所以才須我們透過感覺經驗，用理性的思考來把握普遍的理。從自然知識方面說（不是數學知識），沒有「一個閉目塞聽，同客觀外界根本絕緣的人。」理性主義者在此，亦不是抹去經驗，而是以經驗爲引子，透過經驗。從數學知識方面說，它之所以爲必然眞，正是由于它不來源于感性。它也不是無源之水，無本之木。它另有源，另有本。而且亦是頂靠得住的客觀而普遍的眞理。這原是兩方面的事，你何能混爲一談？

這三位理性主義者或與牛頓爲同時，或稍前稍後。純力學到牛頓才完成。這個時代的議論，皆有其學統的根據。何至如毛文所說之無知？笛卡爾是個數學家，解析幾何是他發明的。他由物質、廣袤、運動來建立自然世界之爲數學的理性系統。透過經驗，用理性的思考來把握此系統，正和牛頓的純力學之形成相應。來布尼茲亦是數學家，邏輯家。微積分的發明，他也有份。近代的數理邏輯正由他開始。他說：晦暗知覺表象世界，清明知覺表象上帝。他所說的晦暗知覺就是後來所說的感性知識。他用「晦暗」一詞，很少有知其切義的。他所謂晦暗是指與物質性，廣袤，空間性等，結在一起而言。在後來，此正是科學知識之範圍，當然不認其爲晦暗，遂視來氏此語爲怪異。可是來氏明說：晦暗知覺表象世界。來氏此語實函有古典的意義，且保留向上一機。無論後來的人以爲這就是科學，確定的很，而來布尼茲却總說它是晦暗：科學知識亦總是晦暗的。「清明知覺表象上帝」，這就是向上一機。此層古典的意義，近代的人很少知道。清明知覺就是與物質性（墮性）完全脫離，純以虛靈之心把握「純形式」之理，不與物質，廣袤，空間連在一起的「理」。此其所以表象上帝也。他所意中計劃的「普遍代數」就代表這種知識。這是哲學家順學統向後反顯所開闢的境界。斯頻諾薩在永恆方式下觀萬物，一切皆永恆如如，這更是科學以上的修道境界。這不是近代人習於感性經驗，一味向前向外向下趨所能企及。

四、馬派的唯物論在什麼地方成立？——論人的基本立場

哲學家就科學的學統，繼承哲學的學統，作反顯的理智活動，來開闢科學知識（表象世界的知識）以外的領域。道德宗教的聖賢人格，則從道德實踐上開闢科學知識以外的道德宗教之境界。哲學家所反顯的是由理智活動而開出，而其眞實意義即是道德宗教之聖賢人格所證實的意義（境界）。這是智（哲學家所負擔的）與仁（聖賢人格所擔負的）由向外的經驗知識反回來所共建立的大本原。以前孔孟立教以及理學家所講的見體立極，亦就是說的這個本原。達到這個本原境界的唯一關鍵，就是反回來。這就是中國聖哲所說的「順之則生天生地，逆之則成聖成賢」中的「逆」。因爲逆之而反回來，所以不是向前向外有取的求知，而是向內向後無取的反顯。在此關節上，就要暫時「閉目塞聽，同客觀外界根本絕緣。」。這是「逆」的關鍵上的閉，塞，絕。亦就是佛家大德（雲門禪師）所說的「截斷衆流」句。唯經過截斷衆流的閉，塞，絕，才能反顯出現象世界的大本，而至「蓋天蓋地」句。（或亦曰：函蓋乾坤。）哲學家是由理智活動達到此，道德宗教的聖賢人格則是由實踐達到此。當其達到此而又下俯塵寰，貫通現象也，則又閉而不閉，塞而不塞，絕而不絕。這就是「隨波逐浪」句。當我們順科學的學統，「知性」的解放，而作向外有取的求知時，我們成就了科學。當我們順哲學的學統以及道德宗教的道統，逆回來而見本原時，我們安排了科學，而亦找得了「實踐」的根源。

由這樣而開出的科學知識以外的境界的唯心論者（理想主義者）正是古今中外學術大傳統的所在：人道由此立，理想價値由此出，學術文化由此開，一切現實的實踐都在這裏得其方向，得其意義。

繫與人間一切正面的光明的大用，有百利而無一害。你們抵死反對，有百害而無一利。吾不知你們必詆誣唯心論，是何心腸。實則說起來可憐得很。只是由於無知。無知而不肯虛心以求，以條暢自己之生命，而必死陷于泥坑，狂鑽於牛角，以自粘自縛，遂愈黑而愈乖，其爲可悲更甚。其自粘自縛的膠着點，便是甘心自居於唯物論。但是，在這裏，我必須指出馬派的唯物論是什麼意思，他們在什麼地方成立其唯物。

首先，我必須指出：感性認識理性認識在經驗的實然過程中的統一發展不是辯證唯物論的，即既不是辯證的，亦不是唯物論的。他們說：「理性認識依賴於感性認識，感性認識有待於發展到理性認識，這就是辯證唯物論的認識論。」這最後一句話，或者是說：這是「辯證唯物論者」的認識論，而辯證唯物論的建立則不在此統一發展上說，亦不說此統一發展是辯證的，唯物論的；或者是說：此統一發展就是辯證的，唯物論的。如果是前者，則其辯證唯物論（其實就是唯物論，辯證一詞要剝掉）的建立點當別有在。如其是後者，則不可通。何以故？從感性發展到理性，這只是經驗發展的實然過程。並不是一切發展都是辯證的。感性與理性，在認識過程中，雖是相反的，異質的，但並不對立，亦不矛盾。概念判斷推理的思考與感覺經驗有何矛盾的對立處，而必待鬥爭以克服之以成其爲統一？若說一個人只停在感覺的階段，這只是他的淺薄，而他的理性認識尚未出現，又何來矛盾對立？在這裏說辯證，只是他們把辯證一詞說滑了口，遂隨意應用而不究其切義。復次，它亦不是唯物論的。何以故？這只是經驗的實然過程，並不就是唯物的。「實然」並不等於唯物。今天下雨，我說今天下雨，這是指示一件「事實」。指示事實，不等於唯物。他們說：「認識開始於經驗——這就是認識論的唯物論。」開始於經驗，並不就是唯物論。經驗，事實，實然，其本身是無色彩的，是無所謂立場的。同時，認識客觀世界的規律性，也不就是唯物論。客觀不等於唯物。依此，他們把「從感性發展到理性」這個經驗的實然過程，說爲辯證唯物論的，毫無是處。

然則，他們的唯物論是什麼意思？在什麼地方成立？曰：決不在「外在的物」上。外物是物，就說物。這不是唯物論。它是從外在的物反回來落在內在的非物質的精神生命上，把「非物質的」物質化，窒塞自己之生命，逼到一個黑暗的角落裏，使全部精神生命成爲漆黑一團，而成立。這就是他們的唯物論的本義以及其成立處。他們把內心生命成爲漆黑一團，不承認人性人道，不承認道德價值，（只承認階級），不承認由至誠無妄的眞實生命開發出來的精神生活，理想與光明，而齊人於物，視人爲物爲芻狗。故其爲唯物，是在這裏唯。不是在向前向外看所見的「外物」上唯。可是，因爲他們裏外都是物，所以到處說唯物，雖在「外物之本是物」上亦唯物。這樣的唯物，只成了毫無實義的咒語。世人不察，遂爲其所迷惑。以爲說「事實」，說「外物是物」，就是唯物論，那麼你們爲什麼主張唯心論呢？遂使天下人絕口不敢提唯心論，一犬吠影，百犬吠聲，其貽誤學術，引人入邪僻，有如此。其實他們的唯物只在「內心生命之本非物質的」上面唯。其否認人性人道，道德價值，是它唯一的特徵。並不是說他們否認意識與理智。但是否認了人性人道與道德價值，意識只是狡猾，理智只是惡智。他們的唯物正是在他們後面看不見的生命上唯。他們始終不自覺。我們在這裏反對唯物論，正是要開生命之光，反對物化，反對齊人於物，視人爲物爲芻狗，肯定人性人道與道德價值。所以，要說立場，必須是唯心論（理想主義）。否則，或者如科學，無所謂唯心唯物，只說事實，亦無所謂立場；或者只是齊人於物的毀滅，以毀滅一切的魔道爲立場。前者就是近來一般知識分子或技術專家的態度。他們後面不自覺的根據亦是唯心論的文化系統。但是他們意識中亦反唯心論。後者就是共產黨的立場。說到這裏，吾言之而悲也。共產黨否定學術的獨立性與客觀性，而一般時風中的知識分子又不能自覺其後面的文化系統而肯定一立場，馴至於在現實生活上無立場，而以科學技術爲自足，遂遭共黨之荼毒而必給你塡上一個毀滅之道的立場（唯物論）。夫人之精力有限，不必皆能自覺。爲政者必須承認學統之獨立性與客觀性，即技術專家亦須涵育其興趣而不必橫施干涉，將一切强拉於政治鬭爭中。此爲政者維持文化之通義。不幸生於今世，遭逢共黨之魔道。此固共黨之罪惡，亦知識分子之可悲。反過來，際遭共黨劫難之時，知識分子亦應反省自覺：自覺其後面的文化系統而肯定一立場，不可以科學技術爲自足，亦不可隨共黨而亦反對唯心論。如此，方能護住自己而抗共黨之魔道。我如此責備今日之知識分子，不爲過分。蓋知識分子究非如開汽車裝電話者之爲技術專家也。

話已說遠，茲再回來略作綜結。我以上之縷述，並不在與他們爭短長，炫記聞。這不是粘牙嚼舌的事。知之爲知之，不知爲不知。一個從事政治活動的人，本不必籠罩一切學問，强作解人。他必須有承認文化傳統的雅量，有承認「學統」（科學的及哲學的）的雅量，有恭敬道德宗教的聖賢人格所表現的「道統」之虔誠，有認識人類現實政治活動所表現的政治形態之轉進發展之精神表現上的理路所表現的「政統」之公心。但是共黨以馬克思思想爲教義，立出一個原則來，對於這些都不能承認。故吾不憚煩而闢其謬。蓋此所關甚大，非粘牙嚼舌爭講一點哲學知識也。他們稱述馬克思主義，首先立出「認識對生產與階級鬭爭的依賴關係」，「認識依賴於物質的生產活動」，這兩義爲籠罩原則。即此，便是否認學統的獨立性與客觀性，便是泯滅知識。因此，他所講的感性理性的統一發展也不是繼承學統而來的認識論，而只是實際求知識的「經驗的實然發展」。他只是藉感性理性這兩名詞來描述「實際求知識」的通義。既是通義，便倒處可以應用。無論什麼行動中的「知」，都可以此來說教。就是讀一本書，拿一塊石頭，也要認眞去讀，實際去拿。這誰能反對？要者不該立出一個原則，來毀滅學統的獨立性與客觀性，因而亦毀滅客觀的知識，而只有隸屬於個人或集團的特殊活動中的知識，照他們說，亦就是政治鬭爭的知識。依此，雖有了「實際求知識」的通義，而却是等於毀滅知識。夫以人民爲芻狗，視人爲物，未有不堵塞慧根而愚民者也。此吾以上所辨者。

復次，他們在認識中所說的「實踐」，只是實際求知的活動。嚴格講，這不能算是「實踐」一詞之本義。這種太廣義的實踐就等於「活動」。這也不能算是知行問題中的「行」。廣義的「行」，也就等於活動。如此講實踐，就等於毀壞了實踐，而只成了無是非善惡的濫動。有人從行爲主義的心理學中的刺激反應之動即知，知即動，來說明知行合一。眞是天乎人乎。又何怪於共黨。實踐有方法上的，有意志上的。他們所說的實踐，除實際活動義以外，也只是方法上的實踐。方法上的實踐也是無色的，到處都可以說。講實踐問題也不能從這裏講。

他們說在實踐中完成認識，此中的實踐就是實際活動。此既不是實踐的本義，故實踐問題亦不從這裏講。完成了理性認識以後，還要「能動地去改變世界」。這裏才算眞正是實踐問題之所在。這是意志上的實踐。完成認識的實踐是實際求知的活動。「能動地改變世界」的實踐是意志上決定立場的實踐。這當該是兩層。他們的意思好像是一層：實踐認識理論，理論歸於實踐。我在這裏不糾纏他的歸於一層的意思。無論如何，你總有個意志的決定：你決定相信馬克思主義，你決定作共產黨。屬於此種決定方面的實踐，是眞正實踐問題之所在，而他們却不從這裏立言。這或者因爲他們都已決定了，已無問題，所以才只講方法上的實踐。

我現在告訴大家，方法上的實踐，實際求知活動的實踐，是沒有問題的。而若不講意志上的實踐，則對於一切活動即無是非善惡的判斷，無方向的指導，不成其爲實踐。實踐既不屬於上帝，亦不屬於動物。單屬於人。這就表示：人的實踐不能不透視到意志的善惡上。（因爲上帝純善而無惡，純理而無氣，動物無善惡之覺，唯人始有善惡之覺。）而若將內心生命物化，以唯物論爲立場，則只有趨於全體毀滅，而歸於無實踐。吾下文將仍本反回來，歸於「主體」之呈露上，以明此義。

五、認識主體與實踐主體之呈露及實踐形態之開合

「主體」可分兩層說：一是認識主體，一是實踐主體。

他們說：理性認識是屬於「概念，判斷與推理」的階段。我們可就他這意思來指點「認識主體」

之呈露。他既然承認「理性認識」，即好辦。但是，他只知道附着於「外用的概念判斷與推理」的「理性的外用」，却不知反回來認識發這「理性外用」的認識主體，即「認識的心」。這才成了無本之木，無源之水，外用的理性掛了空，成了虛位字。從感性發展到使用概念，而概念之形成，一方固須有「經驗之與料」，一方亦須有理性的運用。判斷與推理之形成亦然。「理性的運用」即從「認識的心」發。故認識的心亦曰「思想主體」也。此即是康德所說的「知性」。知性，康德定爲「判斷之能」。理性認識的根（內在的根）必須落在這裏。這無論如何，不能不承認。只要一反回來，從理性的運用，即可指點此主體。一指點出此主體，即可見出它是由感性脫穎而出。此就是它的解放，從感性中解放。它一解放出來，即可見出它的「自發性」。它的認識外物，不只是被動的接受，而且是主動地創發出一些形式的條件。這就是「認識的心」（知性）之內容。它的內容完全由它的自發性見；它之爲主動，亦完全由它有內容見。這就是一個「邏輯的我」（不是感性上生理機體的我），康德名之曰「超越的統覺」。惟依此「主動的知性」，然後經驗的理性認識才可能。

「知性」的這種特性，惟到康德才說出。我前文已說明確定的知識，科學的認識，「學之爲學」之成立，惟賴「知性」之解放發而爲純理性的認識始可能。這在希臘已如此。但是「知性」的這種特性，希臘尚不具備。康德前的理性主義者，如前所述，亦是知性之解放。惟由他們的反顯而見的理性系統是一個外在的形而上學的系統，亦可以說是從客體方面反顯出一個形而上的理性系統，而從「知性主體」方面，扣緊認識關係，而反顯出一個「理性系統」，由知性本身所發的形式條件所組成的理性系統，則並不具備。是以「認識主體」之眞正呈露，惟到康德的路數始成立。康德哲學的內容容或有可商量的地方，不必完全如他所講，但是他呈露「認識主體」的路數，則不可反駁。同時，他的哲學的詳細內容，你可以不必詳知，而這個「認識主體」的呈露，你必須知道。我在本文說康德，亦只說這一點。我之所以單說這一點，爲的是叫你順你的「理性認識」來反顯「認識主體」，藉以撐開你們的心胸。這一步撐開，是使你們內心有主的第一步光明。同時，它也使你們認識學統的獨立性與客觀性的內在根源，即邏輯數學科學的內在根源。這不是隨便可以抹去，隨便藉物質生產治動可以泯滅的。

「認識主體」倘是一個邏輯的我，由內心生命中所湧現出的一個邏輯理性的剛骨建築物。這還不是實踐（行）的根源，而只是認識（知）的根源。但是我們的生活，天天在認識中，亦復天天在行動中。是以，在認識中，須反顯認識主體，在行動中，更須反顯「實踐主體」，這一步更重要，關係更大。

實踐主體，就是從「認識的心」再向裏轉進一步而見「道德的心」，即「性情的心」。這個主體，就實踐說，我們叫它是「意志主體」。這個主體，我們必須澈底透出，因爲這是實踐的根源。康德的「實踐理性批判」，就是從這裏講。從認識主體處所建立的那個理性系統，康德名之曰「內在形上學」（Immanent Metaphysics）；從實踐主體處所建立的那個理性系統，康德名之曰「超越形上學」（Transcendent Metaphysics）。所謂「超越」者，即，其中所講的意志自由，靈魂不滅，及絕對存在（上帝），在感觸世界中都是不能證明的，甚至是無意義的。它們是屬于超感觸世界的。那麼在「超感觸世界」，我們如何講出它們的意義來，甚至它們的客觀妥實性？曰：只有從「道德實踐」上講。首先，道德生活若可能，就必須先假定「意志自由」。否則，道德律就建立不起來。但是，意志自由，在經驗界或感觸界，就是發見不出來的。所以，爲道德生活之可能，在思辨上說，就須假定意志自由。充其極，也須假定靈魂不滅與絕對存在。康德在此思辨的立場上，把意志自由，靈魂不滅，絕對存在，都說爲「設準」（Postulate）。我們現在可單說意志自由。從思辨上，可以說爲設準，這是理論地證明其必然，即有此設準；但是從踐履的工夫上（儒者所謂聖賢工夫），則不是設準，而是「定然」，這是由踐履上證實其澈底呈露。由此觀之，康德雖已接觸到「實踐主體」之建立，這在西方是前人所未有的，但是尚未到從踐履上證實其定然性（澈底透出）的境界，這是孔孟之教以及宋明儒者所已作到的。在此，須知聖賢學問與聖賢工夫是一。不能光從思辨上成就它，亦須從踐履上成就它。這是中國儒者所具備的最高智慧。依此，我們在這裏，可以把意志自由轉一個說法來表示。即，人心，（從性情一面說，不從認識一面說）若陷溺於生理心理的情欲鍊子，即陷溺于軀殼的機括中，（這就是康德所說的經驗界，感觸界），它就是全落于被動中而不得解脫，這就是它的不自由，落實說，也就是它的意志不自由。所以意志自由就是「性情的心」澈底從軀殼機括中解放出來：順軀殼起念就是不自由，不順軀殼起念，就是自由。自由就是性情的心自我作主，純然地自發自動，落在現實生活上，就是以性導情，以理導欲。性即理，理即是由它自發自動所表現的，也就是孟子所說的由惻隱之心見仁，由羞惡之心見義等，總之即是「即心見性」，故王陽明亦說心即理。性即理，「即」字為等字；心即理，則表示純然自發自動的本心所表現的理。此「理」亦就是康德所說的「道德律」，無上的命令。康德從思辨上講，儒者則從踐履上證實到，亦即認識到，所以亦即思辨到。儒者于此亦說「天命之謂性」。「天命」即「無條件的定然如此」義，此即是人的性。（這是道德實踐的講法。當然此語還有宇宙論的講法。衡之儒學，後者迂曲）。亦就是意志指導吾人現實生活所發的「無上命令」（理）。「所欲有甚于生，所惡有甚于死」。都從這裏得其根據。此即是「意志自由」（實踐主體）之澈底透出。所以它不是設準，而是「定然」。

講「實踐」，必須透到這一層才能算。「認識主體」的呈露，是以「邏輯理性的剛骨形態」來撐開我們的心胸，以「理智之光」來光明我們的生命；而「實踐主體」的呈露，則是以「繼天立極」的形態來撐開我們的生命，以德性的函量，智慧的圓融，來潤澤我們的生命。

依是，根據實踐主體而來的，首先是個人的道德實踐，表現而為道德宗教的聖賢人格。其在文化文制上的意義，是樹立人間的教化，護持人性人道人倫于不墜。此為一本源形態，亦為一籠罩系統。

此是「道」之統緒，簡名曰「道統」。

其次，是集團的政治實踐，在現實歷史中，去表現道德宗教的聖賢人格所證實的「道」。它表現的方式，可以從其在現實歷史的演進中所發展至的「政治形態」來指明。譬如就中國歷史講，周公如何繼承夏商而制禮，形成周之貴族政治。再從周之貴族政治，經過春秋戰國之轉變期，如何形成秦漢以後的君主專制的政治形態。貴族政治形態，其內容如何。君主專制的政治形態，其內容如何。在君主專制的政治形態下，君是什麼地位，其特性如何？士人是什麼地位，其特性如何？民是什麼地位，其特性如何？君得其客觀化否？士得其客觀化否？民得其客觀化否？二千年歷史何以是一治一亂，重複而無進步？以前所講的「外王」够否？如何轉出一新講法？如何轉出近代化的國家政治法律？這些問題都說通了，然後可以知，從君主專制的政治形態發展到民主政治的形態，何以是「道」之更進一步的客觀實現。此集團的政治實踐是隸屬于本源形態下，而亦有其獨立之特性，自身之關節。我們可以叫它是實踐之客觀形態。聖賢人格則是實踐之獨體形態，或曰絕對形態。客觀形態的發展就形成「政」之統緒，簡名曰「政統」。一個政治集團，必須認識這個政統，才能說政治實踐，才能指導自己之國運，指導華族發展之方向。

在「道」之客觀表現上，除集團實踐一客觀形態外，還有一個客觀形態，此就是上文所說的知性解放後所成的「認識形態」。「認識形態」這一客觀形態的發展就形成「學」之統緒，簡名曰「學統」。這一形態與本源形態的關係，與集團實踐一客觀形態與本原形態的關係同：不能拉得太緊。認識形態必須從聖賢人格的「獨體形態」中暫時解放出來，如是學統方能成立，一如其必須從政治實踐中解放出來一樣。不解放出來，則智之「知性形態」不能轉出，而呑沒于聖賢的獨體人格中而爲智慧之「直覺形態」。此中國之所以無邏輯數學科學之故。但是，它呑沒于聖賢人格中與呑沒于政治實踐中不同。呑沒于聖賢人格中，在聖賢人格方面說，無虧無欠，但在社會文化上說，則只有德化之覆育，使人民成爲羲皇上人的睡眠狀態而停滯不醒。此則于涵育生命有利，而興發不足。然吞沒于政治實踐中，譬如吞沒于共黨的「物質生產活動」中，階級鬥爭中，則必流入極權統制，摧殘生命，鑿喪慧根。是以認識形態既須從聖賢人格的獨體形態中解放，又須從政治實踐中解放，而爲一有其自身之獨立性與客觀性的獨立形態。其從聖賢人格的獨體形態中解放，是一個本末的轉出關係；其從政治實踐中解放，是一個並列的對立關係。這兩步解放，名曰道之客觀表現上之「大開」。有此大開，則在整個社會文化上，即有其「大合」。集團的政治實踐者必須了解此種大開大合，方能恭敬道統，尊重學統，而保住其自身在整個文化中的地位與價值。

集團的政治實踐這一客觀形態，在整個文化中的地位就是「政統」之繼續，而它的價值就是使「道」作廣度的客觀實現。它對于聖賢人格的獨體形態之關係亦是本末的轉出關係。須知，從政治形態的發展所成之「政統」上說，政治實踐這一客觀形態，在君主專制的政治形態下，並未充分達到其「客觀化」的境界。這就表示說：君、士、民，俱未在一個政治法律形態的制度中獲得其客觀化的地位：民爲羲皇上人，不成一有個性之個體，則對于國家政治法律無責任無地位；君是一個無限制的超越體，則其本身即爲非理性的（即不能客觀化）；士人居于兩端之間，其客觀化的地位無保障，亦終于不能客觀化。這即表示：客觀的政治實踐，在以往，亦是吞沒于聖賢人格的獨體形態中而爲一聖君賢相之形態。（君主專制形態即是聖君賢相形態。）它沒有解放出來。它停在道德形態下，而未進至政治法律的形態。此中國所以未進至近代化的國家政治法律之故。但是它吞沒于聖賢人格的獨體形態中又不能與吞沒于馬克思的魔教中相提並論。前者，在社會文化上說，只是興發不够，而後者則必摧殘生命，堵塞慧根。現在，我們順獨體形態而轉出客觀的政治實踐，使其落于政治法律的形態下而充分客觀化，這也是一步「大開」。又，彼既與認識形態爲並列的對立關係，則彼尊重學統，而學統轉而亦可有助于政統之發展。此也是一步大開。這兩步大開都在整個社會文化上「大合」。

本源形態，認識形態，政治實踐形態，這三者的大開大合形成社會文化有機統一的向上發展。一個有悲天憫人的思想家政治家，必須在這個大開大合的系統上找得他領導政治實踐的規矩，決定他政治實踐的意向。不能在馬克思唯物史觀階級鬥爭的魔教上找。這個大開大合的系統，是任何政治實踐社會實踐所不能違背的。在這個系統綱維下，才能講社會主義。所以社會主義，此後在原則上必須有一個新講法。此則非本文所能論。

論無人性與人無定義

一、薩特利說之大義

法國存在主義者薩特利（Jean-Paul Sartre）在其「存在主義與人文主義」一小書內，有以下兩段話：

當我們認上帝爲一創造者時，我們想他是一最高的工藝匠。不管我們所考慮的主張是什麼，不管是笛卡兒的主張，或是來布尼茲的主張，我們常是這樣想，即：意志，多或少，是隨理解走，或至少是伴同理解走。因此，當上帝創造的時候，他確定地知道他所創造的。如是，人底概念在上帝心中就好像裁紙刀底概念在藝匠心中。上帝造人是依照一種程序及一概念而造人，恰如藝匠依照一定義及公式而製造裁紙刀。如是，每一個體人是那藏在神心理解中的一定概念之實現。在十八世紀的哲學的無神論裏，上帝底觀念是被減殺了，然而「體性（本質）先于存在」（Essence is prior to existence）的思想，則仍到處表現，表現在第德洛（Diderot），在福祿特爾（Voltaire），甚至在康德。人具有「人性」。人性就是人類底概念，是見之于每一個人中。此即表示說：每一個人是一普遍概念即人底概念之一特殊的例證。在康德，這個普遍性甚至擴張到森林裏的野人，自然狀態的人以及市民階級的人都含在同一定義中，且有相同的基本特性。在這裏，你又可以看出：人底本質（體性）是先于我們在經驗中所見的歷史存在。

無神論的存在主義（我是其中一代表），則宣稱：如果上帝不存在，則至少有一種實有，其存在是前于它的本質。此實有，在能用任何它的概念去規定它以前，它即存在。這個實有就是人，或如海德格（Heidegger）所說，就是人類實在。我們所謂「存在先于本質」，是什麼意思？其意即：人，首先是存在，遭遇他自己，如波濤然，隆起于世界中，而規定他自己是以後的事。如果人，如存在主義者之所見，是不可定義的，那是因爲開始他根本是一無所有。除他後來之所是，他不能是任何東西。他所創造的他自己是什麼，他就是什麼（他將是他所創造的他自己）。如是，這並無所謂人性，因爲並無一個上帝對他有一個概念。人只是「是」（在）。……人不過是他所創造的他自己。這就是存在主義底第一原則。而也就是人們所叫做的「主觀性」（主體性 Subjectivity），用之以反對我們者。

這兩段話，有它的精義，也有它的誇大處。有它足以鼓勵人處，亦有它足以遺害人處。我願疏導其意義。現在先從薩特利自己正面的意思說起，再進而說明「人性」是什麼意思，人的「定義」是什麼意思，以及「本質先于存在」是什麼意思。

首先，人從其開始只是「一無所有」的「在」，進而創造其後來之所是，這是否即足以否決「人性」一概念之成立以及人之可定義？反之，人之可定義以及「人性」一概念之成立是否即妨礙人之創造其後來之所是？其次，人之創造其後來之所是，其趨向之變形是否是無限多而漫無範圍？這是兩個關鍵的問題。關此兩問題，我俱答以否。由此否定的答覆，即可以顯出人是可定義的，「人性」一概念是可成立的。

二、人之創造其所是並不函人性之否決

薩特利的意思是如此：人開始一無所有，只是在；他由他的「意志自由」創造他後來之所是。這兩點都是不錯的。但這並不妨礙人性之成立。人開始一無所有，只是在。但他是俱有「一定形體」即「人的形體」之「在」。他的形體不是石頭，不是草木，不是犬馬燕雀。這個形體是他的一個括弧。這個括弧並不函他後來所創造的什麼形態。然在他未創造出什麼特殊形態以前，他總有一個形體形態。這形體形態不是一個抽象的概念，乃是一具體的存在。這得承認。復次，他後來所創造的特殊形態

，當然是指特殊的「生活形態」言，而不是指「形體形態」言。他可以創造變更他的藉形體以表現的「氣象」，但他不能創造變更他的「形體」：他不能隨意變犬變馬變石頭。而藉形體以表現的「氣象」是屬于精神的，也就是屬于「生活形態」的。生活形態的形成與變化是由于意志的決定，是跟意志決定而來的精神生活之表現。如是，由生活形態，我們必然追溯到意志自由。他由他的意志自由創造他後來之所是。但「意志自由」不是他後來所創造的特殊形態。因爲它是後來創造的根源，它不能再是所創造的特殊生活形態。意志自由是通過自覺而來的心靈表現，簡言之，亦可以說是「心覺」的表現。這心覺，這意志自由，雖有隱顯，但不能說是由我後來所創造出的。當一個人初生時，或如海德格（Heidegger）所說，被投擲于世界中時，或如薩特利本人所說，如波濤然，隆起于世界中時，他可以混混噩噩，不識不知，他的心覺，他的意志自由，可全不彰顯。然他之有「心覺」是無疑的，即是說，他有心靈，他有靈性。當然進到「自覺」是後來慢慢有的，意志自由尤其是後來慢慢有的。如何樣的自覺，如何樣的意志自由，這都是無限量的，但也都是心靈的發展。心靈在發展中彰著其自己。不但小孩如此，即孟子所說的大舜，當其居深山中，與木石居，與鹿豕遊，其所以異于深山之野人者幾希？然及其聞一善言，見一善行，若決江河，沛然莫之能禦。這個「沛然莫之能禦」的心靈開悟，一悟全悟，一覺全覺，這固然是大舜之不可及，然心靈之有，而爲後來創造之本，則無可疑。此無關于開悟之大小與廣狹。當其不覺，與深山之野人無以異，然非心靈無有也，而只是不彰顯不開拓而已。所以心靈之有，是當具有如此形體之人被投擲于世界中時，即已隨之而俱有。如是，人，當其一無所有而只是「在」時，形體是其一括弧，心靈又是他的一括弧。就是因這兩個括弧，遂形成「人性」一概念，亦使人之定義爲可能。本來西方傳統思想中，從邏輯定義所了解的「人性」，就是就這兩個括弧而說的，人的定義亦是就這兩個括弧而成的。這樣所了解的「人性」與所成的人的定義，並不妨礙人開始時于特殊生活形態方面之一無所有，亦不妨礙其未來之無限量的創造。若以爲人開始時于特殊生活形態方面一無所有，即認爲人無所謂「人性」，人是不可定義的，則是誤認前人之所謂人性是就後來所創造的特殊生活形態而言也。實則前人所謂人性無有就此而言者。若就特殊生活形態言，當然人個個不同，隨時不同，並無所謂普遍之人性，亦無所謂普遍之人的概念。然無有如此愚笨者。薩特利的粗心輕浮只是在：于人之開始時之一無所有，便只簡單地眞認其一無所有。殊不知他有一具體的形體，且有一具體的心靈，就是此兩者，遂使我們有普遍的人性一概念。具體的形體一面且不必言，假使無人人俱有之普遍心靈，則後來之創造亦不可能。

三、人之創造其所是不能漫無限制

復次，關于第二問題，人之創造其後來之所是，其趨向之變形是否是無限多而漫無範圍？關此，我答以有一定的範圍，在此範圍內，細分之，可以無限多，但不是無範圍以冒之，而成爲空頭的無限多。上帝無定義，因爲上帝是「純心靈」，而無物質之成分。上帝就是一個無限的心靈之自己，他是一個無限體，而其爲無限單只是心靈之一面，他並無物質一面與之相對。他是一個全幅敞開的心靈之無限，無限的心靈。他無所謂一，亦無所謂多。他是純一而神用無方，他神用無方而不是分裂的多。他是全幅敞開，而無任何限制。故無定義。但是人的心靈則必須在其形體形態中表現，必須與其形體形態合在一起。此人之所以爲物質與心靈之組和體，此其所以爲有限存在也。假定他的心靈完全脫離他的形體，而成爲一無形體與之俱的心靈，則或者是古人所說的靈魂不滅，魂歸天堂，此時就是人之死，而無現實的人生，或者是一全幅敞開絕對無限的純心靈，而與上帝無以異。此時是一無限存在，而不是一有限存在，亦即不是人。假定他純是物質而無心靈，則即與其他物質的有限存在，如石頭草木，無以異，而亦不是人。假定他雖稍有靈覺，而不能開拓變化，則亦與其他有靈覺的動物，如犬馬猿猴，無以異，而亦不是人。如是，他有心靈，而他的心靈一面不能成爲絕對無限的純心靈，因爲他有形體以限之。他有物質，而他的物質形體一面亦不同于草木瓦石，因爲他有心靈以動之。而其心靈復亦不只犬馬猿猴之靈覺，因爲他的心靈能開拓變化創造擴充，役物而不役于物。所以他旣與上帝異，亦與其他動物異。是以其如是之心靈與其如是之形體就是他的兩個括弧，而此就確定他後來創造變化之範圍。他有此範圍以冒之，所以他不能漫無限制地以爲無限多之變化。假定他旣有此兩括弧，而復漫無限制地以爲無限多之創造變化，他可以由其「意志自由」而爲犬馬燕雀，而爲虫肝鼠臂，而爲日月星辰，而爲江河山嶽，則他自然無定義，亦無所謂人性。此時他旣不是上帝，亦不是任何其他有一定形態之有限存在，他必然是一個有限而又無限的怪物。但是他的「意志自由」不能有這麼大的威力，不能有這樣的如意變化。他的意志自由只能在他的具體的形體形態內決定或創造他的精神生活形態，即特殊的生活形態，而不能改變他的形體形態，以決定或創造出其他樣子的形體形態。是則其意志自由之決定與創造單是屬于而且表示人之精神生活，並不屬于而且表示其形體形態之無限變化。是則人之意志自由所表示的人之心靈本身就是一有限制的而且具有內在律則的實在。即此具有內在律則的心靈實在本身就是人的一個範圍。因爲它本身就是一個決定，其爲決定是由于它對于人的現實生活投映出一種指導，一種原則，一種理想，而反顯出其本身即爲一種具有「內在律則」的決定。它不能在決定、創造、改變人的形體形態方面表示其律則。它只能在其具體的形體形態內，于決定、創造、改變其精神生活形態或行爲生活形態方面表示其內在律則。其心靈受其形體的限制，因而形成其自身即爲一有內在律則之決定，即此便是人之性，人之範圍。如是，如果他不能在形體方面隨意變化，則人就是有「人性」可言的，是可定義的。本來普通所謂有「人性」以及人可定義，就是就人的形體形態與人的心靈表現之內在律則兩者合起來而言的。譬如說「人等于理性的動物」，此中「動物性」一概念即含在人的具體的形體形態下的，而「理性性」一概念即含在人的心靈表現之內在律則下的。這兩個括弧決不能由「後來之創造他自己是什麼，他就是什麼」一觀念而推翻。因爲他不能超出他的形體形態而把他自己創造成一塊石頭。而如果他不能把他自己創造成一塊石頭，則此兩括弧即不妨礙他後來之創造。如是即有人性可言，人是可定義的。若必因此兩括弧不能使他變爲石頭，因而遂視之爲妨礙後來之創造，遂必抉去此兩括弧而謂人無所謂人性，則勢必使人不是人而成爲一個怪物。人的意志自由，人的主體創造性，不是這樣講的。人的意志自由，人的通過其意志自由而對于其後來所創造之「行爲生活形態」負責，即此便是人的性。上帝無之，其他動物無之，其他物質的有限存在亦無之。此尚不足以限制出人的性乎？

但是何以說在此兩括弧下，細分之，便可以無限多呢？須知在具體的形體形態一概念下，我們有「氣質」一觀念，此中就有無窮的複雜。在具有內在律則之心靈表現一概念下，我們有「心德」或「精神內容」一觀念，此中亦含有無窮的複雜。此兩者都是具體的眞實，不是抽象的概念。若合在一起而成爲現實的人生，則更見其爲具體，眞實。即此具體的眞實，便有無窮的複雜。因此，人之創造其行爲生活形態亦必爲無限多。若就社會生活，外在地觀之，當然不能無限多。譬如士農工商，或如許普朗格（Spranger）論人生之型式，如經濟型，政治型，道德型，宗教型，哲學藝術型等。這還是分類的說法。在現行人間的作業範圍內，這當然不能無限多。但若內在地細察之，則頓時便覺其爲無限多。士有各式各樣的士，甚至個個不同。其他亦然。人的具體形體，在其有生的過程中，便有無限的姿態。（死了，便無姿態。）所謂人心不同，如其面然。則人之面部姿態必是個個不同。雖孿生子，亦必有其不同，雖不必能爲吾人之肉眼所覺察。由此具體的形體，再進而說到「氣質」，則更複雜。氣質還是屬于材質的（Material），跟形體走。當然不是跟形體的形狀走，而是跟構成形體的內在的物質質素走。光是物質質素亦並不能說明「氣質」。「氣質」的表現必須牽連着才、情、氣。而才、情、氣，雖說亦是「材質的」（對「純道德的心靈」言），但亦有心靈活動含在內，此即含有精神的活動，不純是構成形體的物質質素的活動。否則，不能說才情氣。大體愈低級的才情氣，愈接近于物質質素的活動，愈高級的才情氣，愈遠于物質質素的活動，而近于精神的活動。但無論如何高級，不能截斷其與物質質素的關聯。否則，不能說才情氣，不能說氣質，亦不能說才情氣是「材質的」。這種材質的才情氣或氣質的表現是無窮的細微，無窮的複雜。人生的具體性相，大底是從這裏說，從這裏表現。由「氣質」領域，再進到純道德的心靈，（即古人所說的純義理的心靈，或義理之性。）以道德心靈爲主宰，而觀跟此心靈而發的一系，則更深微無限量。此就是「心德」或「精神內容」之無窮無盡。單說此「純道德的心靈本身」，（譬如王陽明所說的良知）則只是一現成的純一的靈明，無所謂無窮無盡，當然亦無所謂有窮有盡。因爲它只是一不增不減的現成的純一。所謂無窮無盡，是就其在現實生活中，與才情氣的關聯中，的表現與發展而言。由此表現與發展中的抽引所見之無窮無盡，反而說此心靈本身無窮無盡。實則此心靈本身只是圓滿自足，現成的純一。而反說的無窮無盡只是它的潛蓄。它本身是超出有窮無窮的對顯而爲一「純無限」。我們說上帝之爲純心靈之無限，亦是此義的無限。如果我們說上帝之德無窮無盡，深微無限量，則亦是由人之純道德心靈生活之表現與發展所見之心德或精神內容之無窮無盡而印證其爲如此，而歸之爲如此。此義旣明，則與形體、氣質合起來看，人之行爲生活形態當然是無限多，其後來之創造亦無限量。凡是具體的眞實的，即存在的，我們用來布尼茲的話說，都是「無窮的複雜」。形體、氣質、心靈，若不作外在的、邏輯的、抽象的陳述，則都是具體的，眞實的，存在的，是以都是無窮的複雜。

但由此三方面而觀，不管它是無窮的複雜，由之而生的行爲生活形態，亦不管它是無限的多，而人總不能超出形體與心靈這兩個括弧。人儘管可以成聖，成仙，成佛，假若他還帶着肉體，他還是個人。假若他脫離肉體，而單只是聖德，仙德，佛德，則另說另講，簡言之，他已是神，而不是人矣。所以若人而是人，則必在形體心靈這兩個括弧下。就是眞人，至人，天人，聖人，乃至仙佛，亦都是在這括弧下人所創造出來的。人只能創造他的境界，不能變更他的形體。薩特利的意思，亦只是唐朝李泌所說的君相可以造命，而不受命。是以君相不可相信命。這只是說：人不要爲一定的「生活習氣」所限住。一般人爲一定的生活習氣所限住，而不能開拓變化，創造其自己，此即爲一定的生活習氣所命定。此即是相信命。此時他的生命全成被動的。李泌說君相可以造命，亦只是就其位而從理上說應如此，即應當隨時開拓變化，創造其自己之命運，而不應當使生命全成爲被動的。其實庸俗的君相比一般人還不如。這也表示說：不但君相應如此，人人都應當如此。但人人都可創造其自己之命運，這並不能推翻人的兩個括弧。而那兩個括弧也並不妨礙人的創造。

四、形成之理與內在于人的實現之理

形體與心靈這兩個括弧所成的「人性」，所成的人的定義，實在是普泛的很。它並沒有涉及在這兩個括弧下種種特殊的生活形態。所以對特殊生活形態言，可以說，那兩個括弧所成的人性以及人的定義實並沒有說什麼。但是，雖普泛的很，並沒有說什麼，它却盡了劃類的責任。凡有限存在俱可劃類。人是有限存在，這似乎是無可爭議的。那兩個括弧即是說明其所以爲有限。本來，對于一有限存在所作的邏輯定義就只是在劃類，而對于此有限存在所說的「性」，亦就是在此邏輯定義中所表示的「性」。就人言，人性與人的定義是一事。如果無所謂人性，則人自然是無定義的。但是人的定義中所說的人性就只是形體與心靈那兩個括弧。這雖然是普泛，對于特殊生活形態並沒有說什麼，然並不是虛構。人的形體，在其有生之時，自然有無限多的姿態，形體自然不能脫離其姿態而獨存（除非是死），然總是這個形體，其姿態總是屬于這個形體，這是可以說的。光說這個形體，雖是有點抽象，但不是虛構的抽象。這點抽象是可以允許的。因爲邏輯定義原只在劃類，所以其內容不能不抽象。人的形體究竟是具體而眞實的，心靈亦然。雖然不涉及其種種內容與姿態，然究竟不是一虛構。從這裏說人性就是想給人以定義，而定義的責任只是在劃類。所以我們說形體與心靈是兩個括弧。它只盡括弧的責任，當然不必涉及其中之種種內容與姿態。

這邏輯定義中的人性當然不能盡人性之全與眞，因爲它並沒有接觸到具體而眞實的生活。它是由以「人」爲對象而對之作外在的了解，作邏輯的了解，而形成的。這時人只把人作一存在看，而客觀地了解之，人並沒有收進來而歸于其自己之「主體」，而落于實踐上，視自己爲一實踐之主體。所以定義中的人性是客觀了解中劃類的人性，而不是歸于主體在實踐盡性中的人性。客觀了解中劃類的人性是表示「人」這一有限存在之「形成之理」(Principle of Formation)，而歸于主體在實踐盡性中的人性則表示人的「實現之理」(Principle of Actualization)。

當人一隆起于世界中或被投擲于世界中時，這兩個括弧，他即具備了。當他開始一無所有而只是「在」時，他却即已有了這兩個括弧。這便是他的「形成之理」。告子說：「生之謂性」。實即「成之謂性」。人，當其「在」時，成其爲人。桌子，當其在時，成其爲桌子。就其成而言其「性」，此性即是定義中之性，故曰「形成之理」。對于一具體的存在，而言「成之謂性」，此語，從對象方面說，實是一「體性學或存在學的陳述」(Ontological statement)，而從人之客觀了解方面說，則同時亦即是一「邏輯的陳述」(Logical statement)。當然，廣泛言之，體性學的陳述必函有一邏輯的陳述，而邏輯的陳述不必函有一體性學的陳述。可是，若就具體的存在言，如「生之謂性」，「成之謂性」，一類的話，則邏輯的陳述必函有一體性學的陳述，故能表示一物之「性」也。這種陳述，無論是體性學的，或邏輯的，總只是「形式的」。所以其所表示之「性」，亦只是一物之括弧。除此，再無所說。這自然只是表示對于一物之靜態的，客觀的，綜持的了解，亦即是劃類的了解。所以既是「形式的」，亦是「外在的」。這種了解亦可以說是知識上的了解，或「觀解的了解」(Theoretical understanding)。在此種了解下，人與其他有限存在是一樣的，即在同一層次上。故「生之謂性」一原則是普萬物而爲言的：落在人上，是人的定義，表現人的性，落在石頭上，是石頭的定義，表現石頭的性。譬如落在人上，則「生之謂性」一原則即特殊化而爲人的定義，如說：「人是理性的動物」。這個定義所表現的對于人的了解實在是可憐的很。要眞盡人性之全與眞，這當然不够。人性，當然亦不能限于或止于此定義之所說。然須知邏輯定義所了解的亦只是此一點，外此當然不能要求它。此所以要講人生之全幅意義，必別有學問，必另換一觀點，而不能止于邏輯陳述也。沒有人以邏輯陳述的定義爲人生哲學，或以爲如此即可以盡人生之全幅意義。然此邏輯定義所表示之括弧人性却並無妨礙。凡今日存在主義者，如薩特利，海德格，等，都是想在邏輯定義以外而另行考察眞實的人生。這是對的。然如薩特利那樣，（海德格不如此），必否決人性，必以爲人不可定義，則輕浮而悖矣。

如是，吾人進而從人的「實現之理」看人性。

人之所以爲人，此中之「所以」，有從「形成之理」方面說，有從「實現之理」方面說。這兩者決不可混。而「實現之理」又有從成爲人以後或內在于人方面說，有從在其成爲人以前或外在于人方面說。這亦不可混。

從「形成之理」方面說的「所以」即是邏輯定義中所表示之「人性」。從「實現之理」方面說的「所以」即是歸于主體在實踐盡性中的「人性」。而在實踐盡性中的「人性」之爲「實現之理」即是成爲人以後或內在于人的「實現之理」。我現在先就這「內在于人」的實現之理以說「人之所以爲人」。此即孟子所說的「人之所以異于禽獸者幾希」的人性。此種人性是由歸于主體而在實踐盡性中所表現的人性。了解人生的全幅意義，即盡人性之全與眞，必從這裏入手始可。形成之理所表示的人性是由于外在的了解邏輯的定義而成。這只是表示人這一類存在的一個形式括弧。所以在這「形成之理」處，我們有以下的說法：有一具體的人必函有所以爲此具體的人的形成之理（即本質或體性），而有所以爲此具體的人的形成之理却不必函有此具體的人。此即西方哲學中所說的「人的本質不函人的存在」。在這裏，本質與存在是可以離的。這是從柏拉圖，亞里士多德，以及經過中世紀的聖多馬而傳下來的一個公認的道理。這裏所了解的人的本質胥是由邏輯定義而了解的，亦即由「成之謂性」一原則而了解的。而其體性學所講的「性」亦胥是這一類的性。人們習于這一傳統，一講到人的本質或人性，就採用這個說法。若從「形成之理」說人性，亦確是如此。而西方哲學傳統對于人性之哲學的了解亦止于此。所以他成爲外在的形式的了解。而人的本質既不函人的存在，（推之，任何有限存在皆然，）所以要想使本質與存在合一，即使本質實現，則必須講一外在于人的宇宙論上的實現之理。如是，人性問題胥吞沒于一外在的觀解的形上學中。這一層意思是可以有的。但却無根。他們不知從「內在于人」處講實現之理，由這裏再透示「外在于人」的實現之理。所以對于人性既無善解，而于實現之理亦講不妥實。現在存在主義者胥對這一傳統而發，然未能盡其中之曲折。薩特利即其一例。

在「形成之理」處，人的本質（即人性）不函人的存在，然在內在于人的「實現之理」處，則人性與存在永遠合一。此即歸于主體而在實踐中盡性一路所見的。由此所見的「性」完全是從邏輯定義中那兩個括弧的「心靈」一面而說。而此心靈又從邏輯定義中外在的、靜態的、泛說的心靈，轉而爲內在的、動態的、實指的道德實踐心靈。孟子說：「人之所以異于禽獸者幾希」，這幾希一點完全指的這道德實踐心靈言。從這裏言人之「心性」當然不同于邏輯定義處所表示之「人性」。這幾希一點固然是異于禽獸處之「差別點」，然此「差別」不同于邏輯定義中綱差之差。在定義中的「人性」必須就兩個括弧言。就形體一面而言動物性，是謂綱，就心靈一面而言「理性性」，是謂差。這是定義中與綱合在一起的差。而孟子所言之幾希一點，雖也是從心靈一面而轉出，故有「差」義，然不是與綱合在一起的那定義中的差，而是即以此「幾希一點」爲人性。「差」從定義中透出而爲實現之理之人性。故此人性不同于邏輯定義中表示形成之理之人性也。形成之理之人性表示劃類，而實現之理之人性則歸于每一個人之自己而言其具體的實踐生活之本源或動力。此不表示劃類，而是言人之每一個體自己之「主體」。孟子所說之「性」就是人之每一個體自己之主體，道德實踐之主體。後來宋明儒者所言之心性亦皆是此每一個人自己之道德實踐主體。此皆不可以邏輯定義中形成之理來講。（近人馮友蘭以形成之理解析宋明理學而成「新理學」，故全成差謬。）

這作爲每一個人自己之「主體」之性，因不表示括弧劃類，故自始至終即是具體的，眞實的，存在的（Existential）。這是個創造的，動的主體。故革故生新，悉由此出。因爲這是個人的道德實踐主體，故有此心性，即有此心性所引生之存在（一擧一動，睟面盎背，皆是存在。）然當人墮落，而此心性不顯，則有存在，不必有此心性。可是若終無此心性，則其存在必因墮落物化而歸于毁滅，成爲非存在。故此心性實即生化之理（故云實現之理）。其本性即在引生存在，實現存在，完成存在。而若存在要成其爲存在，不至歸于毁滅而成爲非存在，則有此心性，即有其所引生之存在，而有其所引生之存在，亦即有此心性，可以說其所引生之存在即表現此心性，亦可以說體現此心性。此即宋明儒者所謂理生氣，氣体現理也。「此所謂體現，意即一擧一動，睟面盎背，皆此心性之流行。非云心性掛在那裏，要氣去實現它也。因爲此心性（生化之理）根本是「存在的」，與邏輯定義中劃類之理不同也。」

此實現之理之人性，無論如何創造變化，不能超出形成之理之人性所定之範圍。此即前節末所謂人只能創造他的境界，不能變更他的形體也。但是由實現之理之人性，吾人始能接觸人生，了解人生。薩特利想說這一面而不能透，而對于括弧劃類之人性又冒昧而去之，說人無所謂人性，人不可定義，則眞成悖謬之論矣，輕浮而誇矣。在道德實踐中，一說實現之理之人性，即同時要說此實踐中「氣質之性」。然在道德實踐中說人性，必以實現之理之性爲性，而不以氣質之性爲性。此即張橫渠所謂「氣質之性，君子不謂性也。」（此義宋明儒者皆公認。而孟子亦只就實現之理之心性說人性。）因氣質之性跟形體走，在歸于個人自己之主體而言道德實踐中，自不以之爲主也。然實現之理之人性與氣質之性，一落下來，即成爲邏輯定義中括弧劃類之人性。一成爲括弧劃類之人性，即是靜態的，外在的，觀解的，就人類存在而爲普遍地說。而實現之理之人性，則是動態的，內在的，實踐的，就個人自己之主體而爲獨體地說。普遍地說者，是邏輯的言辭（Logical speaking）。獨體地說者，是「存在的言辭」（Existential speaking）。

五、形成之理與外在于人的實現之理

吾人現在，再就「邏輯的言辭」以論「本質先于存在」，上帝心中有一「人底概念」，以及外在于人的「實現之理」，等問題。

現在就「成之謂性」一原則，而爲邏輯的言辭，則當人被投擲于世界中時，即可對之作一定義而表示其括弧劃類的「形成之理」。假定此形成之理即人之本質，（定義中所表示的），則即可以說：有一存在之人，即函有人之本質。此邏輯的言辭並不表示此本質一定先于存在或不先于存在。若就「成之謂性」說，就對于一「存在的人」作邏輯定義說，則人之存在與其成之之性是同時有的，故云：生之謂性或成之謂性也。亦不表示此本質即是上帝心中所預先有的一個概念。薩特利說：「這並無所謂人性，因爲並無一個上帝對他有一個概念。」有人性（人之本質）並不即表示在上帝心中有一「人底概念」，所以雖無上帝對他有一個概念，也並不妨礙仍然有「人性」。薩特利此辯論是非理的。然則此邏輯的言辭所表示的人之「本質」，在什麼時候才進到「本質先于存在」一思想以及「上帝心中預先有人底概念」一思想？

「本質先于存在」之「先」有是邏輯的「先」，有時體性學的「先」。當吾人說人之存在與其成之之性是同時有的時，此時性（本質）無所謂先後。然此時之性只是括弧劃類之性，所以只是一個「一般的性」，是就人類而一般地言之，並不是歸于個人自己之主體而存在地言之。所以它是一個類名的性。依是，有一具體存在之人，即有此類名之性，然有此類名之性，不必即有一具體存在之人。此甚顯然。蓋就「成之謂性」言，此類名之性只是就既成事實而抽出的一個一般的概念，而此一具體存在之人之成或出現顯然須靠一個血統概念或生物學的生命概念，決非此類名之性所能使然。譬如，一枝粉筆，你可以說它的定義所示之性即是一個化學公式，然而此粉筆之出現，決不是此化學公式所能致。必須靠實際的化學成分之化合力。此所以人之本質不函人之存在也。如果以此本質爲一個一成永成之空懸的理，而待實現之于個個人，如不實現，則此理仍潛存，縱使此後人類被淘汰，而那一成永成之理亦仍潛存而爲有，如是，你可以說此理（本質）先于存在。然此種「先」只是由類名之性對個體存在的邏輯關係而顯，故爲「邏輯的先」，而無實際的意義，即無體性學上的意義。而那類名之性亦只是由邏輯言辭而表出。其本身本不是一具體存在之「實理」，如由存在言辭而表出之實現之理之爲「實理」。如此而表出之「類名之性」即必然函有那種邏輯關係上的「先」。此種「先」顯然無實際的意義。然「成之謂性」本含有實際的意義，即體性學上的意義，不只是一個主觀方面的邏輯言詞。所以我們亦名之曰「形成之理」。是以由邏輯言辭所表示的括弧劃類之性，我們總想它是一個有實際意義的「模型」（pattern），縱然其本身不是一具體存在之實理。如是，我們亦總想由邏輯的「先」使它成爲體性學的「先」。然由邏輯言詞所表示的括弧劃類之性本身不函有「體性學上的先」的意義。而彼雖有實際的意義，究非一「實際的存在」。如是，在何種關節上，能使我們將此有實際意義而並非實際存在的「邏輯上的先」之模型推進一步而使它轉爲「體性學上的先在」呢？曰：這個關節完全是在：就此類名之性而言個體所以實現之「實現之理」。類名之性本不函個體的存在：人之本質不函人的存在。依是，具體存在的個人何以會出現，實在須要說明。這就是外在于人的「實現之理」之點出。凡實現之理皆是由存在言辭而言的「實理」。因爲要講這個實理以說明具體存在的個人何以會出現，所以才把那只有實際意義而究非實際存在的類名之性帶上去，因而遂使它由邏輯上的先轉而爲體性學上的先。一進到體性學上的先，「本質先于存在」一思想才成立，才有實際而確定的意義。這就是西方傳統哲學中外在的，觀解的形上學所以成立之理路，即由類名之性而言個體所以實現之「實現之理」所成的外在的，觀解的形上學。此可謂由虛（類名之性）以點實（實現之理），由實以帶虛。

由實現之理之點出，將類名之性帶上去，而予以體性學上的先在性，首先要問的是：先在于何處呢？最顯明而典型的說法就是柏拉圖的傳統，即，先在于上帝的心中，猶如工匠之製造藝術品的創造萬物的上帝心中。就人言，此即是上帝心中有一「人底概念」。上帝依照一個「理型」（Idea, form）以造物。就「成之謂性」言，是一物之形成之理，或類名之性。就在上帝心中言，就是柏拉圖的「理型」。神心以理型為內容，除理型外，無其他內容。這是創造說中的上帝，以及以此說為背景而言理型，而言實現之理，創造意義的「實現之理」。外此，便是亞里士多德。他以四因解析一個體物之生成。而四因中之「因致因」（Efficient cause）就是「實現之理」之所在。因致因亦曰運動因。就整個宇宙言，最後的運動因就是那「不動之動者」（Unmoved mover），此即是第一因或上帝。在此說下，實現之理比較顯明，而上帝對于萬物亦非創造關係。中世紀的神學家，例如聖多馬，雖以亞氏的哲學系統為主，然因基督教必取上帝創造說，故在此點上，亦必吸收柏拉圖之主張。中世紀的正宗神學是柏亞二氏的綜和品。到近代來布尼茲，由充足理由以言實現之理，而言充足理由則仍歸于上帝之創造。當然，形而上學有各種理境，亦可從各方面去講，而系統亦多端。不必皆與本文所討論之問題有關。然中心問題及主要之骨幹，則固不離形成之理與實現之理之討論。即適所舉之諸大系統，其內部問題亦皆可從長討論。本文不欲涉及。然有一點須說明者，即，彼諸大系統之所以就「形成之理」往上講，對人言，實欲說明人之定然之性，實欲給人性以本源上之定然性。人之定然之性並不妨礙其後來之創造，而且正因此定然之性，始可開啓其後來之創造，（假如歸于實踐主體而見內在于人之「實現之理」之性時。）如是方可見出人之可貴，（即孟子所說的「人人皆有貴于己者」之貴。）人性之可尊，而不可以隨便荼毒播弄以至于芻狗生民也。惟西方哲學尚未能就個人自己之實踐主體以言性，故其言人性之定然性只是外在的，觀解的形上學中之定然性，即，只就「成之謂性」之形成之理（類名之性）向上推進一步以言人性之定然性，此尚不足以眞能見出人之可貴，人性之可尊，故人亦易于以一套理論視之也。吾今願就內在于人之「實現之理」之性以觀中國儒者對于形上學之智慧。但略言而已。

吾于前節已明孟子言「人之所以異于禽獸者幾希」，從此幾希一點上言人之性，雖亦說出人之特點，然不是邏輯言辭中對于人下定義所表示之類名之性，而是存在言辭中歸于個人自己之實踐主體所表示之實現之理之性。因其亦能標擧人之特點，故如落下來而爲邏輯的言辭，則亦必不反對那括弧劃類之類名之性。惟以往中國儒者講學未有邏輯言辭一路，故亦未說到那類名之性。（若在今日觀之，即使說到類名之性，此亦不能接觸人生之眞義，更亦不能代替之。惟此兩者並不相礙耳。）因無邏輯言辭一路，亦未說到類名之性，故亦不由類名之性（形成之理）而言外在于人之實現之理。其言外在于人之「實現之理」即由內在于人之「實現之理」之性以通之。此爲以實通實，而不是以虛點實，以實滯虛。故無外在的，觀解的形上學，而惟是一內在的，實踐的形上學。

歸于個人自己之實踐主體以言實現之理之性，則此性惟是就人心之靈覺言，而心之靈覺，此時，又不注意其爲觀解的認識的靈覺，而是注意其爲實踐的道德的靈覺。此即是孟子就惻隱、羞惡、辭讓、是非之心以言仁義禮智之性。此仁義禮智之性即是那實踐的道德的靈覺之內容，亦即心之「德」也。此道德的靈覺之心與其所固具之德合起來即是人之實現之理之「性」。此是人之定然而不可移之性。故云「天命之謂性」，而不云「生之謂性」或「成之謂性」。此天命之性實即是從「心」上說的「於穆不已」之眞生機。（注意不是生物學上的生機。）故可總名之曰「仁」。仁，內在于人，是人之實現之理之性，通出去，便是普萬物而爲言的生化之理，亦即外在于人而不限于人的「實現之理」。

此即所謂天地之心也。天地以生物爲心。故天地之心亦即是作爲「生化之理」之仁。此作爲天地之心之仁與內在于人而爲人之性之仁是一。若從天地處說下來，則天以此仁理賦與人而爲人之性，此即是人之本在天。不但是人之本在天，通萬物皆以此「仁理」爲本。此即後來朱子所謂物物一太極，統體一太極。此當然就是人與萬物之實現之理，而不是人與萬物之定義之「形成之理」。人與萬物，可謂皆具此仁理以爲性（太極）。然而不是定義之類名之性。惟人與萬物雖同具此仁理以爲性，而落于人之形體下，則仁中之心義與理義能全幅恰如其性而彰著于人之道德實踐之心性中。此即是人之道德實踐之心性能恰如仁之爲生化之理，實現之理，而善繼之而爲內在于人之實現之理。而落于其他物之形體下，則無此心性而不能善繼。是則爲人與萬物之本之仁理，在萬物處，只爲內在于其爲仁理之自身，而潛存地外在地爲萬物之本，而萬物不能開拓善繼，使之爲彰著地內在地以爲萬物之本。故人與物，雖同此仁理，同本于天，而仍能嚴人禽之辨，不泯人爲物。此益足見人之可貴，人性之可尊。人之可貴，人性之可尊，固在其本于天道之仁理，以天道之仁理之可貴可尊而爲可貴可尊，然又在其能體此仁理，繼此仁理，而即彰著之于己身中，而爲內在于人之實現之理，而即以之爲己性。此則爲他物所不能者。人之體此仁理，而在盡性踐形中，可以爲大人，爲聖人，以至于與天地合德，與日月合明，與鬼神合其吉凶，然不能即是此天道仁理之自己。故一方既嚴人禽之辨，不泯人以爲物，同時亦保持天人之距離，不亢人以混于天。此即人在宇宙中之地位之殊特。即此殊特之地位，益足見人之可貴，人性之可尊。雖不亢人以混于天，然人因此而有殊特地位，亦益因此而見人之重要與作用。天道「顯諸仁，藏諸用，鼓萬物而不與聖人同憂。」（易繫語）。然人體之以爲己性，善紹善繼，能恰如天道仁理之爲生化之理，實現之理，而彰著之于己身中，以爲內在于人之實現之理，則不能無憂患。憂自己之不能盡性踐形，不能開拓變化，則天地閉，乾坤息，天道仁理之爲生化之理，實現之理，亦不可見。憂自己即悲天憫人也。而亦即在憂患中，始能盡性踐形，以彰著天道仁理之爲生化之理，實現之理也。此悲天憫人之憂患心即貫通內在于人與外在于人之實現之理而一之。故儒者之學唯言盡性踐形，即歸于個人自己之實踐主體以盡其實現之理之性，由此以證天道，而天道不爲觀解之擬議，而爲實踐之眞實。故無外在的，觀解的形上學，而有內在的，道德實踐之形上學。故中庸云：「能盡己之性，則能盡人之性。能盡人之性，則能盡物之性。能盡物之性，則可以贊天地之化育。可以贊天地之化育，則可以與天地參矣。」而孟子亦言：「盡其心者，知其性也。知其性，則知天矣。」故雖不亢人以混于天，然不礙其可以知天，可以參天地贊化育，而與天地合德。雖不泯人以爲物，然本此天道之仁心仁理，則不能不悲物，憫物，愛物，惜物，以護持之，而不欲其毀。此爲中國儒者知性盡性學問之極致。

六、無人性說之惡果

以上由歸于個人自己之實踐主體而知性盡性，如是，則不但人可貴，人性可尊，而且亦說明了人有其定然不可移之人性，人亦是可下定義的。此定然不可移之人性不是外在的理論，亦不是一個一般的概念，而是歸于自己所顯之眞實。如當下歸于個人自己之實踐主體，即當下有此必然而不可移之肯定。宋明儒者所言之義理之性與氣質之性，就是歸于個人自己之實踐主體，而在盡性踐形中以言之。此不是括弧劃類的定義所述之性，然落下來而外在地理解之，則予以括弧劃類之定義亦無妨。惟此爲無關緊要而已。惟依儒者之學言，即有此括弧劃類之定義，亦不就之而上推以撰成外在的，觀解的形上學。而乃就之以內攝而上提，歸于個人自己之實踐主體以見內在于人之實現之理之性，以此爲定然而不可移，並由之以通于外在于人之「實現之理」，以盡性知天，以成功內在的，道德實踐的形上學。此爲一徹底之翻轉。（由此翻轉而成之形上學之全幅意義以及于人文與宗教意識方面之全幅意義不在本文論列之內。）近時西方「存在主義」一派，不滿意于其傳統之在邏輯言詞中所成之外在的，觀解的形上學，而欲翻轉之在「存在言辭」中歸于具體而眞實之人生以考察全幅人生之意義，此雖在西方文化中表示一新方向，甚可喜，然而大都思不能透，理不能達，未眞能歸于個人自己之實踐主體以知性盡性，以見人性之定然而不可移，以及其全幅之意義。此派中之薩特利尤其悖謬。竟謂並無所謂人性，因而亦不可定義。此如本文以上所辨。彼欲跳出邏輯言辭中之本質先于存在，上帝心中有一「人底概念」等觀念之圈套，而期另轉一方向以觀察人生，本無不可，然其遮撥一面之措辭甚輕浮而不如理，而其正面所觀察之人生又全從習氣（即人之負面）以立言，是其不知性，不知人，彰彰明甚。關此本文不欲追論。然其無「人性」，人不可定義之說，以及其正面之不能知人性，立人性，則人眞成無根底之飄萍，悖謬不可解（Absurd,irrational）之東倒西歪，橫衝直撞之孽障。此表現在「存在主義」一派中，尙不甚見其弊。然而無人性，無定義之說，尙不只到現在才表現在較爲精微之薩特利思想中，馬克斯早已言之，即杜威亦推波助瀾而早言之。

杜威完全從現實生活形態之多端方面，言無邏輯定義中一般之人性，彼亦更不能了解實踐盡性中定然而不可移之人性。彼所了解之人性完全是現實生活趣味之方式，即只是習慣之方向。此當然個個不同，隨時隨地不同。從此說人性，當然無一般之人性，無定然而不可移之人性。彼立言之動機，雖在解放人性，重視自由，開啓現實生活之途徑，然其前人之肯定一般人性豈即拘束人之生活途徑乎？彼之先人豈不亦說：在上帝面前人人平等？此豈不顯出不爲階級所限之「一般人性」？今完全從習慣方向，現實生活形態方面說人性，即只落于習氣中說人性，則雖自由，而人格價値何由立？隨風飄轉，漫無定準，人生無定然而不可移之大本，則雖自由，豈眞自由乎？捲之轉之，有何不可？自由不能光從習氣之無拘束的紛馳，現實生活途徑之無拘束的轉移上而建立。人生純落于習氣機括中，純落于外在的社會中，即讓你無拘束的紛馳，無拘束的轉移，亦不見得是自由也。一個哲人論人性到這種地步，直是墮落。不過杜威在美國社會背景中說此話，尙不見其弊。試看馬克思的說法。

馬克思亦不承認一般的人性，當然更不能承認實踐盡性中定然而不可移的人性。他認一般的人性只是一個抽象的概念，亦不承認人有純粹絕對的「善意」。他所見的人性只是階級性，以及各爲其階級的私利性。再加上實踐的唯物論，唯物辯證法，任何東西無其固具之本性，人亦然。只是加上條件，抽去條件，所成之矛盾之對立與對立之統一。因此，任何東西無有不可改變者。無定然而不可移之人性，人亦可以隨意加上條件，抽去條件，而予以改變，實即予以荼毒，予以毀滅，而芻狗生民也。此其標榜坦白學習，極盡侮辱人之能事，而不以爲非也。然則無一般之人性，無定然而不可移之人性之說，至此而見其罪孽深重矣。立言豈可不愼乎？如是，無論是薩特利的說法，杜威的說法，馬克思的說法，皆須廓而清之。不能在馬克思則反之，在杜威即以爲眞理也。（關于馬克思的說法，參看拙作「理性的理想主義」與「闢共產主義者的矛盾論」。）

自由與理想

一、時代在歧途中

一個沒落的時代，一個從根上出問題的時代。只有一個觀念造成這局面，那便是經濟平等，無產大衆。這個觀念造成人類的歪曲，使人類的生命完全脫離了它的健康的道路，而投入了一套架空的虛構。「人之生也直，罔之生也幸而免。」一個觀念造成人間的罔生。人們套在這罔生中，却覺得是時代的寵兒，他們覺得自己是進步的，是有前途的，是有理想的。凡不套在那罔生的虛構中的，他們便認爲是沒落的，是灰色的。這個罔生的虛構形成了新時代。他們認爲人類的新紀元已經降臨了。在這新紀元新時代中，張東蓀先生說了話：「日月出矣，而爝火不息，其于光也，不亦難乎？」（莊子語）。他引這話的涵義是：這確是一新時代，你們或者完全相信，或者完全不信。一點一滴的贊成與不贊成完全是無用的。不但無用，也象徵你完全不解。你不解這新紀元的全幅來歷與全幅內蘊。

我這完全不信的人，當在大陸時痛苦極了。上堂講書，簡直是受罪。學生不以先生看你，以政治敵人看你。他們的心思完全爲政治鬬爭中的敵對意識所佔據。你一講話，他們不就所學的課程來了解，他們是就政治鬬爭來聯想。當我講邏輯的時候，講到了「全稱命題」，我要使他們了解，便舉了「殺人者死」一個例。他們不就此來了解全稱命題（普遍命題）之意義，他們却來追問「殺人者死」這條法令是誰定的。我的答覆是：我這是講邏輯，你的意思我懂了，但你的追問在這裏却是不適宜的。他憤憤不平，好像就要革我的命。在一個失掉了理性的時代，是無法說理的。

當共黨過江的時候，我離開了學校，走上了車站。一個學生趕了來，要留住我。我當時告訴他說：「眞理不止於今日，亦不盡於今日。你們現在是在昏迷中，你却以爲是進步。你將來要從頭翻悔。

」他不服。他說：「我們分道揚鑣吧。」我說：「你有道路嗎？你的道在那裏？」

這一個歪曲的時代，他們佔了上風。現在的日本知識分子聽說和中國大陸時差不多。理想正義簡直爲他們所佔有了。記得前幾年英國工黨首相阿特里還有這樣的不平語：「正義不都在你們蘇俄那裏。」我看見這句話，有說不出的難過。我覺得他又是憤懣，又是委曲，好不容易衝出了這一句。然而這總表示正義理想已經爲他們所佔有了。我們的話總是呑呑吐吐的。我們眞是沒落了嗎？那個似是而非的進步，倒顯得我們眞沒落了。我們的理想衝不出來。

逃在海外的人眞感覺到「自由」的重要。我們呼喚自由，亦痛恨奴役。對于自由的呼聲與對于奴役的痛恨，這好像理想正義又在我們這裏。我們很能理直氣壯地神聖地嚷出來。但這是無對手在眼前。若一有對手在眼前，你的理直氣壯馬上就要打折扣。不要遠，只看近鄰的日本。你在日本，就不見得能佔上風。我的意思是表示：要在理想正義方面爭取主動是不容易的。若翻不上來，則他們雖是架空的虛構，然尚可以是一個疑似的理想與正義，足以欺惑愚衆，而你則並此而無之，則這個時代究竟不是你的，雖然你生存在這裏。不是我們的，我們沒落；是他們的，亦不是正果，亦仍是沒落。這時代整個是沒落。可是關鍵單在我們這似沒落而不必沒落的自由世界的覺悟如何。不覺悟，眞沒落下去。覺悟，則太陽從這裏升，眞正的新紀元要從這裏開始。

這個問題是個體性與普遍性的問題。

第二、普遍性表示超拔：共黨所以顯似有理想之故

一般言之，普遍性代表理想，個體性代表自由。這兩者究竟是對立呢？還是可以融通，使自由成爲眞自由，理想成爲眞理想？

破感覺經驗的限制而表現。人的思想心靈進到概念的境地，便表示它已躍進了一步，從感覺的束縛與限制中超拔出來。它把握了普遍性。但此普遍性，因爲是知識上的，尙不能表示人生踐履方面的理想。它是知識上的概念或觀念，但却不是生活踐履上的理想或觀念，但它却總表示了思想心靈的解放，它表示了「普遍性總表示一種超拔」。此義幫助我們了解在實踐生活方面普遍性之可以爲理想。

人的生活落于現實上總有種種限制與障隔。因爲人的現實生活總不離人的生物本能：趨利避害。人各挾其私利欲望以前進，則互相間的限制與障隔不可免。這限制與障隔是由私利的主觀性與特殊性而形成。這裏並沒有一個公共的紐帶可以使人超越其自己之私利之主觀性與特殊性。如是，人陷溺于主觀私利之無厭足的追逐中，必見互相是障碍，互相是限制。人各順其主觀私利之無厭足的追逐，必欲衝破對方，而對方亦復順其主觀私利而又衝回來。互相衝擊，而又衝擊不下。這裏一切唯機詐是視，唯力是視。或者亦無機詐，亦無力，而唯是癱瘓下去。如是，人純落于現實中而一無理想可言，這是有性情有志趣的人所不能耐的。人不能安于純現實，不能安于純主觀私利之無厭足的追逐下去而流於癱瘓，故必賴有道德心靈之躍起，而呈現一道德的普遍性。這道德的普遍性一方超越于主觀私利之上而轉化之，一方即爲公共紐帶而破除主觀私利間之限制與障隔，而使人之心志可以通。是以此道德的普遍性根本是由自覺的心靈而湧現，而爲理想所託命。普遍性是表示自我之超拔。人在此普遍性前，生命始能客觀化，始能從自己之軀殼私利中拖出來。普遍性即是理想性。人在此超拔中而呈現普遍性便是自我之解放。莊子說：「道未始有封，而言未始有常。」封是封域，封畛，亦即界限或限制。衝破這些封畛即顯道體。故道即代表普遍性，亦即理想性。同時亦表示自我之解放。（解脫、自在）。

順此而言，凡現實上的種種限制界限，甚至人文世界中的現實的禮文，在某時都可以成爲外在的桎梏。人若不能內在化之使其與自己的生命相順相適，而認爲是對立，則人之自覺必進而衝破這些桎梏以顯一超越的普遍性。此時此普遍性亦仍是旣表示一理想，亦表示自我生命之解放。人在此普遍性前，生命得解放，故在未得之之時，即爲此而奮鬪。人之生命在此奮鬪中得到一客觀的意義與理想的意義。

依此義而言，共黨的思想中有其很顯著的似是而非的普遍性與理想性。當它看到自由經濟之轉爲資本主義而有種種慘酷的事實時，當它看到民主政治受資本主義之重大制約而表現其庸俗與虛僞時，當它看到家庭中之種種病態時，當它看到因國家而生之種種災禍時，當它看到人之自私自利以及種種順勢順利之偏見時，它的怨毒仇恨之心即在惡惡之情中不期而熾烈。它所看到的都是現實，都是人所創造的人文世界中種種現實了的成果上之弊端。這些現實的成果，如其爲現實，如其爲弊端，都成了它的限制與障碍。而且每一現實本身都是某一特定的圈套，特定的機括，因而亦都是些限制。當這些圈套、機括、限制，不能與自己的生命相順相適時，便都成了生命的障碍與桎梏。這一切人文世界中的成果，它都只作現實看，只作全幅是病是弊看。它看不見此中的眞理性以及其背後之其所由來的觀念性或理想性，因而它亦根本抹殺之，造作一理論一原則以抹殺之。此理論即是唯物論與唯物史觀。它根據此理論，遂認人的生命全幅是偏見，是自私自利，因此沒有普遍的人性，只有階級性。它看家庭只是封建的產物，並無所謂倫常。它看國家只是階級壓迫的工具，並無道德性上的眞理性。它看民主政治只是資產階級的，並無超然的定常的政治架子上的眞理性。它看自由經濟只是着眼於資本主義之罪惡，而並不認自由經濟與私有財產有其人格獨立與人格保障上的價值。因此，這一切必須根據唯物論全部予以抹殺。它衝破了這一切現實的障碍與桎梏，它也顯出了一個普遍性，這個普遍性就是他們所嚮往的無階級對立的大同社會，這也就是他們的理想。這理想就寄託在這普遍性上。他們衝破那些障碍，要爲那理想而奮鬪。在此衝破奮鬪中，他們的生命取得了客觀的意義與理想的意義。他們的生命客觀化于此普遍性前，而可以生死以殉。

但是他們行動的結果是奴役，把社會窒息成一架機器，而個個分子是螺絲釘。他們的行動過程是奴役過程。那麼他們那個大同社會若一旦實現，人民必只成了一個只是吃麵包的動物。依是，它那個普遍性與理想性必是似是而非的，必只是一個虛幻的影子。人們不就此而揭穿它，正視眞實的普遍性與理想性，而却因它那極權專制的奴役過程，遂並普遍性而亦反對之，只退到那實然的原子的個體性，知性上的多元論，只是知識意義的是非論與價値論。吾人現在必須簡別出什麼是造成奴役的虛幻普遍性，什麼是保住理想、價値與個性的眞實普遍性。

三、虛幻的普遍性之造成奴役

原夫共黨所顯之普遍性所以是虛幻的，並且因之而形成極權專制，奴役人民，乃是因爲它把人文世界中一切價値性與眞理性全部予以否定之故。它如何能全部予以否定？首先，它把人文世界中由人之實踐以成就的各方面都視作外在的現實，全幅是病是弊的現實，而毫看不出其中的價値性與眞理性。本來，人之本道德理想以實踐，一成爲現實，自不能全如理想，流弊乃所不免。但是他們根本就不承認「本道德理想以實踐」這句話，故亦根本不承認這各方面的實踐中之價値性與眞理性。其次，它以普遍的唯物論再把人之生命全部予以物化，從根本上把道德心靈這個價値主體予以抹殺。如是，他們手中的普遍性只是由對于外在的現實之連根否定而投映，根本不是植根于人之自覺之道德心靈中。依是，那普遍性根本是由量的精神而投射，毫無質的意義，即，毫無道德價値的意義。其爲普遍性只是一個外在的虛映，若一旦落實，便只有窒息全社會而成一架機器，而人民則只是吃麵包的動物，機器中的螺絲釘。但是，它如何能落實？他們使它落實的動力是黨的組織與仇恨的心理。這仇恨的心理能發出狂熱僻執的堅情。因爲道德心靈這個價値主體已被抹殺，生命已被物化，人就只剩下了粗暴的激情與狡詐的機智。這激情，這機智，爲仇恨之心，爲「惡惡喪德」之心所牽引，而直向那虛映的普遍性以趨。這是他們的行動過程，在黨的組織中以前進的行動運程。他們把那虛映的普遍性用來籠罩人間的一切，用這普遍性把人民個個吊起來，使他們脫離其生命之根，而全懸繫於這普遍性上以成爲物化的螺絲釘。人本是人。但是要把人轉爲物化的螺絲釘，這就非奴役不可，使之起種類的改變：使人喪失其獨立的情感，喪失其獨立的意志，獨立的思想，總之喪失其個性，而成爲無個性。如是，人其形而螺絲釘其實。要奴役，非極權不可，非專制不可。把那虛映的普遍性硬壓下來落在人之生命上，這是人之所不願受不能受的。但是他們非强迫你受不可。如是那普遍性轉成奴役人民的教條，那發動激情機智的唯物論也轉爲奴役人民的教條。他們的行動過程就是奴役過程，而最後則是窒息全社會爲一機器，而人民則成螺絲釘，如是人間平等矣。此便是那普遍性之落實。

試就以上所述，整個以觀，共黨的虛僞造作確是代表一新文明，不是文明，是混沌，是新混沌的紀元。「日月出矣，而爝火不息，其爲光也，不亦難乎？」這新紀元，張東蓀先生解析爲徹頭徹尾一貫的科學文明。他用科學一詞有掩護的作用，因爲在這時代，科學是一個普遍好聽的名詞。其意是以科學的機械知識之本性爲模型，盡量擴大化，用於人間的一切行事，亦使人間人文世界整個成爲一機器。這是以普遍的唯物論吞沒科學的唯物論，亦可以說是以科學的唯物論爲模型，而盡量擴大化，以成一普遍的唯物論。故徹頭徹尾爲一科學一元的機械文明－混沌。這個新文明，其爲新是對舊的說。依張東蓀先生的意思，舊文明是承認有許多眞理標準的，故是多元的，如道德宗教是一標準，民族國家是一標準，家庭倫常是一標準，政治上的自由民主是一標準，科學知識亦是一標準。這無異於科學知識之「是什麼」以外，還承認有質的價值世界。這些標準中，只科學知織是量的，其餘都是質的。在以前儒家，天地君親師並建，這全屬人文世界與價值世界的。這裏就有四個標準：天地是一標準，君是一標準，親是一標準，師是一標準。這皆有其獨立不可化歸性。故儒家對於只有個人而無政府與社會之道家，只有社會而無個人與政府之墨家，只有政府而無個人與社會之法家，皆所反對，而對於法家反對尤甚。儒家這四個標準並建，故雖在君主專制政體下，人間猶有相當的疏朗，人民仍保有相當的自由。雖其自由並未進至民主政體而以法律形態予以積極的保障，並開出政治方面之更多的自由，然在此四標準並建之下，人間之疏朗性實潛隱着許多自由之可能。這四個標準實是網維着全幅人間的大憲法，尤不只政治上的憲法而已。今之共黨極權實是新式的法家，只有一標準：政府。舊法家是以法爲教，以吏爲師。新式的法家以馬克斯主義爲教，以幹部爲師。它的內容是那個虛映的普遍性與普遍的唯物論，它所造成的是全部人間爲機器，而人民爲螺絲釘。只有這一個標準是眞理。在此標準下，代表超越實體的「天地」沒有了，代表倫常的「親」沒有了，代表慧命相續的「師友」沒有了，代表客觀精神的民族國家，自由民主，亦沒有了。一切皆成爲科學一元的機械混沌，皆組於科學一元的機械系統中而爲一純量的整體。科學本是人之心靈之照察於自然界而成知識，今則以科學爲模型反而物化人間，窒息人之心靈。把屬於質的價值的成素全剷除了。在物化的，機械的，純量的觀點下，天地是沒有意義的，倫常孝弟是沒有意義的，師友是沒有意義的，民族國家，自由民主，個性價值等亦是沒有意義的。但是他們以爲凡是這樣行動能剷除這一些而使人成爲螺絲釘才是合乎革命道德的，有價值的。他們的普遍唯物論是道德判斷的標準。他們竟也襲用道德，價值，這一類的名詞。實是無奈他何。

第四、在什麼情形下普遍性始是虛幻的？

如果問，在什麼情形下，普遍性始是虛幻的，始造成奴役人民，極權專制的，吾必答曰：

一、純否定所投映的普遍性是虛幻的。

二、不能植根於人之自覺之道德心靈中而由道德心靈以透顯並反而能極成倫常孝弟，民族國家，自由民主，個性與人格價值的普遍性是虛幻的。

三、在脫離人之自覺之道德心靈而外在地置定或造作一概念或理論以爲普遍之教條，此普遍教之普遍性是虛幻的。（共黨的由純否定而投映之普遍性以及那普遍的唯物論都是虛幻的。西方中世紀教會所立之教條以及其自己對於聖經之解析所成之理論，與夫後來宗教改革中加爾文所立之教條以及其自己對於聖經之解析所成之理論，其普遍性都是虛幻的。凡堅執此等虛幻的普遍性而用之於政治，無不極權專制，奴役人民。此即王船山所謂「立理以限事」。中國宋明儒者對於大學亦有不同的解析，然無一派立爲普遍教條，假借政治權力以殘殺異己，而只視爲個人作聖之不同途徑。這裏亦產生不出教條。後來朱注雖定爲官學，然人民對於儒家經典以及諸子百家仍是自由研究，自由信從。這即是中國人之明白。他們講學無論如何不同，皆知收歸於自家心身性命上來，不是放出去以爲教條。這裏就顯出虛幻普遍性與眞實普遍性之差別。）

四、以上是人生最後立場方面最典型的奴役人民的虛幻普遍性。其次，凡就人文世界之某一現象或某一方面而抒發理論表示意見，此等意見或理論只能是社會政策一類，它的應用或實現只能是經驗的，歸納的，在民主方式下隨時斟酌損益的。如果把此等意見或理論冒出經驗，歸納，或民主方式以上，凍結而爲普遍教條，則其爲普遍性是虛幻的。此是由培根所謂洞窟之蔽擴大化而爲教條。由此推之，任何外在的特殊的主義或理論皆不能凍結而爲教條。一凍結而爲教條，其普遍性皆是虛幻的，皆可成爲極權專制，奴役人民。民主方式中不能有任何外在的主義理論塡於其中以爲內容，以爲教條，藉之以爲普遍的定常。民主方式本身就是政治上普遍的定常。至於在民主方式下所措施或所運用的外在事務方面，則只能「即事以窮理」，不能「立理以限事」。

五、推之，凡在知性上主客關係中，從客觀方面所把握的普遍性皆只能是經驗的，歸納的，服從知識意義的。若用之於人事，轉而爲行動之教條，其爲教條之普遍性皆是虛幻的，皆爲立理以限事。（西方基督教何以能成爲制作教條，殘殺異己，假借上帝以行至不仁之事？宗教本是最內在性的東西，上帝亦只能由個人最內在的神明以遙契。但是他們却把上帝推出去作爲只是超越而不內在的外在體，這還不要緊，最要者，他們不注重講習修證，成立心性之學，如何使自己生命中的神明與上帝的神明相接通，而只轉而爲外在地解析聖經，設立教條，以使最內在的，純從主體以昇進的宗教，成爲知性上的對待關係，使吾人之生命與上帝處於一種主客的對待關係中。這其間的搭橋者就是教會的教條。這是其制作教條殘殺異己之最本質的關鍵。本是只干於己的，却轉而成爲干涉人的。這也是外在地立理以限事，立教條之虛幻之理以限眞實的宗教之事。故凡不回歸於道德主體以顯普遍性，而只落於知性上的對待關係，自外面立教條以爲普遍性，則未有不虛幻而流於殘刻者。此則與上帝不上帝，並無關也。）

可是若一旦沒有了那外在的教條，或教條不起作用，則他們就全陷落而爲流俗之嘻嘻哈哈，其文化之精采只在科學與機器，而人的位分與貞信則全不見了。他們總是在激情的激蕩上討生活。

當人們見到了那外在的教條，外在的普遍性，足以造成極權專制，奴役人民，就不分皂白地深厭普遍性而不敢再談了。那外在的教條，外在的普遍性，都是有「絕對的」一屬性；並且還有兩個作用：一是「統一」，（有普遍性才能統一），二是「整體」或「綜體」，（有普遍性才能形成整體或綜體）。因此，並絕對，統一、整體或綜體，亦深厭，而且凡講普遍性的，他們都名之曰絕對主義，視之與極權專制爲同類。能看到外在的教條與外在的普遍性之虛幻性與災害性，當然是睿智的。但不分皂白地抹殺人文世界價值世界中的普遍性，則亦有兩個窒息生機的歸結出現：

1.只剩下知識意義的普遍性，邏輯定義所把握的普遍性，經驗的，歸納的普遍性，而此則只是知識，並不可以作指導人生實踐的理想。

2.在實踐生活範圍內，只剩下實然的，原子的，個人主義的個體性，其自由是任意任性之主觀的，激情之衝動的。

在此兩歸結下，如果前一歸結作主，則人間必將只有知識意義與技術意義的是非價值，而不能有當然的，道德意義的是非與價值，如是人間必將只成爲科學一層知識一向的機械文明，而將自然地流於癱瘓狀態，停滯狀態。共產黨以其普遍的唯物論與那由純否定而投映的虛幻普遍性，大力奴役人以至此，今則只以科學一層知識一向的科學實然論（亦即唯物論）即可自然地而至此。如果後一歸結作主，則實然的，原子的，個人主義的個體性以及激情衝動任意任性的自由必將造成混沌暴亂而至於無政府狀態，由之而激起另一極權專制之反動。此在歷史上乃屢見不鮮者。中國近數十年來民主建國不成，自由民主不能向政治上用，脫離民主建國之中心課題，下落而爲日常生活之氾濫，遂有共產極權之反動。下面散亂放縱，上面即極權專制。此亦其一例也。

或者說，我們只要有民主政治就行了，不必再講什麼普遍性。我們在民主政治下，有權利有自由，我們也維護民主政治這個制度與軌道，因此我們也守並且盡民主政治所定的法與所給的義務。因此我們的自由不是任意任性的，不是放縱氾濫的。曰：此正好。我們正要如此。但是須知民主政體，在人類歷史中，不是從天上掉下來的，不是現成取得的。乃是要人的自覺與奮鬥而創造出的。天然權利，天然自由，人生而自由，這只是所預設的「自然狀態」，抽象地說的「人之爲人」。若在發展中看，在自覺奮鬥中看，這些都要在已創造出的有效的民主政體下得其充分實現與客觀而有效的（即法律的）保障。如是，民主政體本身（只是一個可以發出民主的運用的架子）即是一個普遍性，其中充分實現而有法律保障的種種權利與自由亦表現一普遍性。（雖落在個人身上，是我的權利，我的自由，但法律所肯定而保障的，却是你如此，我如此，個個如此，這就透顯了公共性，亦即普遍性。）而肯定而保障這些權利與自由的法律本身尤其表現一普遍性。這普遍性，從其爲名詞上說，好像很嚴肅，是一個很嚴肅的哲學概念，然落實了，則只是表示人在政治自覺中照顧自己，照顧他人，自覺地創造並維護民主政體之「理性的精神」或「客觀的精神」。可是這精神，（如果不喜歡，就說這點意思亦可），就透顯一普遍性，在創造民主政體之實踐中透顯一普遍性。這普遍性不是自外立的，乃是從人性主體中，從道德自覺的心靈中，發出的。這是一個眞實的普遍性，能相應民主政體而形成之的眞實普遍性。人性主體，在人的主觀實踐與客觀實踐中，隨所要成的種種形態的成果，能發出與之相應的種種意義的普遍性。實踐如果眞是人的，自覺的，則在實踐過程中，那種種意義的普遍性便都是些指導原則。依是，在我們知道了什麼是虛幻的普遍性後，仍須在實踐中從人性主體處透顯眞實的普遍性。

五、眞實普遍性與虛幻普遍性之本質的區別

眞實的普遍性是不能沒有的。我們前說，普遍性是表示人之自我超拔，亦由人之自我超拔而顯示而透露。人不能安於物物交引中，即必有自我超拔。有自我超拔，即必然會透顯眞實普遍性。眞實普遍性就是理想之根據：理想由此呈現，亦因此而得規定。眞實普遍性，從後面說，必須由人性主體（道德自覺的心靈主體）而發，即必須基於人性，植根於人性，而從前面說，則又必須落實了能成就並保住倫常，孝弟，民族國家，自由民主，個性與人格價値，並因之而引起歷史文化之創生不息，隨時調整現實，糾正現實，並創造現實。這是眞實普遍性之所以爲「眞實」之基本原則。

眞實的普遍性使吾人生命得到眞實的客觀意義與理想意義。普遍性不能從外立，理想亦不能自外寄。但是人們若不能自內在主體透露眞實普遍性，則那自外而立的虛妄普遍性亦可引人盲爽發狂，向之而趨，猶如陽焰迷鹿，撲火燈蛾，必至焚身而後已。虛妄的普遍性引生虛妄的理想：看起來好像是理想，其實不是理想，而只是一個影子。它是無體的，因爲引生它的那普遍性是虛妄的，無根的。它是不能有所成的，因爲一落實，它就被拆穿，因傷生害性使全社會窒息而歸於破滅虛無之故而被拆穿。因此就知它完全是一個似理想而非理想的影子，而根本是不能有所形成的。它之具有理想的作用，完全是在狂趨的過程中，半途中，而且這過程這半途是永遠不能停止的。一旦停止，亦如那理想之一

落實，便會完全被拆穿，破裂撕滅而歸於虛無。因此，它是不能站住其自己，亦不能實現其自己。它是不可實踐的，因而亦是不可實現不能實現的。它只有引着生命狂趨的作用，猶如飲鴆止渴，或望梅止渴，或畫餅充饑。這實在是不能止不能充的，而且徒耗傷自己的生命。它是一個不能見陽光的黑影，永遠吊着你，讓你去追。人在狂趨過程中，其生命也好像得着一種客觀的意義與理想的意義，其實不是。因爲這狂趨過程是不能停止的虛無流。在狂趨過程中，那影子不可實踐，無所成，所成的只是毀滅與奴役，而在吾人之生命上，彼亦無潤澤之功德，而只有耗損之毒力，是則生命不能說有客觀的意義與理想的意義，而只能說是生命入魔，神不守舍，生命離開其自己之中心而「向外紛馳」而已。即在此向外紛馳上，似有客觀的意義與理想的意義，然而似之而非也。亦如那虛妄的普遍性所引生之理想之似之而非。

眞實的普遍性引生眞實的理想。此理想是可實踐的，因而亦是可實現能實現的。因此，它亦是有所成的，它亦能潤澤吾人之生命。因此，吾人之生命在此實踐過程中亦眞能取得一眞實的客觀意義與理想意義。凡有所成，始能說「觀」。故曰「貞觀」。生命因其人性主體之發露此普遍性，取得一眞實的主觀意義（或主體意義），即因其爲主而即自主以觀之，成爲主即能貞此主之觀。因發露此普遍性而即在實踐中實現此普遍性以期有所成，則生命即取得一眞實的客觀意義與理想意義。在實踐中實現此普遍性，即是此普遍性之客觀化，滿足化。普遍性客觀化，吾人之生命亦因而客觀化，有客觀意義。即以此普遍性之成爲客而即自客以觀吾人之生命，成爲客即能貞此客之觀。在實踐中生命向此普遍性之實現而趨，即具有理想的意義。因爲無論主客方面，皆可貞觀，故此眞實的普遍性與眞實的理想皆可潤澤吾人之生命而步步有所成。此非神不守舍向外紛馳也。紛馳不已而歸于虛無，旣無所貞，亦無可觀。在實踐中，眞實的普遍性旣成主體與主觀，亦成客體與客觀，而且主客觀永在內在的凝一中以前進。至若那虛妄的普遍性，因其不由內在主體顯，故旣不能成主體，（此時生命只是一混沌的狂馳，不成其爲主體），亦不能成客體，因只是一虛無之狂馳，毫無所成故。（教會外立教條以縛已而干人，視生命爲罪惡，不能接通神明以成修證，故主體不立，聖證不成，只落于激情之激蕩。此無可諱言者。）

六、真實普遍性之成就

前第四段末所說「人性主體，在人的主觀實踐與客觀實踐中，隨所要成的種種形態的成果，能發出與之相應的種種意義的普遍性」，此中主觀實踐且不論，茲就客觀實踐而言之。能發出與之相應的普遍性即是反而根據此普遍性要去成就它所相應的。此普遍性就是它所相應要成的之「超越的根據」，依此超越的根據，即予它所相應要成的以「超越的安立」。有此超越的安立，我們得以對于它所相應要成的有一「定然的肯定」與不可搖動的信念。例如：

1.對家庭倫常關係言，人性主體就要發出孝弟慈諸普遍性，以成就其爲天倫。此在宋儒名曰天理。有天理而後天倫成其爲天倫。天理是定然的，絕對的。（這裏用「絕對」，注意）。天倫亦是定然的，絕對的。我們總不能把家庭倫常關係只解爲生物學的（男女性欲），經濟的（父親握有財產權），政治的（父親統治子女），以備共黨之以階級標準來化除而至于弒父殺兄。設把孝弟慈諸普遍性之天理抹掉了，你有什麼理由維持你的肯定與信念而抵禦共黨之邪行？孝弟慈諸普遍性之天理就是仁心之所發，亦是仁心之所存。這是定然如此，無條件的，故亦爲絕對的。你沒有權利繞出去用成科學知識的方法把它化除或抹掉。這些定然如此的普遍性使天倫成爲天倫，使家庭關係成爲一諧和的統一與整體，這種統一與整體爲何不可說？爲何便是與極權奴役爲同類？

2對個性與人格價值言，人性主體就發出成就並肯定個性與人格價值的普遍性。個性得以肯定之超越根據是在每一個體有其仁義禮智之天理，仁心之天理，而且他這個體要去表現或實現這天理。我不能私有天理，我就得肯定個性。我私有天理，我就封閉了天理，貧乏了天理，扼殺了天理。我肯定個性，人人皆可獨立地實現天理，則天理便敞開，便豐富，便活轉。個性之得以肯定是因它有一價值主體，並且因它要在具體生活中實現價值。若把個體只解爲一大堆細胞或原子之結聚，一串一串的心理現象，生理現象，生物現象之結聚，則只成一物理的個性，生物的個性。如是你有什麼理由得以抵禦共黨之視個性只爲小資產階級的鬧情緒，因而即予以抹殺之，芻狗之，奴役之？個性不能肯定，人格價值又何能肯定？價值主體之天理之普遍性，仁心之天理之普遍性，使吾人的人格爲一統一的人格，使吾人的個性爲一獨特的整體，這種統一與整體爲何不能說？爲何便與極權奴役爲同類？

3對自由民主言，我們前面已說，民主政體本身就表示一普遍性，各種權利以及保障權利的法律亦表示一普遍性。民主政體是要自覺奮鬥以創造的，如是這些普遍性便不能不是從創造的道德心靈（內在主體，人性主體）而發出。這些普遍性爲民主政體之超越根據，亦反而成就這民主政體。民主政體就使社會成一諧和的統一與整體。沒有民主政體的，要創造，阻碍民主政體的，要打倒。若謂民主政體本身不表示社會爲一諧和的統一與整體，則只有革命打架是民主，民主政體亦不表示一秩序。此可乎？如其不然，則爲何不可就此說統一與整體？爲何便與極權奴役爲同類？當人自覺到民主政體是合理的，公道的，則成就民主政體的普遍性便是定然眞的，絕對眞的。

4對民族國家言，國家是一民族的集團生命在民主政體之成立中而被建立起。國家旣不是一個破碎，它當然是一諧和的統一體與整體。成就國家的普遍性與成就民主政體的普遍性是相同的。黑格爾說：「國家是主觀自由與客觀自由的統一」。在民主政體之成立上，我們亦可以這樣說。如果英美的民主政體眞已達到相當的程度，則此原則亦可用得上，並非單適合拉克，米爾，羅素等人的思想。人要自覺其是一個性，此即函種種權利與自由之肯定；亦要自覺地去設定法律以保障權利與自由。此設定法律之精神便是客觀的精神，客觀的意志。黑氏于此亦說客觀的自由。因黑氏本主精神之本質即是自由。精神之表現即是自由之實現。自由之主觀的實現即是主觀自由，此即人自覺其是一個性，自覺地要求有種種權利與自由之肯定，此自覺此肯定即黑氏所說的「主觀自由」。（此自由與「種種權利與自由」中之自由不同。）自由之客觀的實現即是客觀自由，此即是法律之設定。主觀自由是從個主體本身之自覺，自覺其是一個性，而看的自由，客觀自由是從超越于個個主體以上之自覺，自覺要設定法律，而看的自由。這根本是精神的兩種自覺。散開的種種權利與自由不能不通着人的自覺說，不能不通着精神的表現說。黑氏所說的主觀自由與客觀自由是就人的自覺與精神的表現而言的。這兩種自覺，兩種精神的表現，必須在統一中始能完成民主政體。人之自覺要設定法律之客觀意志，（法律既成便說是客觀自由），並不是單繫於大皇帝一人之偏面的隨意的設定，若如此，則法律便是停在主觀狀態中，停在大皇帝一人之主觀意志中，而不能客觀化。人之自覺要設定法律是在各個體之自覺之主觀自由之制約中或共許中而設定，是在各主觀自由中皆表現客觀精神而設定，此即是主觀自由（意志或精神）與客觀自由（意志或精神）之統一。這並無難解處。人只有主觀自由而無客觀自由，則其個性與權利即不能有保障，亦即不能法律化或客觀化。民主政體之成立是如此，國家之成立亦是如此。國家，（如黑氏所說「知一切人是自由的」之國家，亦即近代化的國家），是緊扣着民主政體之建立而建立，故國家亦是主觀自由（意志或精神）與客觀自由（意志或精神）之統一。不過民主政體是單就政體說，而國家則就此民主政體以及其所籠罩之全社會整個說。國家既不是一個破碎，它當然是一個統一或整體。但此近代化的國家之爲統一或整體是各個體各部門皆有其個性與獨立性而又互相照顧着所成的一個諧和的統一，異質的統一。它後面的普遍性是發自人性主體，而又能相應國家內各分子各部門而分別地成就之而又綜和地關聯之的普遍性。這不是任何一個人所能强加的强制的，亦不是從外面立的一個教條或虛妄的普遍性，爲人民人性所不能接受，而硬壓下來加諸人民上。若如此而成的統一與整體，則當然是奴役，是專制。然此統一只是對於抽象的數量分子的統一，此整體亦只是約束抽象的數量分子而成的整體。共黨對於人民社會即向此模型而趨。此豈可爲訓乎？（因人乃一具體的存在，質的存在。）近人只知統一是這種統一，整體是這種整體，無怪其深厭而不敢談矣。

以上列舉四項，可知梗概。吾人必須透徹眞實普遍性，然後始可語於理想。透徹普遍性成就人文世界以爲剛骨建築，然後始可抵禦共黨而克服之。在共黨之打擊下，吾人實應正視這一切而令其進入吾人之生命中，成爲不可搖動之肯定與信念。此本平常。然在共黨之打擊下，則重新覺悟，平常即奇特。當年宋儒爲抵禦佛教，而重講孝弟。孝弟本平常。然在佛教之迷惑下，則平常者即成剛骨矣。故理學興而佛教衰。人間有了新生命，新理想，新氣象，而可爲人世之貞觀矣。

調整現實，糾正現實，創造現實，以推動歷史文化，亦必本於由人性主體而透露眞實普遍性，在肯定並經過這些剛骨建築中以前進。決不能抹過去或繞出去而另有開端以前進。抹過去即毀滅，繞出去即歧出。不可不平心以察也。

人文主義的基本精神

吾人講人文主義，不外是把文化意識提高。文化意識之消沉，其徵象，一方爲共產黨的唯物論，一方爲時風中的理智主義。共黨的唯物論，不是哲學史上純哲學理論的唯物論，而是落到生命上，把不可以「物化」的而使之物化，視人純爲一物質的機器，不把人當人看，把生命中的人性、正義、理想、價值，全予以否定，此不得不視人民爲芻狗。惟物化人，才可以芻狗人。因此，文化意識之提高，即是反物化。這是人文主義的基本精神之一。

時風中的理智主義是只承認「經驗事實」爲學問的唯一對象。而研究這經驗事實的機能就是「理智的分析」。理智主義者在主體方面，只承認「理智的分析」。因此，他們只成了理智一元論，科學一層論。在主體方面，理智活動以上的情意心靈乃至理智本身的內在根源，他們不視爲學問的對象，也不認爲這裡有大學問。因此，人生全部活動的總根源，成了人類心思所不及的荒地。你愈不注意它，它那裡便愈荒涼，愈黑暗，而人生也便愈盲目，愈混亂。以前的人，總是在這裡講學問。這就是所謂「明明德」。這是正本清源的學問，也是道德宗教的根源。在這裡始轉出聖賢的教化，而人間的一切人文活動也從這裡開出。但是你必須知道這不是經驗事實（亦稱官覺事實），也不是理智分析所能排比爬疏的。時風中的理智主義者就因爲不能承認這一點，所以才成爲理智一元論，科學一層論。他們雖不像共黨那樣自覺地堅持唯物論的物化，但他們停滯于官覺事實與理智分析而不轉，也是流入只認有物不認有心的道地的唯物論。惟他們並不像共黨那樣自覺地從原則上樹立唯物論的立場，他們只是停滯于官覺事實之一層，因而不自覺地成爲自我封閉的事實上的唯物論。這種自我封閉的事實上的唯物論，是理智主義的僵化。這種僵化也足以窒息人性、正義、理想、價值之開發，轉而成爲價值觀念之泯滅。因爲事實一層是沒有價值觀念的，理智分析是將一切外在化而爲平面的。人性中的父慈子孝，兄友弟恭，是經不起理論的追問的。正義、理想，這都發自于不容已的心願。在事實一層，理智一元的窒息下，這種提撕人間，樹立人道的立體形的心願都被抹平了。這種風氣正好是替共黨開路的。文化意識之提高，不但是根本上反共黨的物化，而且還要提醒理智主義的僵化。這是人文主義的基本精神之二。

消極方面是反物化反僵化，積極方面便是價値觀念之開發。價値觀念之薄弱，有意無意地被糟蹋，無過于今日。價値觀念之開發是人文主義的基本特徵。

依此價値觀念之開發與點醒，吾人以爲在人文主義的系統內，必須含有三個部門之建立：一、道德宗教的學問之綱維及其轉爲文制而成日常生活方面的常軌，必須予以充分的重視。即必須在科學知識以外，承認有更高一層，更具綱維性，籠罩性的聖賢學問之存在。這方面的開發與承續，從學問方面說，名曰道統之不斷；從文制方面說，名曰日常生活方面的常軌之建立。二、作爲政治生活的常軌的民主政治，必須視爲生命中生根的眞實理想，疏導出其基本精神與價値，而促其實現。這裡含有人類客觀精神的奮鬥史。必須疏導出中國的文化生命裡何以未發展出，西方的文化生命裡何以會發展出，而且必通曉政治形態之發展與轉進。這方面的開發與承續，吾人名曰政統之不斷。三、科學代表知識，這是生命與外界通氣的一個通孔。吾人必須了解它的基本精神與特性，必須疏導出中國文化生命裡何以不出現邏輯、數學與科學，西方文化生命裡何以會出現。這是知識方面「學之爲學」的問題。這方面的成立與繼續，名曰學統之不斷。但必須不要落于理智主義的理智一元論，科學一層論。因爲這是反人文的。

以上三部門是這個時代的人文主義所必函攝。沒有一面是可缺少的。吾人以下試略申其義。

關于道德宗教方面，吾人必須知這是「人道之尊」之總根源，價値所從出之總根源。人性之尊嚴，人格之尊嚴，俱由此立。人間的理想與光明俱由此發。宗教不是外在的迷信，乃是人生向上之情，期有以超越其形限之私之不容已。而此不容已也就是人之「內在道德性」之發見處。是以道德也不是外在的乾枯條文之拘束，而是內在的向上之情，人之所以爲人的「絕對主體」之透露，使人成爲一眞正的人，從爲感覺的，形限之私的奴隸之中解放出來；乃是人格之大開展，心靈之大開擴。以前聖賢立教總是在這裡點醒人。這不是科學，也不是知識，這是德性之自覺。人一旦忘了這裡，這裡成了荒涼之地，則人們日趨于卑俗凡庸，而毫無高貴之念，價值之感。人生亦日趨於萎縮苟偷，而無天行昂揚之德，因而任何有價值的事業制度亦創造不出來。共黨必把人性中這一點光明之根，古人稱爲秉彝，斬斷而使人化爲物，故其造孽如此之深。現在對共黨的荼毒，人性的覺醒，人道的覺醒，正是其時，而聖賢所開出的道德宗教之教訓之須要開發與繼續，亦正是時代逼迫出的需要，大勢所趨人心迫切的要求。如何理智主義者尙僵化而不覺？

復次，聖賢學問，亦不徒學問而已，（當然更不是知識的學問。）吾人之注意它，亦不只是作德性的呼喚，恢復吾人的天行昂揚之德。它還具有文制的意義，吾人亦注意它如何再轉爲文制之建立。譬如，在西方，宗教就只不是他們的德性生活的靈感之來源，而且爲日常生活的常軌，此就是其文制的意義。在中國，孔孟的禮樂的教化，亦不只是吾華族的德性生活的靈感之來源，而且亦成爲吾人日常生活的常軌，如倫常、喪祭之禮等，這也是其文制的意義。吾人今日開發承續聖賢學問的統緒，亦必須深切注意到如何再使其轉爲文制的建立。蓋人不能只有科學知識，即算完事。科學知識不是文制。吾人亦不能只有民主政治即算完事。因爲民主政治只是政治生活的制度。人不能不有日常的生活。無論科學家、政治家、智、愚、賢、不肖，皆不能不有日常生活。依是，就不能不有日常生活的常軌（文制）。在社會崩解的時候，道揆法守皆歸絕喪，則人即無日常生活的常軌。個個皆拔根，皆落空，其苦自不待言。而且不只苦而已，且橫衝直撞，氾濫決裂，生命即不能保。再茫然決裂下去，人類勢必歸于淘汰。「魚相忘于江湖，人相忘于道術」。有江湖爲其底子，則魚可相忘而保其活命。有道術爲其底子，則人可相忘而保其天年。日常生活的文制就是魚的江湖，人的道術。聖賢學問、道德、宗教方面的教訓之不容忽視，就在這裡。此豈可以科學知識邏輯根據來衡量乎？吾人今日講人文主義，首先注意到人性的覺醒、人道的覺醒，反物化、反僵化、把人的價值觀念開出來，其次就要注視到由這種覺醒如何轉爲文制之建立以爲日常生活之常軌。這兩面合起來就是張橫渠所說的「爲天地立心，爲生民立命，爲往聖繼絕學，爲萬世開太平。」現在生民實在是沒有命了。建立日常生活的文制就是爲生民立命。其餘三句都由此一句而彰顯。吾人之所以講人文主義，而不如俗輩之只注意于科學與民主，正因爲這個時代的問題是已接觸到根本的整個文化問題，不能不上下貫徹通到本源。道德宗教方面的道統之不斷，正是人文主義所必通徹的本源形態。僵化的理智主義者是根本不能了解這一點的。

關于民主政治，我們必須知道這是近代化的政治生活方面的常軌。這個常軌的建立之動機，就是人們已經覺識到，對于無限體的皇帝，有依照一政治法律形態的制度來限制他的必要。有這麼一個制度，則超越而在上的，是憲法，不是個人。社會的定常（國家政治方面的）是由具體的個人之世襲轉而爲一個虛的客觀的制度。這就是政治生活所依據的一個架子，或舞台。這個架子是虛的，而其所寄以有效的實體，則在政權之由在具體的個人之世襲處轉而在人民處。此即是所謂民主。政權在民，就是人民得以依據一個制度（憲法）來限制他們的元首與更替他們的元首。像這樣產生出來的元首，有時他可以專權，但他不能專位。中國以前的治權是很民主的。春秋「譏世卿」，則治權之不得專（即開放），自古已然。惟政權則是由打天下而來，綿二千年之久，始終寄託在打天下的個人之世襲上。這點不轉即不能算民主。而我們必須知道這一層的轉出實在是很難的。辛亥革命以來，一直擾攘到現在而有共黨極權專制之出現，還正是因爲這一層未眞正轉出之故。而這一層之轉出，則寄託在人民之爲「政治的存在」之覺醒。人民不能覺醒其爲一政治的存在，不能算是眞正的公民，對于國家政治法律即不能算是有責任。關于這點，我們必須知道中國以前的人民是不曾在一個國家政治法律的組織之中的，他們只是羲皇上人。孔孟立教，及後人繼之而發展的儒家學術，其轉爲文制，只是日常生活的文制，始終未轉出政治生活的文制。其成爲日常生活的文制即是所謂五倫，而五倫之表現只是限于所親或所識者，這只是在有具體的關係處表現。君臣之間有忠，這是一倫。但是君與民間，臣與民間，便不是具體的關係。就在這一個非具體的關係上，始見出五倫對于近代化的國家政治法律之成立是不够的。以前，在這一個關係上，沒有眞正的客觀的政治關係之建立，故政治形態始終是停在君主專制上。這即表示君是一個超越的無限體，而民則是被動的不自覺的羲皇上人。君與民這兩極端，民一端若完全沒有起來，則君一端即不能有政治法律形態的制度來限制。這兩端間的眞正客觀的政治關係不能建立，則以士大夫組成的宰相系統，掌握治權者，即不能有眞正的客觀化。這點是了解中國文化發展，儒家學術發展的大關節。以前的儒者、思想家，每至此而窮。須知光以道德教化的形態來限制皇帝是不够的，光是「自天子以至于庶人，一是皆以修身爲本」，這一層，光是內聖的正心誠意，這一層，對于君民之間眞正的客觀的政治關係之建立是不够的。這即表示以前儒者所講的外王是不够的，有推進一步的必要。

我們必須知道從周之貴族政治到秦漢後的君主專制是一大進步，從君主專制再進到民主政治又是一大進步。這一個政治形態的統緒必須要認清。從儒家學術方面說，現在講外王一義必須函攝近代化的國家政治法律之建立。在從事政治活動的人方面說，必須了解這個政治形態的統緒，而以民主政治之實現爲其生命中眞實之理想。我們現在的人文主義必須含有近代化的國家政治法律之建立這一義，即必須含有外王之重新講這一義，這就構成今日儒家學術之第三期的發展這一使命。（第一期爲由孔子至董仲舒而建造漢朝大帝國。第二期爲宋明理學。）近代化的國家政治法律不能建立起來，儒家所意想的社會幸福的「外王」（王道）即不能眞正實現；而內聖方面所顯的仁義（道德理性），亦不能有眞實的實現，廣度的實現。我們必須了解民主政治之實現就是道德理性之客觀的實現。我們若眞知道道德理性必須要廣被出來，必須要客觀化，則即可知民主政治即可從儒家學術的發展中一根而轉出。只要知道政治之不斷，即可知道德理性之要求客觀實現之不容已，這就是民主政治之必然轉出之文化生命上的根據。

關于科學知識一面，我們必須知道，儒家在以前所確定的文化模型，雖是仁智合一的，然畢竟是以仁爲籠罩，以智爲隸屬者。這不要緊。仁當該是籠罩的，智當該是隸屬的。要者是：在以前儒家學術的發展中，智始終是停在聖賢人格中的直覺形態上，即智慧妙用的形態，圓而神的形態上；始終未彰著出來，成爲其自身之獨立的發展，因而亦無其自身之成果。即智沒有從直覺形態轉而爲「知性形態」。它總是上屬而渾化于仁中，而未暫時脫離乎仁而成爲「純粹的知性」。因此，邏輯數學都出不來。智，必須暫時冷靜下來，脫離仁，成爲純粹的「知性」，才有其自身獨立的發展，因而有其自身之成果，這就是邏輯、數學與科學。智成爲純粹的知性，才能與物爲對爲二。而中國以前則必講與物無對無二，這就是王陽明所講的心理合一之良知的天理。在心理合一之良知的天理中，智是不能與物爲對爲二的，因而亦就不能成爲純粹的知性。智不能轉爲知性，則其所對之「物」（即「自然」）亦不能外在而爲純粹的客體，即不能爲研究之對象。「知性主體」一呈現，則運用不能不是邏輯的。此即爲「邏輯理性的我」之所在。因此，邏輯數學都在這裡成立。此即爲純形式科學之成立。知性主體攜其邏輯數學的理性的運用而觀解外物，則「自然」始成爲眞正的知識之所對，成爲純粹的自然物，只就其爲一物而理解之。如是，方能發見其律則，而自然科學始能成立。此就是西方文化所以出現科學的基本途徑，中國以前儒家講智是統攝于仁中的「神智」（即智慧妙用的直覺形態）。神智的表現是越過邏輯數學的途徑的。孔子與孟子都講仁且智。此智即是聖賢人格中的「智」。易經亦言「智周萬物」。此智即佛家所謂「悲以潤慧」之慧。此種智或慧都不是「知性主體」之智。此義，經過理學家而發展到王陽明，完全徹底透出而確定。這只是本源形態中的智，或德性中的智，因以前儒者講學，唯在此用心也。此則只呈現「德性主體」，不呈現「知性主體」。德性主體中的智既必與物無對無二，而其表現亦是「非邏輯數學的」，故其所觀照之物（自然）亦不能外在化而爲知識所對的客體，它必內在化而與自家生命息息相通，因此，「自然」既富有藝術的情味，亦彌綸之以道德的意義。（案：本段有「觀解」與「觀照」兩詞，其意不同。須注意）。儒者講學所表現的「智」既是聖賢人格中的智，則在此文化生命中過生活的一般人的智便只是感觸的，實用的。從前者說，未轉爲知性主體，從後者說，未進于思想階段，亦仍不表現知性主體。在此兩種情形下，邏輯、數學、科學是出不來的。這就是中國文化生命發展的限度，它未發展到這一環，因而亦可說缺少了這一環。與它未發展到民主政治（即近代化的國家政治法律）那一環，因而亦缺少了那一環同。我們今日的人文主義必須疏導出這一環，一如我們之重新講外王。這樣才眞能充實儒家學術而構成其第三期發展之特徵。

我們必須知道，在智未轉爲知性主體，邏輯、數學、科學出不來的文化形態下，知識方面的學統（即「學之爲學」的成立及其相承的統緒）是不能出現的。此中國之所以只有道統而無學統之故。我們必須知道：道德宗教方面的道統以及國家政治法律方面的政統，都是「實踐的」：一是個人的，聖賢人格的，一是集團的，客觀組織的。唯邏輯、數學、科學方面的學統，則是「觀解的」。此是整個實踐過程中的一個通孔。這一通孔缺少了，實踐即成爲封閉的。照一個人的實踐說，一個文化生命裡，如果學統出不來，則在此長期道德宗教的文化生命中，聖賢人格的實踐很可能膠固窒塞而轉爲非道德的，而其道德理性亦很可能限于主觀內而廣被不出來，而成爲道德理性之窒死。照集團的實踐說，如果這個通孔缺少了，則眞正的外王是很難實現的。此中的病痛，在中國的文化生命裡已經表現的不少了。此今日之講科學與民主者並非無故也。惟如時風中的理智主義之講科學與民主，則斷斷乎一無所成也。

儒家學術的發展正需要有第三期的發展。吾人今日之講人文主義，正應此時代之要求而擔當此使命。此上略言其綱領。詳細闡述，則非此文所能盡。

人文主義的完成

日人三木清原著「西洋人文主義的發展」，曾由友人徐佛觀先生譯出刊於「理想與文化」第九期。三木清原纏述很詳確，而簡別提撕則不足。故再據以撰爲此文，以應斯世之所需。

一、西方文化史中人文主義不彰顯之故

在西方學術思想傳統裏，人文主義不是主流。而且它也是潛伏在那裏，時隱時顯，因此它始終沒有彰顯出來，完成其自身之系統，以爲領導其文化生命前進之骨幹。這原因是在：它的學術傳統是從「客體」方面說話，這是希臘下來的一個大傳統。從客體方面說話，其心思是在把握外物之理：從根據經驗以成知識言，就成功各種科學；從反省經驗而向上翻言，就成功哲學上的外在形上學，或是本體論，或是宇宙論。而這都是在企圖把握外物之理，不過有科學的把握與哲學的把握之不同而已。復次，從客體方面把握外物之理，主體方面最當行的機能就是「理智」；理智撲着外物以活動。主體，若只停在撲着外物以活動的理智上，是很難講人文主義的。理智限於經驗以成知識就是科學，反省經驗就成功外在形上學。反省經驗，而主體之門不能開，只停在理智一層上，則外在形上學亦難站得住，如是或取銷形上學，或只限於智識論，這是現代西方學術的趨勢。惟一能開主體之門的，是康德。主體，有理智主體，（亦曰思想主體），有道德主體。所謂能開門，就是能切實認識理智主體，而且又能透至道德主體。康德的純哲學唯是從主體方面說話。這在西方是很特出的。所以順康德的傳統下來能講文化與價值。這就開了人文主義之門。但是康德畢竟是一個純哲學家，他一生所從事的也是純哲學，他並沒有單講人文主義，也沒有自居於人文主義而說話。他的工作還是屬於純哲學的範圍內，不過與希臘的傳統不同而已。而凡是直接順希臘傳統下來，而不能再深入以致其內部之曲折的，亦總

是不解康德。若再廣泛言之，凡是從客體方面說話，只停於理智一層上，亦總不能解康德，因而其離人文主義亦愈遠。康德雖是已開主體之門，因而亦開人文主義之門，然適已說過，他的工作畢竟還是純粹哲學的事。依是，凡是從事哲學活動的人，遊息於西方哲學的氛圍內，總是隔人文主義很遠的。這雖是學者的自限，（不是理自身有什麼衝突，）亦可見在西方學術傳統內，人文主義尚未到凸出的境地。

另一個原因是在基督教。耶穌的宗教精神是神本，不是人本。他自己的生命，就是在放棄現實的一切甚至其自己的生命而回歸於上帝，因而亦就藉其回歸於上帝的宗教精神，而歸證那個高高在上獨一無二的眞神，即純粹的絕對。所以他所成的宗教自身，就是「非人文的」（Non-humanistic）或超人文的。雖然他在顯一個眞理的標準，而順基督教下來，亦可作人間的活動，（因而形成西方基督教的文化系統，）然而他之立教，究竟不是貫通天人而為言的，即畢竟不是直下植根於道德主體而下貫於人上徹於神。他是一刀兩面的精神，此即吾所謂隔離的宗教。吾友唐君毅先生名之曰偏至的聖賢型。（見「孔子與人格世界」一文。民主評論社，人文叢書之一。）耶穌在其宗教精神上，亦沒有開主體之門，沒有從人方面樹立起主體來，沒有通過人的主體之樹立而上徹於神。他樹立了神這個主體，而沒有樹立起人的主體。在人這方面是個空虛。所以人文主義之門在基督教裏並沒有開出來。

順基督教下來是神本，順希臘傳統下來，從客體方面說話，停於理智一層上，是物本。這兩個本，在西方的文化精神下，學術傳統裏，特別彰著。而在這兩個本的夾逼下，把人本悶住了。所以人文主義在西方始終抬不起頭來。

二、西塞羅主義時代人文之特性

但是，人文主義，在西方文化史中，在時代精神或學風時風的轉變或形成上，總常起作用，因而時隱時顯，在隸屬的層次上，盡它時代上的使命。它所盡的責任，它的使命，不在科學，不在哲學，亦不在宗教。所以若從這三方面說，它一無成就。由於它的起作用而下來的成就，大體可以說是在國家政治以及社會生活形態方面。這可以看出人文主義的特性。它是從外傾於物，外傾於上帝，而收回來，從觀解或默想對象而收回來，而歸於客觀的實踐上：國家建構的實踐，政治生活或社會生活的實踐。在中國，人文主義徹底透顯，成為領導文化生命前進之骨幹。所以中國文化以及其學術傳統也是成為道德政治的實踐形態。不過在中國是主流而且彰顯，在西方未彰顯而成為主流而已。然其意義作用與使命，則是相同的。

在西方，因為人文主義不是它的文化生命之主流，所以它是在歷史的一定時期，歷史的一定條件下而出現，而發展。人文主義一概念，在希臘並未成立。其成立是在羅馬，而且是西塞羅時代的羅馬。西塞羅（Cicero, 106-43 B.C.）是首先意識到人文主義之內容的人。人文主義的內容是人性與人的品位，而人性與人的品位，且不從道德實踐的深度處說，從其廣度處說，它不能離開社會生活中的言語舉動，即它不能不在社會生活的實踐中表現。因此，西塞羅的人文思想就是注意社會生活各方面的禮節與正當不正當的規則。人當該要過一種有教養的生活，即是文化的生活。那怕是戰爭，也當該有戰爭的規矩與程續，譬如先禮後兵，宣戰重誓約等。西塞羅的人文思想，是相當於中國春秋時貴族社會所傳下來的有禮的教養的生活。不過在西塞羅，他是意識地宣揚這種生活，他的人文思想代表一種運動，而在春秋時，則已經是風尚了。原西塞羅之所以宣揚這種運動，是由於羅馬原是一野蠻民族。西塞羅時代正是對希臘的文化希臘的教養開始有廣泛要求的時代。因此他也好像中國北魏的漢化。這個要求正表示野蠻無文的民族開始自覺到自己之野蠻，自己之純為赤裸裸的原始生命之不足，反省到自己之寒傖，而想要過一種有文化的生活。所以在對希臘的文化與教養有廣泛要求的時候，正是想接受另一種文化而改變自己之野蠻的時候。這種接受是從生活上來接受。西塞羅的人文主義，正盡了這個責任。他雖然只注意到廣度方面的禮節，沒有從深度方面發揮人文主義的思想系統，然而亦正可見他的人文主義之成就也是在客觀的實踐方面。而且在這裏我可以點醒讀者：這種對於另一種文化的接受或消融是健康的，即：要想接受或消融另一種文化，必須先有一種積極而健康的人文主義的思想作領導以爲根據，始可不妌馳而走邪。民初五四運動以來，中國要想接受西方文化，然而在這三四十年來，擾攘於社會中者，却正無積極而健康的人文主義，即不能從客觀實踐上先站住自己的眞實生命，而只是孤離地腰截地要科學與民主。自己的生命先頹墮而倒塌了，自無法接受或消融另一種文化，亦自不能產生科學與民主。須知客觀實踐方面的人文思想，實是代表一種健康的生命，一種自覺而清醒的生命，而不是那種炫惑於五光十色的紛馳生命。因此，它是建構的，負責任的。而我們這三十四年來却正是自然主義，唯物主義，現實主義，功利主義，在氾濫。一切在無本中駘蕩。

人文主義之爲一切建構一切成就之本，若再進一步看西方人文主義之發展，即可逐漸明白。

但是，在這裏，我須首先再申述一點，即：普通常廣泛地以爲人文主義是希臘主義，而是與基督教的精神相對立的。在西方文化史中，人文主義常與希臘文化有關，亦常與基督教精神爲對立或接不上，這是事實。西塞羅時代的人文主義是如此，（那時基督教尚未出現，說不上對立，但就其節度而言，亦是接不上。至於與希臘有關，則不待言。）文藝復興時的人文主義亦如此，而後來的德國的人文主義亦如此。此於後便知。但尅就人文主義之當然內容有取於希臘者，只在其現實生活之重自由，尊理性，富美感，這種廣泛意義的生活情調。而在思想或學統上說，則希臘的文化精神總是偏傾於物本或可演變而爲物本的。其求眞愛美向善亦常是偏傾於外在的自然，從客體方面而爲言，並未打開主體之門，從主體方面開而出之。蓋希臘文化尙是一種靑年期的文化。其基本特性是藝術性的（Artistic）與理智的（Intellectual）。這一文化系統，在靑年期的美學情調之氣氛或鼓舞中，含有兩方面的頭緒：一是求解自然，明辨形式；一是多神教下而言上帝（是衆神中一最高之神。）順前一頭緒言，則它不能不經過一步收斂凝聚的抽象化或嚴格化，否則，它不能成科學。而收斂凝聚的抽象化或嚴格化是順這頭緒下來必然有的一步發展。而此步發展之表現爲思想學統，則即是物本的。這是希臘文化中主幹之一。此外，順後一頭緒言，則它本身尙不能成宗教。蓋其神尙不是獨一無二之眞神，且亦未脫離感覺成分之夾雜，尙未從感覺中提鍊出來純淨化而爲一絕對之純精神。（亞里士多德以「純思想」或「純形式」說上帝，好像已經純淨化了，然仍是理智的，仍不能說「純精神」，而且仍是衆神中之一神。）是以若有發展或來自另一源泉（如順希伯來精神下來的耶穌）而成宗教，則一方必高於希臘之境界，一方亦必是神本。這又是希臘文化中之一主幹。是以此兩項頭緒若有發展，則總是物本與神本。此兩本若彰顯出來，則其背後之美學情調即退縮而爲現實生活上之情調。而人文主義之開始既不着眼於物本，亦不着眼於神本。依是，後來在時代發展中，人文主義若必通過希臘文化而成，則其有取於希臘而成爲人文主義者，必只是這個現實生活的情調。這個作爲人文主義之底子的現實生活情調在布臘乃是無本的。後來人文主義若只憑依這個底子而成其爲人文主義，則必然亦是無本的。依是，人文主義亦必然透不出，樹立不起；亦必然與基督教爲對立，或接不上；不特此也，且亦必然與承希臘下來的科學傳統哲學傳統爲對立，或接不上。是以人文主義在物本神本以外必有其獨立的源泉，而不只是這個現實生活的情調。須知人文主義固含有藝術的與理智的兩特性，而只此兩特性，則不足以極成人文主義。

在這裏，西塞羅基於斯托噶派理性主義的哲學，點出了「普遍的人性」，不爲階級種族所限的「人性」，實比希臘進了一步。因爲希臘人，正如亞里士多德所代表的，常以自己和野蠻人之間，市民和奴隸之間，來劃分人類的價値。並沒有透過階級而言普遍的人性，以立人道之尊。西塞羅則經過了斯托噶的哲學而進到了這一步。此就是於「藝術的」「理智的」兩特性外，點出了「道德的」一特性。然其所謂「普遍的人性」，一方是自破除階級而顯，（即對外而顯），一方在其自身則只是抽象的泛說。（此只是一個邏輯的或形式的陳述。）並沒有落到「人」的分上，從人心中點出一「道德的心性」以建立這個普遍的人性之眞實義。此步作不到，則人文主義即無法透出而爲綜和的籠罩的指導文化生命前進之最高原則。因此，那個抽象的泛說的「普遍人性」，一落實，就是那渾淪的現實的「自然人性」（Human nature），而其落實的具體表現處，遂不得不只在外在的禮節教養上，事業云爲上。因此，人文主義一落實就只成爲重視人間社會活動而已。此不足以爲領導文化生命前進之最高原則。此點，西塞羅時代的人文主義未能作到，文藝復興時人文主義以及德國的人文主義亦俱未作到。此點作不到，則代表更高級精神生活的基督教遂進來而爲羅馬帝國及新興蠻族所接受，而代替了西塞羅的人文主義運動。而基督教的精神却是神本。希臘精神若收斂凝聚而爲思想學統，則是物本。西方的文化生命總是在這物本神本中傾注搖擺，此其所以富於跌蕩性，急轉性，與戲劇性。一切成就與精采由此見，而大病源亦由此見。而人文主義則在無本中只是吸取希臘的生活情調而亦爲現實生活之情調的，而處於此兩本中以爲其文化生命鬆一口氣。其關鍵惟在普遍的人性，這個普遍性未在「道德的心性」中徹底透出。必須牢記此點，然後可以了解西方人文主義之發展及其不足處。

三、文藝復興時人文主義之所以興起：中世紀神本精神略述

西塞羅時代的人文主義是在否定自己而想進於文，而十四五六世紀，所謂文藝復興時的人文主義，則是否定中世紀封建社會與教會所傳下來的積習之桎梏。這是對「他」的否定。人純處於原始物質生命的狀態，而沒有人性的自覺，沒有從此自覺中而見到理性以及其所成的客觀之文，以調節潤澤其原始物質的生命，則亦是一種沈溺，桎梏。沈溺即是生命不能超拔；桎梏即是其純然的物質生命自身之凍結，亦即僵化。所以必須來一個對於自己的否定，而進入人性的自覺。同時，一定型態的文化，積習既久，而失掉生命，亦可成爲人的桎梏。文藝復興時的人文主義，即是對這種桎梏的否定。西方

人文主義之得到其文化史上的意義以及其基本特性的規定，也是在這個時期始表現出來。

中世紀的宗教精神是神本。神本的基本精神，對應人文主義而言，我們可注意以下三點：一是上帝與人與世界的對立，以顯上帝之高高在上，超越而外在；二是人的原罪；三是神的恩寵。從第一點，崇神而卑人，對世界而言，它必函宇宙論上的創造說，而反對「流出說」，因而亦必反對本體論上的泛神論。從第二點，則加重人之謙卑，人自己之無力，匍匐於上帝之前而加重其皈依之誠。此點復函：中世的人之了解自己，了解人生，是在與人的普遍本質之關聯下，與亞當的關聯下，而了解。人只有在觀想超越者所決定的人類的普遍命運時，才能得到人生的眞義。單獨的個人之生與死，不是他自己固有的事，而是一切者的一之生，一切者的一之死。這種從普遍的命運本質來把握人，是把人的個性淹沒了。現實的個人，若不在這個普遍的命運本質之下，直是偶然的，無所謂的存在。西塞羅時代作爲人的本質之「普遍的人性」，固然從斯托噶派的理性主義得到基礎，但以後也很可以從基督教的教義，即博愛，在上帝面前人人平等，得到其切實的認識。博愛，（普遍的人類愛），在上帝面前人人平等，即含有「普遍的人性」之肯定。（不爲階級所限。）基督教的這個教義，很可以爲人文主義者吸收進來作爲人文主義的正面大前題，一個積極的領導原則。但是，基督教究竟不是人文主義。所以從基督教方面說，從中世紀的宗教精神方面說，「在上帝面前人人平等」，這個普遍性尚是外在的「用」，而原罪所表示的普遍命運這個「普遍性」，才是最內在的「體」。基督教實含有這兩面的普遍性。人文主義若能繼承西塞羅時代而繼續發展，繼續就抽象的泛說的「普遍人性」而向裏點出「道德的心性」，則即一方可以把「在上帝面前人人平等」吸收進來轉化而爲體，一方也可以給「在上帝面前人人平等」這個教義以積極的基礎。如是，由人性以通神性，可以與宗教神本不對立，而基督教亦可轉化而爲不是中世紀那個形態。但是人文主義在中世紀並未得到滋長壯大的發展，而時代精神却轉而爲基督教的神本精神所佔據。因此，「在上帝面前人人平等」所顯的普遍人性只是對外而顯：

一是對「在上帝面前」而顯，一是對「不爲階級所限」而顯。依是，普遍的人性這個普遍性在西方始終停在「外在的用」之階段上，始終未能從「人心」上點出其最內在的本質，以使其成爲「內在的體」，一如中國儒者之所爲。依是，「普遍的人性」雖表示是從正面來了解人，而却停在「外在的用」之階段上，而中世紀的精神却加重從反面來了解人的那原罪所表示的普遍命運一普遍性。依是，人這方面仍是空虛。人本站不住，是即「人極」不能立。因爲加重原罪所表示的普遍命運，所以從第三點，人不能以其自己之自由意志而決定其自己之命運。人之得救與否，其權完全操在上帝手中。上帝救你，這是上帝的恩寵。上帝不救你，這是上帝的懲罰。這一方固然顯示上帝有絕對的自由，一方也顯示其自由也不是無理由的，即：人之罪惡之解除與否，以及何時解除，何時不解除，在人類由原罪所表示的普遍命運之下，只有上帝知道得很清楚。上帝不會寃枉你。這綜起來只是加重你皈依之誠。對宗教精神言，皈依之誠本身就有絕對價值。其種種教義或觀念，就是爲的加重這個核心。只要這個核心堅定了，其他外部的，亦無關重要。

上帝與人的對立，人的原罪，神的恩寵，這都是要加重神之超越性，加重人之皈依於神。因此神本就是中世紀精神之核心。這個精神就是完全向上看向天看的精神。這是它的好處。人之精神貫注到那一面，即彰著那一面。人之生命隨其精神之貫注到那一面而鼓舞發展，必有其一段過程。在此過程中，它必有一段精采與輝煌的成就。及其發展過程快完結的時候，生命將枯竭，精神亦闇淡，而這個生命的途徑之弊竇亦隨之而出現。弊竇的發見，開始常不在那發展中所成就的那些觀念或教義，即不在生命所走的途徑，而是在生命本身。所謂在生命本身，即生命枯竭，精神闇淡，其本身即沈溺僵化而轉爲罪惡。其所走的途徑，原來有光輝，有成就，而現在隨生命之枯竭，精神之消失，亦都轉而爲罪惡醜惡之淵藪。這一切都成爲新生命之桎梏。文藝復興時的人文主義就是要衝破這桎梏而要求「人之再生」。

四、文藝復興時人文主義之特性

所謂文藝復興是 Renanissance之譯語，而這個字本身的意思原是「人的再生」。所以文藝復興並不可單從外在的文藝之復興來了解。當時使用此詞的人，並不特別想到希臘羅馬古代的再生，或是古代文化的復興。那些人們都只想到自己本身的事：想到自己本身的現在之生，想到自己的人的再生，自己的人性之復甦。他們爲忘却他們那汚濁的現代，那令人窒息的現代，他們遊神於古代的文典，藉尙友古人來解放自己的心靈，藉偉大的古人的心思義理，靈魂，來活潑自己的靈魂。是以他們是在「人的再生」之意義下讀古典。聖者安布羅齊阿斯（Ambrosius, 340—397）與人文主義者的伊拉士馬斯（Erasmus, 1466—1536），同樣讀西塞羅的「義務論」，但前者在義務論中是想尋求充當聖職者的規則，而後者則在義務論中看出了獨立不依於基督教的道德。這是在自身的立場上讀書，不是在爲他人的立場上讀書。這是死在古典下與不死在古典下之別。其關鍵是在：是否有一個新鮮活潑的「我」在活躍。

文藝復興時的人文主義是人性與自我的解放，從神本的幽冥與教會的汚濁中解放。對教會的束縛言，那只有掙扎出來而解放自己，這裏沒有義理上的爭執與反對。可是對神本言，則那時的人文主義者感到一種精神上義理上的對立，神本是超越論，人文主義是內在論。他們從神本的幽冥中解放出來，而歸到「人」的分上來。（人文主義亦譯人本主義。人本實只是對神本而落下來歸到人上說。這只是那時人文主義一個開頭的意義，在全幅歷程中第一階段的意義，不是全幅意義。若賅括全幅歷程而言，則人文主義一名爲恰。）由人性與自我的覺醒而歸到「人」的分上，那時的人文主義最美妙的特徵，就是：對於現實的人生，現實的自我，個性的自我，有一種春天之情的喜悅感，而且有一種現實的人間愛。說到現實的人生，現實個性的自我，就不只是那普遍的理性一面，而且有特殊的氣質一面；也不只是基於普遍的理性而來的普遍的人類愛，而且基於特殊的氣質而有現實的人間愛。一個現實的個性自我，因其有特殊的氣質一面，故才情得以被肯定。才情之所表現的也是有價值的。個性的表現就是才情的表現。才情的表現發展而有成就，就是一個完滿的個性人格。才情的表現，個性的光輝，這是值得被喜悅的。盡自己之才情而被人稱贊欣羡，以爭取名譽，也是不容菲薄的。這是直接面對現實人生而加以肯定，因着人性與自我的覺醒，生命的通透洋溢而來的肯定。如當時的彼得拉卡（Petrarca,1304—1374），就是一個多才多藝的人。他很率直地說他的事業目標是在名譽。他自己稱述自己身體的特徵和他的特性與其才能。他說：「人各有其容貌、姿能、聲音、言語等特殊的東西。與其加以變更，不如加以育成。這不僅是容易，而且也是必要。」所以人文主義者是努力作成特殊的人。承認自己個性的價值，而加以尊重，並使之强大，中世紀的人是以謙遜、節制、禁制、爲標的，而近代人的性格，則相反地爲現世的肯定，對於自己的力量之信賴。彼得拉卡同時是抒情詩人，敍事詩人，歷史家、地理學者，道德學家、議論家、此外又是美術的愛好者，外行的畫家、歌手等，以顯示其才能。而李奧拿多．達．文西（Liorardo Da Vinci,1452—1519）具備多方面的天才，也是人所周知的。他是畫家、技師、數學家、物理學者，兼而有之的人格。這樣多方面發展成爲特殊的人，同時也就是完滿一個人格而成爲典型的「全人」，「普遍的人」。所以現實個性自我的發展，在當時人文主義的情調下，其所謂「全人」實在是有點類乎中國人所說的「狀元」，而不是聖人。這是根據對於現實人生的喜悅感與個性自我的才情而來的。

同時，基於特殊的氣質而有現實的人間愛，而不只是基於普遍的理性，而來的普遍的人類愛，故對於現實人間的一切活動都感覺有興趣，都能肯定其價值。這後面有一種美學的欣趣情調在鼓舞，故對於任何人間事業有內在的興趣，此是一種藝術的建構精神。社會事業，政治活動，民族國家的建構，都可以視爲一種藝術品。而人就是創造者。故當時的人文主義並不是一個被限定的思想系統，而是一種生活情調，重視實踐與行動，制作與技巧。若只基於普遍的理性而作普遍的人類愛，那還是抽象的愛，而默想亦重於行動。這就表示內心生命缺乏一種洋溢喜悅之情，而却是一種蒼涼的悲情。若再加上原罪所表示的普遍命運，那蒼涼悲情的意味就更重。文藝復興時的人文主義，由於從神本的幽冥中解放，看到現實人生的可愛，現實個性自我的可愛，可以說是塡補了這種蒼涼悲情的空虛。

這種富於喜悅感的生活情調是富於想像力及創造力的。我們也可以說這是一切建構一切成就之本源。故它能開啓西方近代的文明與文化：由於「知性」的解放，而得以成科學；由於民族的自覺而得以建立民族國家；由於人性人權的自覺，而得以建立民主政治。這三者都是文藝復興以後的事。而却是以人文主義作它們的領導原則，爲它們開風氣之先。這可見人文主義的使命與成就是在客觀實踐方面，它能解開時代風氣的糾結，而開啓新文運，在它反僵化反物化之中，它能撐開而爲一個籠罩的綜和的原則。它不是在開了風氣後偏注於某一面的任何一個系統或主義。我們現在可以說：除共產黨的反人文反文化的唯物論外，它不與任何主義爲對立，而若除共黨的唯物論外，偏注於某一面的系統或主義而與此人文主義爲對立，都是不知其本的。這個意思，我們若再看人文主義的發展，即可完全明白。

可是這個意思，在當時的人文主義者也不能意識到。這因爲在當時人文主義並不是一個思想系統。而從中世紀解放而歸於現實的人生，現實的個性自我之生活情調，而感覺到與神本爲對立，是一個重要的原因。它並沒有從其歸於個性自我上再透進一步而深深反省其個性與自我以與神通，而泯除其對立。所以他們那時的個性自我尙是一個渾淪的整全，而未經過一個反省的破裂，超越的分解。人文主義不應只是一個生活的情調，還當是一個思想系統，不應只是行動的 還當是反省的。反省一下而形成一系統建立行動之超越根據，當更能加强其行動性，更能淸醒吾人行動的途徑與信念，更能認識一切建構與成就，一切主義與系統，（除共黨的唯物論外）之諧和性。這點非常之重要。我在上段即指出：普遍的人性這個普遍性只停在「外在的用」之階段上，因而普遍的人性亦只是泛說，並沒有從人心上點出其最內在的本質，即點出「道德的心性」以實之。這總是西方人文主義之缺點，亦是西方文化的大病源。現在文藝復興時的人文主義雖表示人性的覺醒，個性自我的覺醒，然其所謂人性仍只是對自神本落下來而說，而落下來自其自身而觀之，又只是一個渾淪的泛說，而個性自我亦只是一個渾淪的整全，因此亦只偏於就才情氣而說，或至少亦與才情氣夾雜在一起，而未眞點出一個「道德的心性」以爲眞我，以爲眞性，由之以建立個性之本。這關鍵總在未打開主體之門，即未經過一反省的破裂與超越的分解的。此步作不到，則一方與神與宗教爲對立，一方本源不清而提不住，而由渾淪整全的個性自我所開出來的近代精神，遂步步趨於現實，向下向外而發展。近代的一切成就與精采由此出，而一切流弊與夫今日之大難亦由此出。這其中的詳細說明與疏導，可參看唐君毅先生「西洋文化精神之一省察」（民主評論社人文叢書之一。）本文可不具論。

五、文藝復興時人文主義不含個人主義與自由主義

前說文藝復興時的人文主義是富於喜悅感的生活情調，是一種新的生命感情，不是一個被限定的（因而是相對的）思想系統，它沒有經過邏輯的發展而成爲一個概念義理的系統。然而它是一切建構，一切成就之源。我在這裏再就此點略說其函義，以期對於其特性再作進一步的了解。這點使我們關聯到隨文藝復興下來的十八世紀的啓蒙思想。

第一、所謂建構或成就，順此期人文主義直接下來的，便是民族國家之成立。當時意大利的一切人文主義者，是把他們時代覺醒的文化運動，同時也理解爲從蠻族壓迫中的意大利國民的解放，從中世紀「神國」的觀念，超越一切民族的，社會的，文化的差異，以統一於天主教會之下的普遍的文化觀念之窒息中，而來的意大利國民之解放。人文主義的出現是和意大利國民意識的覺醒連在一起的。

但丁開始用意大利語寫作，不用普通的拉丁語，而且有「俗語論」，即可表明此意。所以人文主義時代，是各民族國家獨立成立時代，同時也是「國民文學」誕生的時代。由此函着一個意思。即：人文主義雖對於現實的人生，現實的個性自我有一種春天之情的喜悅感，但却不是「個人主義」。將其發展成「個人主義的思想」的，乃是十七八世紀的啓蒙思想。同時，由人性自我的覺醒，當然所追求的是個人的自由，同時也是國民的自由。所以當時的人文主義也並不是單純的「自由主義」。將其發展成「自由主義的思想」的，也是隨資本主義的發達，十七八世紀的啓蒙思想。這一步發展是把文藝復與時人文主義所代表的生活情調，新的生命感情，抽象化，或說是凝斂而具形化，具形化而爲個人主義，自由主義。須知一凝斂，便含有收縮沈着的意思。把那豐富的，生命的，動而具體的生活情調收縮沈着而爲個人主義，自由主義。這也就是有了理論系統性，因而也就是一種限定，因此也可以說是一種抽象化。個人主義自由主義一成立，則隨民族國家的獨立形成，便有人權運動，民主政治的出現。這也是十七八世紀啓蒙思想時代的事。人文主義時代的精神是「想像力」之建構的，而且是綜和的，籠罩的。當然不是理論系統的綜和與籠罩，而是實踐行動的，制作技巧的。其背景是未經反省破裂的渾淪整全的個性自我，美學情調鼓舞的自我；因此其表現於外的作用已是藝術與技術不分，理論與行動不分，原則之學與技巧之術不分，知性與直覺不分的「具體活動」。這種活動勇於赴義，易於識大體，易於無成見，活潑而不固執，故易於是客觀的，即依此而說爲綜和的，籠罩的，像想力之建構的。而啓蒙思想的精神則是「知性」之建構的，分解的，對列的，系統的。個人主義，自由主義，人權運動，民主政治之出現，都是此種精神下的產物，反而亦都表現此種精神。此種精神在層次上是低於前一種的，是涵育於前一種中而轉出的，也可以說是前一種精神之凝斂收縮而成的，由想像力（構想力）收縮凝斂而成爲知性層的精神。

第二、「知性」的抽象性與「理性性」是啓蒙思想的特徵，因而「理性主義」（Rationalism，亦譯爲合理主義）亦是啓蒙思想的特徵。適說，啓蒙思想將文藝復興時人文主義所代表的新的生命感，想像力之建構的精神，收縮沈着而爲知性層的精神，此言「知性」是對應個人主義，自由主義，人權運動，民主政治而言的。不是知性之本身，故言知性層的精神。至於知性之本身以及其最恰當的（或最當行的）作用之所至，當於科學知識及十七八世紀的理性主義的哲學方面以明之。康德定知性之本身爲判斷之能，吾人現在可廣泛言之，知性便是邏輯數學所規定的「思想主體」（Thought-subject=understanding）。「知性」一出現，則人之心靈之具體而渾全的活動即被破裂分解而爲各方面的形態。知性與直覺分開。因此，了解人的本質亦以「抽象的理性」（邏輯數學的理性）視爲人之本質。（人文主義則以整全的人像了解人。）復次，不但把人之心靈破裂分解而爲各方面，即主體亦分解而爲對立的形態。因此，主體是純知性，而客體是「純自然」，（純粹外在的物質自然）。在此情形下，機械物理學，總之科學知識，即成立。此以牛頓爲代表。這種成立，亦即是「學之爲學」之成立。因此，知性與直覺對立，科學與技術分離，這種抽象的看法，正是啓蒙時代的看法。同時，哲學方面，笛卡爾，來布尼茲，斯頻諾薩以及其徒屬等的理性主義的哲學系統，也純是由邏邏數學的知性用事，把握純自然的客觀，（反省的把握，不是科學知識的把握），而形成的。啓蒙思想之理性主義的特徵完全恰當地由這時期的哲學家與科學家而表現而形成。這是知性層的精神之表現於科學與哲學方面而見其成就。這種表現是知性本身之直接而當行的表現。這一方也可以說是由文藝復興期人文主義所解放出來的重知性愛知識的精神收縮沉着而成的，一方也可以說，正因爲這一收縮沉着，始內在地接上經過中世紀而不斷的希臘「學之傳統」，轉變而爲近代產生科學的精神。可是也正因爲這一收縮沉着，你可以見出啓蒙思想雖接上了希臘的學之傳統，而同時亦脫離了人文主義的母體，而成爲「非人文的」。在收縮沉着而爲個人主義，自由主義，人權運動，民主政治一面，可以說是「不自覺的非人文的」；在收縮沉着而爲知性與科學以及理性主義的哲學系統一面，則可以說是「自覺的非人文的」。若膠着於此種自覺或不自覺的非人文的，限於此兩面，就其成就之自身之所是而觀之，而不知自拔自反，此開始之非人文的亦可轉而爲多或少之「反人文的」，或忽視人文而鄙薄之。文藝復興期的哲學家如卡爾丹諾（Cardano, 1501—1576），泰雷斯俄（Telesio, 1508—1588），布魯諾（Bruno, 1548—1600），坎巴內納（Campanella, 1563—1639），以其活潑的想像力，可以放膽地構想出一些自然哲學。此種自然哲學不是機械論的，而是以目的論爲原理的。但這對學統言，都是兒童期的產物。自科學言，這是不科學的。自哲學言，這是未經過知性之洗練的。如是遂不爲學人之所重。他們所產生的自然哲學系統可以無所謂，但其主體方面之「想像力」，根於新的生命感情而來的想像力，則不能一起而忽之。當該脫離其所產，收回來而回歸於其自身，通於主體之全幅領域中，而再由主體以前進。但是這點，啓蒙思想不能知，膠着於知性用事而把握客體的人，亦不能知。而文藝復興期的人文主義之需要進一步的發展，也正由於此。

六、德國十八九世紀人文主義之特性

文藝復興時的人文主義表現一新的生命感情，十八九世紀德國的人文主義也是從新的生命感情出發。它是以反對啓蒙思想的「抽象的知性」及其機械的世界觀而出現的。其中心人物大體是些文學家。它開始時，則稱爲狂飈運動（Sturm und Drung）。它仍是反僵化反物化，向上提撕，以重開文運的。這是人文主義的一個主要特徵，而且是一個通性。而此期的人文主義，又能順向上提撕，深入內心生命之內部，以開拓吾人之心靈，以通透生命之本源。這是文藝復興時的人文主義所不能作到的。由此，又引出它的另一個特徵，即：文藝復興時的人文主義感到與中世紀的神本對立，與宗教不相融，而此時期的人文主義，則與神不對立，與宗教相融洽。達到這個結果的全幅歷程，簡單述之如下：

自啓蒙思想而言，人性在合理性中有其價值；人性在理性之前，由其合理性而成爲正當。但是啓蒙思想所意謂的理性，主要的是邏輯數學的理性，廣泛言之，是理智的理性。然而生命本身不是這種理性所能規範得住的，也不是這麼規矩老實的。由此而見到人性之深邃性與複雜性。如是，人性個性自我之覺醒，須要再進一步作反省的深入的體會。狂飈運動在這裏對於生命之本質作了最內面的體驗。本來對於生命可以有種種的反省。生命這個概念既非物質，亦非心靈。它既無物質的廣袤性，亦無心靈的清明性。但它有一種連綿不斷的衝動性與創造性。你說它起於何時，這是指不出來的。你說它終於何時，這也不是生命一概念之所函。從這裏，你可以想到它下貫無窮的未來，上通無窮的過去。自聖賢立教或道德修養而言，則大都注意其病痛一面，視為是形而下的，氣質的，被對付的一個對象。基督教的原罪，佛教的阿賴耶識（或八識流轉），儒家的氣質，大都是從生命處說。就這樣看生命，也是够深遠的了。所以其翻上來正面能對治這生命的心靈理性也是更高級的，「理智的理性」以上的。可是狂飈運動的人文主義之體驗生命，則沒有這種對顯。它只是順生命本身如其所如而深深體驗到它的無限性與瀰漫性。整個的現象宇宙背後是一個大生命在瀰漫在潤澤。譬如表現出來的是一棵草，一塊石頭，一塊泥土，各個分離而相滯礙。天旱，草枯了，泥土裂成乾塊，一有雨露之潤，則個個生機盎然，諧和潤澤。你從雨露之潤澤這方面去體會那個瀰漫在背後的大生命吧。這樣體會的生命，不是由上帝，道德的心性，或涅槃菩提來對顯其形下性與被對治性。它的意義與內容也是由相對而顯出的，可是其所對的是具有抽象性、只把握機械物質的知性，停滯的、清淺的理智的理性，以及個個隔離、而相滯礙的物質現象。因此，這相對而顯的，倒是它的形上性，它的深遠的無限性與生動的創造性。這就與神通了。生命具有神性，而神亦即在生命中被體驗。在這裏開闢出價值的根源，理想的根源。狂飈運動的人文主義這一入手一階段，含有三種基本特性：

一、從其所對反的而言，它具有充分的浪漫主義的精神。

二、從其所透顯的正面言，它具有絕對的主體主義（Sbujectivism）一特性。

三、而且具有純粹的理想主義（Idealism）一特性。

關於第一特性，人文主義，自其全幅歷程的最後結論而言，當然不是浪漫主義，但它開始在反僵化反物化的精神下，它必須具有充分的浪漫精神。這個浪漫的精神，我們可以取其廣義。用佛家的名詞說，我們可以叫它是遮撥的精神。自孔子思狂狷說，我們可以叫它是狂狷的精神，從具有抽象性的知性以及外在的機械系統收回來而深入內在的主體，而向上透。這第一關必須具有浪漫精神。依是，雲門禪師三句教的第一句即「截斷衆流」句也可以說是浪漫精神。這個浪漫精神不是氾濫無歸的意思。氾濫無歸乃是一種放縱恣肆的頹墮，它本身就是一種物化。何可言精神？共產黨的推倒一切而趨於唯物論，就是這種氾濫無歸放縱恣肆的頹墮，這是浪漫精神的假象，不是眞正的浪漫精神。照我剛才所說這廣義的浪漫精神，皆是第一關收回來而歸於「主體」之意。惟狂飇運動的人文主義，其第一關收回來而歸於主體，其所歸之主體是「生命主體」。這畢竟是靑年文學家的情調。故它第一關所表示的浪漫精神，可以說是帶有文學情味的浪漫精神。

關於第二第三特性，亦須予以簡別。第一關收回來而歸於主體的浪漫精神，其唯一的目的，就是要反顯這「內在的主體性」（Inner subjectivity），把這「主體性」壁立千仞地凸出來，樹立起來。截斷衆流就是把現實的牽連糾纏一起打掉而呈露這純粹而絕對的內在主體。這只是形式的陳述。若具體的說出來，就佛家言，現實的牽連糾纏，就是習氣的執着，破執而歸於內心的淸淨自在，就是它的純粹而絕對的主體。若就狂飇運動的人文主義說，它的文學情調的浪漫精神所反顯的「主體」就是那深遠的無限性與生動的創造性的生命主體，這也是一個純粹而絕對的主體。故從浪漫精神到此階段就是「絕對的主體主義」。（普通譯主觀主義，因主觀有誤會，故譯主體。因這唯是顯大本之事。）惟這主體主義，因自「生命主體」而立，故亦可說是浪漫的或文學情調的主體主義。因之，其由此主體而透顯之理想主義亦是浪漫的或文學情調的理想主義。

人文主義開始第一階段必具有這三種特性。但既稱爲人文主義，則不能停在這絕對的主體主義，理想主義而止，尤其不能停在浪漫的或文學情調的主體主義理想主義上。如此，它必須再進到客觀主義，古典精神的客觀主義，因之，復以此古典精神反而潤澤那主體主義，理想主義，使其浪漫的轉化而爲古典的。

這其中的關鍵，就是從萊輿（Lessing, 1729—1781），歌德（Goethe, 1749—1832），到洪保爾特（Humboldt, 1769—1859）等人，以尊重「人性」爲中心，所形成的「人格」之觀念。「人格」一觀念使主體主義，落下來轉向客觀主義，古典精神的客觀主義。蓋「人格」是生命之理型化，因而客觀化。故歌德說：人格是大地之子之最高幸福。歌德在這裏把希臘古典哲學中的「理型」內在化於生命中，同時亦即把理型加以生命化，而導入於人文主義中，人文主義因此遂克服了浪漫的主體主義而走上客觀主義。他體驗到人在其自己之自身中有其內在的形成法則。各個人都是從內的無限發展達到其整嚴規定的個性。形成法則與整嚴規定都表示生命中的「理型性」，也就是他體驗到生命發展中的節奏或韻律，這就是美學情調的理型性或形式性，因而也就是美學情調的「理性」。（柏拉圖之言理型就是帶有充分的美學情調的。理性則嚴肅的道德意味重，文學家的歌德自然是欣賞柏拉圖的理型的。）個性因此成，人格亦因此成。他把生命理型化，理型生命化，遂使他有生命發展的「形態」之觀念。他以形態學的觀點看自然，自然也是目的論的有機的發展，即向「成形」而趨的發展。他在這裏看出了人格完成的教養過程的自性然，也看出了自然成形過程的人格性。這裏開出了文學家歌德的自然哲學，美學情調的自然哲學。也就是這人文主義中所含的美學情調的自然主義。

有了人格觀念，先把自己的生命內在地客觀化，（即成形化。懷悌海言任何一物自身之趨於滿足化，具形化，客觀化，亦是此種客觀化之義。）然後始能肯定人間的一切人文活動，見出其能完成人格的教養作用。這就是移向客觀主義。客觀主義必含此兩義始能備。依歌德，洪保爾特等人，人格的發展是個性，同時也是整全性。完全的個性，不能不是「全人」。所謂全人不是全知全能，乃是人的一切心的能力俱得充分而健全的發展以形成一「諧和的統一」，此即表示一典型，一普遍性。個性不是單純的特殊，乃是在種種條件下所表現的普遍性。（此已函攝文藝復興期人文主義所重視的多面發展的個性而成爲全人之義。）此種發展就是人文的活動，而人間一切人文活動亦助成這個發展。惟人文活動不是矯揉造作的，不是虛僞無實的，乃是自然的。歌德所愛描寫的是人類生活的自然形態，我們種族常住的自然形態。這些形態，單純而直接，快活而認眞。既不是喜劇的，也不是悲劇的。這是最遠的古代與最近的現代的結合。實在也是高等的動物世界與人類世界所共通的。一切特殊的東西，在這個基礎之上去觀察，則容易無滯礙地解消於普遍之中。歌德於人文活動看出其自然性，於自然發展看出其人文性，如是，人文活動新鮮而活潑，單純而誠朴。而在這種活動中透顯普遍性，遂完成了客觀的理想主義，帶美學情調的客觀理想主義。

這種美學情調的客觀理想主義之完成，主要地是由於從狂飇運動的生命體驗中進入對古希臘文化的新認識，在古代文化的陶養中而轉出的。這就是經過了一段古典主義的精神。西方普通所謂古典，常是指希臘言。在這過去的特定文化系統中有一種高貴的精神，這常給西方人以開啓新文運的靈感。這古典精神重理智，尊個性，而一切皆潤澤鼓舞之以美學的情調。故新鮮活潑，單純天眞，而帶靑年氣。時代雖是古老的，而精神却是靑年的。所謂古典並不是過時的典籍或陳腐的古董。亦如先秦諸子儒家六藝對於我們之爲古典的。然近人則常只視之爲過時的典籍，陳腐的古董，只外在化而爲材料，完全與生命、精神不相干，故亦與自己之靈感不相干。此近人之陋也。西方人必通過他們的古典精神，始能走上正常而健康的途徑，故常能有新成。歌德從柏拉圖那裏吸取了「理型」而內在化於生命中，這就是新認識。比較早一點的文開爾曼（Winckelmann, 1717—1768）有「古代文化的解析」之作，他規定古代的形式是「高貴的單純，靜穆的偉大。」此書對於這一期的人文主義之古典精神居於領導的地位，有指導的作用。

七、德國十八九世紀人文主義之限度

由這一期的人文主義，我們看出了人文主義形成的全幅歷程。它須經過以下五步驟：一、自外向內，歸於主體，截斷衆流的浪漫精神；二、絕對的主體主義；三、純粹的理想主義；四、通過對古希臘文化的新認識而轉出古典主義的精神；五、通過人格觀念而轉出客觀主義。這是人文主義完成的一個規模。

但是，這一期的人文主義雖具備了這個規模，而它的形成者却畢竟是些文學家。我前面已疏導出：它的截斷衆流的浪漫精神是文學情調的浪漫精神，它的絕對主體主義是浪漫的主體主義，它的純粹的理想主義是浪漫的理想主義。這尚不要緊，看它如何轉向客觀主義是重要的關鍵。

生命誠然是要理性化，才能是客觀的。但是這個理性成分，他們取之於柏拉圖的「理型」，這是不够的。柏拉圖的「理型」是從對象方面，純以邏輯的思辨，所把握的「體性學的有」（Ontological being）。（此有即形式，爲眞實的存在。）它的作用：一、貞定自然，使外物明朗，脈絡分明；二、貞定思想，使靈魂純潔，名言俱確。（概念有意義，命題有意義，使下定義爲可能。）當然，柏拉圖之邏輯地思辨這個理型，其背後是有一種愛好「形式之美」的美學情調在鼓舞。可是，光把這種「理型」吸收於生命中而轉爲客觀主義，這在人文主義上說是不够的。當然，任何具體而現實的東西，都可依照柏拉圖的說法，而說其有一理型或形式。生命是具體而現實的東西，在其活動發展中，當然可以認識它的節奏性，韵律性，亦即它的規律性，形式性。（這當然是內在於生命中而被認識，這有類於亞里士多德的內在說，不是柏拉圖的超越說。）但這是一種泛講，就生命之事實，如其所如，亦即自然主義地（雖是美學情調的）而講其規律性，形式性。這樣發見的生命中之「理性的成分」不能盡人性主體之切義，不能樹立人之所以爲人的「道德主體性」，不能眞正開闢出價値之源與理想之源。這在人文主義上說是不够的。所以這一期的人文主義中的「人格」是美學情調的自然主義的人格。美學情調的藝術欣賞當然要落在具體的自然上。人文主義亦當然必須含有美學的情調。但這必須經過「道德主體性」之樹立，必須經過價値之源與理想之源之開闢，始能提得起而臻神化之境。這樣，美學情調是表現最高層上的神化之境。這必須通過「道德的主體」之樹立一關的。這相當於孔子所說的「興於詩，立於禮，成於樂。」但是這期的人文主義正缺少了「立於禮」這一關。它通過了古希臘的古典精神而轉爲美學情調的客觀主義，自然主義，須知古希臘的古典精神，雖新鮮活潑而帶靑年氣，然既是靑年氣，即表示其並未臻圓滿成熟的境地，而是尙有待於發展而向較高級以前進的。這期的人文主義停在這個階段上而落於泛美學情調的平面層上，落於唯是美學情調的自然主義上。依是，它的形成者感覺到與希臘後而發展的哲學傳統對立，與文藝復興後而發展的科學傳統對立。他們不能繼承學術傳統之大流而言人文主義，他們不能綜攝科學傳統哲學傳統而消融之。他們不能開出而且綜攝「知性」以及知性之成果。（膠着於知性層而不知反之時風與學風可以反對，而知性不能反對。機械而唯物的宇宙觀可以反對，而機械物理學不能反對）。他們不能繼承康德哲學之轉統而上提人文主義，廣大人文主義，以開出綜攝而籠罩之人文主義以爲指導文化生命前進之最高原則。他們在體驗生命上，而至於泛神論，雖說不與神爲對立，但是純從生命的體驗而至的泛神論究竟亦是浪漫的泛神論，而宗教之正宗的意義，他們亦不能吸收於人文主義中而消融之，以廣大莊嚴人文主義之崇高精神。道德的主體，以及其所印證之超越的絕對實在（即神），與夫道德宗教上的神性感與罪惡感，在人文主義之本源一層上，不能不消融而繼承下來，不能完全置之而不顧。非然者，則人文主義即局限萎縮而落於旁枝之低層上。人文主義可含有泛神論一境界，一如其含有美學情調的自然主義一境界，但必須通過道德的主體以及其所印證之超越的絕對實在而至神化境界始可言。泛神論與美學情調的自然觀皆是

「神化境界」事。而只是從生命的體驗而至的「浪漫的泛神論」，則只是欣趣中之光景，不足語於道德宗教的聖賢人格之神化境界也。正宗的基督教反對泛神論，這是他的宗教精神之偏執而不圓融處。然而此期的人文主義不能繼承正宗之宗教，吸收而圓融之，而只停於浪漫的泛神論，則究亦與宗教爲對立而接不上。

宗教、哲學、科學的傳統，都接不上，而只停於浪漫的情調上，美學的情調上，則人文主義即退縮而爲旁枝，局限而爲小家氣。在廣度深度上都未曾展開以至「致廣大而盡精微」的境地。其在開風氣上說，尙不及文藝復興期人文主義之有籠罩性。這固是時代使然。即，時代條件尙未醞釀到足以使它成爲綜和的籠罩的以爲指導文化生命前進之最高原則。由此，我們即可見出西方人文主義之限度。由此限度，我們亦顯然可以看出它在歷史發展上始終未至徹底透出的地步。它尙未發展至成爲文化生命前進之領導原則之地步。

八、人文主義之完成與澈底透出：人文主義是指導文化生命前進之最高原則

我在本文開頭即說，必須開主體之門，始能開人文主義之門。可見在人文主義上，從客觀方面收回來而歸於「主體」上是一個重要的關鍵。完成了啓蒙思想而又克復了啓蒙思想的康德（Kant 1724—1804），在哲學上是居於哥白尼式的革命之地位。這地位即象徵：從希臘傳統之從客觀方面把握外物之理轉回來而歸於自主體方面以立言。他克服了啓蒙思想，正因爲他從客體轉到主體上所形成的主體主義。他完成了啓蒙思想，是因爲一方面他仍是理性主義，他仍是抽象的思考者，而另一方面則因爲他又檢定了知性的本性，成就，及限度，檢定了邏輯數學的理性之限度。因此，他歸於主體，不只停在「知性主體」上，他把主體方面心之諸能力統統給透現出來，因之，知性主體，道德主體，審

美主體，全幅予以彰顯。他大開主體之門。這是哲學史上的一個大扭轉。當時由狂飈運動開始的人文主義自然要受他及他的後繼者如費息特（Fichte 1762—1814），黑格爾（Hegel 1770—1831）等的影響。但是須知這個傳統剛開始。而人文主義方面諸人物如歌德，洪保爾特，文開爾曼，其時代都與康德，費息特，黑格爾差不多，只有康德稍大幾歲。然而康德比人文主義的開山祖萊興又稍晚幾年。康德，費息特，黑格爾，這個傳統實已接上了科學哲學宗教的傳統，實已盡了對於它們綜攝消融之能事。這個從主體方面開出來的消融綜攝之規模，不可謂不具備。然而時代既與人文主義方面的諸人物相平行，而這些哲學家又都是詰屈傲牙的純哲學的思辨，故人文主義方面之受影響亦只略受影響而已。並不能直接繼承這個規模而開出人文主義。他們之受康德的影響，大體是在「判斷力批判」一書，因爲這是講美學的。他們並不能把握康德之學的全體大用。他們也受費息特的影響，但也只是氣氛的。哲學方面是如此，至於科學方面則正在滋長發達之時，現在還是如此，這方面對於人文主義之開擴之助緣，尙不關重要。而當時社會方面，民主政治，自由主義，資本主義，亦尙在游刃有餘之時。宗教方面亦正經過了馬丁路德（Martin Luther 1483—1546）的宗教改革而成爲新教，其對於現實人生之指導上之精神活力亦尙在有餘之時。各方面頭緒正在露頭角或鼎盛之時，而現實方面又不甚出弊竇，則重新反省文化之各方面以開出廣大之人文主義以爲文化生命前進之指導原則，在歷史發展上說，是不甚可能的，此就是德國十八九世紀人文主義所以局限退縮之故也。（此只就人文主義說。若在文學方面，則他們的成就是很好的。那些人物都是不平凡的。）

但是自十九世紀後半期以至二十世紀以來，宗教在文化理想時代精神方面的鼓舞作用日見消沈，只成爲婆婆媽媽的生活習慣。啓蒙思想以來的個人主義，自由主義，人權運動，已開花結果而爲現實的民主政治制度，依是，其鼓舞時代精神指導文化理想的作用已停止而消失，而只成爲在現實的民主制下的現實的生活方式。如是而有放誕不羈的尼采出現，痛斥基督教與民主主義。而同時資本主義的經濟生產亦正被見出其有流弊，這裏出了一個大漏洞。如是，馬克思應刼而生，而有今日的共產黨之大禍。夫注意社會經濟問題原不算壞。人的精神向廣度方面發展，貫注到社會經濟問題，這至少表示我們發見了更多的問題，注意了更多的方面。可是要者是在：這後面是否有道德精神價值觀念在作主，是否有文化理想在指導。而出之以唯物論，經濟決定論，則這種廣度的貫注後面全成了無本無源者，全成了黑暗。夫如是，焉得不浩刼？道德精神文化理想方面已落空，全落下來歸於現實而削平了。這方面不能首出庶物，成立標準，則科學方面起來了。科學方面的成就發達震撼了人心，遂把道德精神文化理想方面更壓下去了。而人們亦隨之視道德精神文化理想爲虛玄神祕着摸不清的東西，遂更覺其無力無用而置之不理了。科學本身並無所謂，無論有多少成就，怎樣發達，總是好的。要者在人心之陷溺，不知分際，不知界限，成爲科學一層論，理智一元論的風氣。此種習慣足以消滅價值理想而有餘。林語堂先生說得好：

「在客觀地研究石頭，礦產，或甚至我們的動物朋友的時候，是不需要良心這一類東西的。因爲自然科學所需要的只是客觀性和一種超乎道德的學院態度。當這種科學方法被引用到人事方面去，而且很粗淺地相信我們開始使人事成爲眞正的科學時，則那種超道德的客觀方法亦照樣搬過了去。那麼，那種在自然科學中是一種美德的東西，在人文科學中簡直是，一定是，一種極大的罪惡了。」

「實在可以證明，科學唯物論侵入了文學或思想，其直接後果是整個世界破碎了。研究人文的教授們，把他們的地位只限於找尋機械性的定律，來統轄人類的活動。越能證明自然律是嚴密，越能證明意志自由是虛幻，則這些教授們越能得到知識上的快樂。因此，經濟史觀來了，把歷史當作一個決定論者的樊籠，而人只是樊籠中的一隻兩脚獸，只爲着找尋食物而行動。當然馬克思是爲他的唯物論和他的史觀而自豪了。但是因爲科學唯物論一定演到決定論，而決定論一定演到失望，所以最受人仰慕的頭腦，（不是最偉大而是最時髦的），都是悲觀的。我們國際上的混亂是基於我們哲學上的失望

：Baudelaire的失望，Huysmans的失望，Hardy的失望，Dreiser的失望，T.S.Eliot的失望，Proust的永恆懊悔，Samuel Butler和Dean Inge和Adious Huxley的和緩悲觀，以及Picasso和立體派與超實在派畫家，佛洛依特的信徒精神治療者，和超審美派的瘋狂。」（中西思想比較觀，民主評論第四卷第七期）。

這就是十九二十世紀以至今日的大病症，這一方面是悲觀失望，那一方面卻是宗教性的唯物論。因此，整個世界不但破碎，而且是天翻地覆了。道德價值文化理想之何以喪失而成爲虛無主義技術主義，本文篇幅不允許我們詳論。友人唐君毅先生，在其「西洋文化精神之一省察」中，論之甚詳。（民主評論社人文叢書之一。）讀者可取而讀之，以補本文之不足。我在這裏只簡述十九二十世紀以來時代精神之墮落，以明我們所處之時代實在須有對於文化各方面頭緒重新加以反省之必要，實在須要人文主義之重新再興起。時代條件已醞釀到足以重建文化之時了。

在共黨的反文化毀文化之下，其反人文是顯然的。這種反人文，我們叫它是物化。（視人爲物。）在科學唯物論，科學一層論，理智一元論的時風之下，其爲「非人文的」亦是顯然的。這種「非人文的」習性與時風，我們叫它是僵化。在僵化與物化的墮落時風下，反僵化反物化的人文主義開始就有一個廣大面作背景。所以這時代的人文主義必然要提升上去，澈底透出，而成爲指導文化生命前進之最高原則。

但作要到這一步，它必須能接上科學哲學宗教的傳統而不與之爲對立。科學本身並無所謂。但必須先知科學是繫屬於成就科學的「知性」的，這就是把科學繫屬於「思想主體」了。其次，須知「知性」或思想主體的本性及其限度：知性只是人的心靈活動之一形態，思想主體只是內心主體之一形態。把科學繫屬於知性或思想主體，因爲知性是成就科學之機能，並不是把石頭礦產繫屬於知性或思想主體而化於知性之心中，因爲石頭礦產本身並不是科學。知道了科學之繫屬於知性或思想主體，（邏輯數學所規定的），則人的心思即可不爲科學所限，而陷溺於科學一層論，理智一元論，而人文主義亦不與科學爲對立，而綜攝而消融了科學。這就是接上了科學的傳統。科學的成就與進步都是好的。復次，哲學上從客體方面把握外物之理的希臘傳統，亦有其成就與價值，但人文主義則必直接繼承康德黑格爾從主體方面以立言的哲學精神以綜攝消融從客體方面以立言的諸系統諸成就。這就是接上了哲學的傳統：希臘的與康德的。復次，宗教的傳統於道德精神文化理想上有其最崇高的啓發力。在現在，我們既不能如文藝復興時的人文主義與宗教爲對立，亦不能如十八九世紀德國的人文主義只停在浪漫的泛神論上。正宗的宗教精神之向裏收斂與向上超越中所含的道德宗教之神性感與罪惡感有其人文上的崇高意義。此時的人文主義須予以綜攝而消融之。這就是接上了宗教的傳統。我們將不與任何偉大的宗教精神爲對立。而任何偉大的宗教精神，亦將在人文主義的提挈消融中，漸漸消除其偏執，使其逐步反省其自己以充分調整開拓通達其自己。

這是直接繼承康德黑格爾的哲學精神所開出的廣大的人文主義之綱領。本此綱領，則德國十八九世紀的人文主義者所具備的人文主義之完成的五步驟，我們可以重新解析如下：

一、截斷衆流的浪漫精神：此可由德國人文主義的文學情調的浪漫精神轉而爲狂狷的浪漫精神。下不自中庸門入，上不自方便門出。遮撥一切僵化物化而唯自內透顯一「道德的精神主體」，以立大本。文學情調的浪漫精神所顯的是「生命主體」，而狂狷的浪漫精神所顯的是道德主體。生命是在道德主體的向上層層深入與向下層層開展中攜帶以前進，即在此前進中逐步規定其自己，而不是空頭渾淪的生命。

二、依是，主體主義唯是道德的主體主義，而不是浪漫的主體主義。惟樹立道德的主體，始能開出人文世界。當周文疲敝之時，儒道墨三家都想以質救文。而儒家自正面以質救文，點出仁義之心，此即樹立道德的主體。因是自正面以質救文，遮撥之意不甚顯，好像缺少開始第一關的浪漫精神，然

「人而不仁如禮何？人而不仁如樂何？」惟是重視質之眞實，而不重視虛文，則實已透過形式而函有浪漫精神在內矣。若無一種洒脫得開的精神，則仁義之心的精神主體亦透不出。惟孔子以大聖之資，已臻渾化之境，不在遮撥處顯耳。至孟子已大顯。儒家能樹立道德主體，故能肯定人文，開啓文運。道家自反面以質救文，故其浪漫精神特顯。然其所顯之主體唯是一乾冷晶光之「道心」，而不是道德的主體，故道家已落在「非人文的」或「超人文的」境地。至於墨子也是自反面以質救文，然其反面之反唯是法夏黜周，唯是直接的對立之在外的反，而又不能通過一浪漫精神而回歸於主體。其主體唯是一乾枯質樸之氣質，而不能樹立精神主體，故終於成爲「反人文的」。故其對於後來文化之影響尙不及道家，而其學亦早絕。

三、隨道德的主體主義下來必是道德的理想主義，而不是浪漫的理想主義。惟由道德的主體始眞能開出理想與價値之源，人性與個性之源。故儒家特重視人性個性與人格也。

四、至於古典主義，則可解爲通貫百代之歷史文化意識，通過學統（科學的與哲學的）與道統（道德宗教的）之綜攝與消融而來之歷史文化意識。惟通過此歷史文化意識所確定之古典精神始能客觀化吾人之心靈生命於文化生命之大流中，而通古今之變。

五、最後是客觀主義。此可由道德的精神主體所顯之道德理性之客觀化來了解。一切人文活動都可視爲道德理性之客觀化。因此始可肯定人文世界之價値，而成爲客觀主義。歷史文化則視爲道德理性在縱貫的曲折中實現。而道德理性亦必客觀化於縱橫的人文世界中始能充實而完備其自己。今日人文主義中客觀主義一特徵又必須不只泛言人文世界之肯定，且須在道德理性之客觀實踐一面轉出並肯定民主政治，且須知道德理性之能通出去，必於精神主體中轉出「知性主體」以成立並肯定科學。（此則單對中國人文主義的發展言。）

以上是人文主義之澈底透出，而足以成爲文化生命前進之最高原則。此亦函中西文化之自然融攝於其中。此可名爲儒家式的人文主義。至於其餘諸義，則本文不及詳論。

論「上帝隱退」

一、上帝隱退——上帝歸寂

德國詩人霍德林（Friedrich Holderlin 1770—1843），在幾乎百年以前，即已見到了上帝對我們這個時代的無效，上帝的失敗。他名之爲「上帝的隱退」（Withdrawal of God, God's absence）。後來尼采則直接宣布上帝死亡，痛切感覺到近代人的無家可歸。上帝本身無所謂死亡不死亡，亦無所謂隱退不隱退。他們的呼聲，實是表示時代精神的墮落。這是一個時代精神的方向問題。人間與上帝拉開了，把上帝推遠了。各自奔前程，不再密切地貫注着，照顧着。人的一切活動不再念茲在茲地想着上帝，而上帝亦不再明珠暗投，對牛彈琴了。上帝的時代已經過去了。現在是一個過渡期。未來的時代，上帝是否能出現呢？

現在的德國哲人海德格（Heidegger），很深切地又注意到了「上帝隱退」的意義。他對於霍德林稱許備至，他把他看成是這個時代的先驅，是十九世紀最有先見之明的一個心靈。霍德林最能感到我們這個過渡期宗教信仰的喪失以及人們的痛苦。他之說上帝隱退實具有一種深遠的悲憫之情，亦充分表示其思慕之忱。而尼采之說上帝死亡，則其悲痛轉而爲悲憤，故乃另尋別途。

上帝的隱退與否，實決定於人的精神表現之方向。而人的精神表現之方向是有其歷史發展中之時代性的。人的精神，如是向下向外，專傾注於自然與物質，則不但可以忘掉其自己，且亦遠離於上帝。人的墮落，其精神性全失，只剩下物質性，這根本不必說。我們尚不能這樣看這個時代。我們亦可以說這個時代的人亦有其精神表現之方向。所以亦有所成。但其表現的方向，如是向下向外，而專傾注於自然與物質，則其精神即爲自然與物質所吸住，而凝結黏着於自然物質上而喪失其自己。人天天在使用其精神，而不知其有精神，此所謂「百姓日用而不知」。滿眼只是自然與物質，其自己之精神尙不知，何有於上帝？故在向下向外的表現中，雖有所成，而其傾注於自然與物質，即是一種下降的趨勢。這也就是如「墮落」二字之所指。但是這種下降的趨勢，因其造成淸一色的自然與物質之平面層，故一方推遠了上帝，一方也澄淸出一條界綫。因爲這淸一色的自然與物質之平面層並沒有精神，亦無所謂上帝，更無所謂意義與價值。所以這個平面層本身就是一條界線，它淸除了精神、意義、價值與上帝，它也乾淨了自然與物質。若是人們的心思，隨其精神之只傾注於自然與物質，而只在這個平面層上打旋轉，其餘全無所覺，亦全不予理會，則單就這個時代言，這當然是上帝死亡，上帝隱退的時代。但是這種說法所表示的意思太傷感了。這似乎是孤離地單看這個時代。我們若知時代精神是在歷史發展中表現的，是在曲折宛轉中表現的，則眼前時代精神之成爲如此也不過是其中之一曲折，可以貫通着過去，也可以指點着未來。我們若貫通着看這個時代，則我們可以轉一個說法，不說上帝隱退，上帝死亡，而說「上帝閉關」，或「上帝歸寂」。這個說法的意思是：上帝並無所謂隱退，更不能說死亡，他還是在當令。從時代或人方面說，雖不理會他，好像是他死了，但從上帝方面說，這個時代的精神可以是他的一步「歸寂的功夫」。整個人類歷史的發展可以看成是上帝的表現方式史。上帝通過人類歷史的發展而有的表現過程，與修道之士的修養工夫過程是相同的。

他的歸寂是他自己暫時與人間及世界隔離。他要保持他的純淨性，歸於他的「粹純主體性」之自己。這樣，他才眞能建立其自己，保持其自己，而不流失。他能「獨立而不改」，始能「周行而不殆」。（道德經語。）他與人間拉得太緊了，密切得太久了，人間可以僵滯，玩忽，而上帝亦得痲痺厭倦。這時，他若不知反，那才是他的流失。中世紀教會的殘忍，與近世教會的庸俗，都是人間的僵滯，這時，他要歸寂，廓淸他自己。他歸於他的純粹主體性之自己，則人間方面中世的殘忍愚昧與近世的庸俗玩忽都是自己毀滅之過程。同時，人膠固於上帝而陷於幽冥，其生命心靈不能開拓變化，亦非上帝之所喜。所以上帝要退一步，讓人的生命心靈自己活轉一下，讓它在自己的活轉過程中磨練其自己，看它是否能清醒自在而達到與上帝周流感通的境地。同時，人膠固於上帝，除殘忍愚昧，陷於幽冥外，還可以生出許多虛幻不實的概念，使人執虛以爲實，執妄以爲眞，夾雜不清，纏繞不明，既使上帝陷於葛藤，復使人生宇宙實相陷於曖昧。所以上帝歸寂出纏，既所以澄清他自己，亦所以釐清人間世也。

上帝歸寂，不自今日始。我們可以拉長看，遠自中世教會的殘忍愚昧，即是他的歸寂之開始。文藝復興就是他的歸寂之象徵。文藝復興與時代所表示的精神，是人與上帝拉開，上帝後退了一步，人即向外開了一步。人不再向上看上帝，所以在向外開放中，亦表示向下趨。在向外開向下趨的過程中，雖有近代的許多成就，（所以也有其精神表現，不能只單純地說墮落，）然開到現在，趨到現在，可以說是已經達到了清一色的自然與物質之平面層的境地。所以上帝也算歸寂到了極點，而人間的向外開向下趨亦算到了極點。在這時期，兩極化已算形成。上帝歸寂已經到了界線極端分明的時候。

我以下既不就近世教會的庸俗玩忽來說，亦不就近代人之「無家性」(homelessness)，一般生活之趨於「非人格的」(impersonal, anonymous)，趨於群衆，集體(mass, crowd)之混沌，來說上帝歸寂與兩極化之形成。我願就虛幻不實的概念之澄清來說兩極化之形成。

二、「事法界」的認識——愛因士坦的時代

近代的精神，從一般生活情調方面說，可說是浮士德的追求精神。但是還有一面可說，這就是爲科學所領導，環繞科學而形成的。所謂就虛幻不實的概念之澄清來說兩極化的形成，就是指的這方面說。

達爾文的進化論固然影響了人的人生觀宇宙觀，與創世紀爲對立，但這還是表面的。生物學尚不

是基本而主要的科學，因此，它於思想概念上尚不能表示人的心靈之眞實傾向。基本而主要的科學當推數學與物理。近代科學，物理學有高度的進步，數學有高度的進步。從物理學方面說，從哥白尼到牛頓爲一階段，此可謂近代科學之前半段。後半段便是愛因士坦的相對論。哥白尼的傳統只表示文藝復興後「知性」的解放，科學的出現。可是到了愛因士坦的相對論，其於思想概念上的影響大了。兩極化的形成，界線的澄清，可以說從科學的出現發展到相對論的出現，才眞算到了顯著的地步。我們可以說，我們這個上帝歸寂的時代，從科學方面說，便是愛因士坦的時代。愛因士坦時代的基本精神是「事法界」的認識，不是「理法界」的認識。而在「事法界」的認識背後也有一種藝術性的欣趣之美學情調，此可謂「事法界」認識的基本靈魂。而此常爲當事人及一般人所不覺。然這却是十分顯然的。這個藝術性的欣趣之美學情調便是對於行雲流水之輕鬆弛散境之趣味。這既不是詩的，也不是戲劇的，乃是散文的，小品文的散文的，所以它首先不是強度的，乃是廣度的，不是內在的，乃是外在的。這是一種平面的蒼涼陰淡的趣味，無體的月亮光的境界。何以會如此？這需要略爲說明一下。

在相對論的物理學裏，那種數學的，齊一的，絕對的時間與空間之假設是不必要的。這種時間與空間是一種抽象的，形而上的自存體。這在物理知識的形成上是不必要的。依是，在相對論裏，時間與空間只成了記錄事件關係的形式特性。並不須再從這裏，爲邏輯的圓足，再推置一個形而上的自存體——絕對的空間與時間。復次，「力」的觀念，在相對論的物理學裏，亦不必要。這既不能證驗，亦不必須。這也是一個形而上的假設。依是，物理學只是描述呈現的物理事件關係的一組命題。相對論一出，始眞影響了人在思想概念上的眞實傾向。首先，「事件」(event) 是一個最基本而又乾淨的觀念。你在這裏可以見出這個字爲什麼這樣流行。以「事件」一概念爲首出，所以那抽象的赤裸裸的「物質」(Matter, bare matter, a bit of matter) 一概念便被剔去了，因而那抽象的「物質本體」(Meterialsubstance) 一概念也被剔去了。體或托體 (Substratum)，這是現代人所最不喜歡的一個觀念。這在物理學範圍內是應當如此的。相對論的物理世界是無體，無力，而只充滿了一堆一堆的事件之移來移去，一堆一堆起縐縐現灣曲的「事件」與「場」之任運而轉。把現象後面那些帶保證性而却是虛妄不實的，帶圓滿整齊性而却是一套一套的枷鎖的概念，一齊剔去而全部把現象世界浮現上來，祇是事件之如是如是：不要往後面「推想」，祇要向上面觀察。這在科學知識上說，當然是比較乾淨得多了，成熟得多了。

以相對論的物理世界觀的領導，影響了人的思考態度。首先被攻擊的，是亞里士多德傳下來的本體及「本體屬性」（Substance-attribute）一套觀念，與本體相對的，就是「關係」一觀念。現代人特別不喜歡「本體」，特別偏愛「關係」。把「本體，屬性」的思考方式打倒了，代之以關係邏輯。這是第一步。羅素，懷悌海，以及其他，都曾爲此而努力。說關係，就得說發生關係的事件。把「本體屬性」的方式推翻了，共相，本質（體性），也爲近代人所不喜。與共相，本質等相對的，便是殊相，而殊相是「事件」。事件與關係窮盡了一切。由此前進，雖有種種不同的想法，但我願以羅素爲正宗。因爲他最能默契相對論的世界觀而不走失，既不增益，也不減損。他的「物之分析」與「心之分析」兩書，就是事件與關係的方式的充分表露。關係，用之於物理世界，就是因果關係：事件與因果律（不是老的意義）純淨化了物理界。用之於心理現象，便是「念舊律」（memonic law）。念舊律把些心理事件貫穿起來。事件與念舊律純淨化了心理世界。無所謂心，意識，心體，靈魂（Mental substance, soul），只是事件。即，心不能當作一個「體」看。物質體與心靈體俱是抽象的形而上的推置概念，並非實有。所以我們可以用奧坎刀（Occam's Razor），把它們替去。這種純淨化即是奧坎刀的使用所成之純淨。結果是以事件爲主的中立一元論，既非唯心，以無心故，亦非唯物，以無物故。這也可以說是泛事件的客觀主義。這似乎是以爲祇要把心不視爲一個「體」，而祇視爲一串一串的心理事件，就算解消了唯心論，把物不視爲一個「體」，而只視爲一串一串的物理事件，就算解消了唯物論。是否這樣簡單，我這裏俱不辨論。我只想表明近代順科學走所成的祇是事件一層的世界觀。

由相對論所引出的「事件」一觀念，除羅素盛言之外，懷悌海由事件一詞，復引出許多變相的字，如緣起（Occasion），現實緣起（Actual occasion）等。這些原都是可以說的。但他由此而轉到建立他的宇宙論的自然哲學，雖比羅素爲積極，較爲哲學的，然不能無增益，而見其顏色又太濃。然其由事件而歸於「具體實事」（Concrete fact）以袪除以往虛幻不實之抽象觀念，這一步一般的工作，他亦作得極好。他首先批評由拉克傳下來的對於物性之二分，即第一性與第二性之分，以爲自然同在一條船上，一切都是知覺呈現的具體事件，把柏克萊的「存在即被知」一主斷予以進一步的解析。復進而說明傳統哲學中「物質本體」一概念只是一種抽象的概念，並不是眞實的。但是以往却認爲是具體的，眞實的。他由此立下一個原則以明其謬，名之爲「錯置具體之謬誤」（The fallacy of mis-placedconcrete），即把抽象的當作具體的之謬誤。他復有「單純定位」（Simple location）一概念，以爲「一片物質」，「硬固的物質體」，抽象的時間一瞬，空間一點，都是我們思想上的「單純定位」，不是具體的眞實，具體的眞實祇是關聯的變化的事件。所以他在他的「眞實與過程」一書中，有這樣的兩句話，即：「事實是最後的，過程是最後的」。（Fact is ultimate, proess is ultimate）。不管他後來所增益的顏色爲如何，而這開始的澄清現象界，認識「事法界」的興趣，却是具備了的。他後來想由此進到「理法界」的認識，雖不是很妥當的途徑，但還是想和上帝接近。所以在懷悌海的整個思想裏，尙不能表示「上帝歸寂」之意義。然而他的哲學系統，不甚爲近人所欣賞，亦未能成一個顯學。

眞正的顯學是羅素的一派。善繼承羅素的精神而發展的是維特根什坦（Wittgenstein）。在維氏的「名理論」裏，事件變成了「原子事實」（Atomic fact）。這是命題所摹狀的。事實世界是命題世界，亦是可說的世界。在這個世界裏，沒有「意義」與「價值」等觀念，意義與價值是在世界以外的。主體，靈魂，都不是命題世界裏的事。他似乎也想把主體方面只看成是一些邏輯的原子事實。祇有事實與事實間的對列關係，而無所謂主體或心理學中所講的心或靈魂等觀念。這也是一種邏輯地超然的泛事實的客觀主義。由此而開出現在流行的維也納派。若是只限於科學知識範圍內，邏輯言詞範圍內，我以爲他們那些正面的話都是可以說的。法國哲學家馬塞爾（Marcel）有「問題世界」與「神秘世界」之分。在「問題世界」內，他們遵從科學的路，邏輯的路，以嚴格的技術來處理是對的。問題是在他們對於神秘世界的態度太是負面的。從科學知識方面說，他們盡了清除的責任。從超越知識方面說，他們看的太輕，其態度是不理不屑。我不理可以，我不能從學問上客觀地予以原則上的抹殺。劃分界限可以，我不能以爲那都是痴人說夢，或祇是玩弄字眼（Play of words），或只是概念的詩歌，情感的滿足，而無積極的意義可講，正當的事業可作。我以爲這都是過其分的。我在這裏不能詳辨，我只想表明，這還是祇是認識「事法界」的精神之表露。

三、「事法界」的認識與「理法界」的認識

在傳統哲學裏，對於事法界的認識，雖不及現在的乾淨清爽，然它有一基本精神，即是：它不滿足停止於事法界之本身，而總是想由事法界向裏推想，向上翻，而尋求背後的根據。即是說，它總是想由事法界而認識「理法界」。理法界的認識是傳統哲學的基本精神之一，但近人，在科學的領導之下，却願駐足於事法界而不進。我上段已說過，不要向後面推想，只要向上面觀察。這是一種奧坎刀的清除精神，同時再轉即是羅素所說的「以構代推」（Substitue Construction for inference）的精神，即根據事件去構造，不要去推想。譬如一個桌子，一個「點」，我們都可以看成是由「事件串」而構造起的一種邏輯構造品。這裏面當然有可以吸引人的精妙處。但是向後推想以認識「理法界」，這似乎是人類所不容已的追求，很難在理論上或原則上予以割斷或截住。

傳統哲學，在向後推想以認識理法界中，容或有許多虛妄不實的概念。但這種精神，實在是想藉向上翻，以求接近上帝的。在認識理法界中所引出的概念是半途中或居間的東西。這些概念容或全屬虛妄，我們都可予以解消，然而其所代表的精神與所指點的問題，則不容隨便加以否認，或輕易予以抹殺。譬如，本體，本質（或體性），力，生機，充足理由，實現原理，絕對而無限的時間與空間，數學與幾何的莊嚴而神祕的秩序，這些都是「理法界」中的概念。講「本體」，表示一切東西總當有一個最後的支柱點，讓我們可以停下，而不能只是關係。講本質或體性（Essence, Form, Idea），表示任何東西總有其定然而不可移的範型，不能隨便轉換，漫無定準。講力，生機，充足理由，實現原理（Principle of Actualization），是表示現實的因緣生起的事件串之變化，總需要有一個「理由」來解析。因果律不祇表示事件的平鋪的連結，它還指點何以如此連結的理由。充足理由，實現原理諸概念，都是在因果律的這種指點上而產生的。我們有什麼理由一定要把因果律的牽連截斷，而祇讓其停止於事件的平鋪連結上？講絕對而無限的時間與空間，一方表示對於現實整個宇宙的綜和表象，一方也給數學幾何以存在學上的意義。講數學與幾何的莊嚴而神秘的秩序，是表示「神性」的透靈。這種看法的數學與幾何是古典的看法，由畢塔哥拉斯，柏拉圖，傳下來的傳統的看法。當然不是現代的看法。現代的看法是把數學看成「套套邏輯」式的形式系統，既與存在無關，更與神性無關。

這些「理法界」中的概念，其講法與引生的途徑是有問題的，其虛幻性當然也是不免的。康德在其「純理批判」中即曾作了一次疏導。而且我常想，即就接近上帝言，中世紀的神學是憑藉柏拉圖及亞里多士德的哲學系統而建立的。而希臘的哲學傳統是重智的精神，故其形上學是外在的形上學。這種精神是與耶穌的宗教精神相隔的。拿這種智的，外在的系統，來建立神學，來接近上帝，亦根本是隔的，所以其不相應而為戲論的地方，必不可免。所以在理法界的認識中，其由向上翻，以求接近上帝，這種向上的基本精神雖不容輕薄，然而於理法界的認識不能暢達無礙，造成許多空華幻結的概念，則上帝亦不能眞實呈現。可是對於這種向上翻所成的理法界的認識，若根本予以截斷，予以抹殺，而不予以理會，則終堵塞慧根，窒息生命。因爲若衹停駐於事法界而不進，則理法界必日就荒涼陰暗，必不能暢達生生之機，開闢價值之源。所謂「天地閉，賢人隱」是也。羅素在他的「來布尼茲哲學之批評的解析」一書中之序文裏，曾表示：來布尼茲的哲學，雖大抵皆幻想，然而他在哲學家中是最能將他的觀念表示清楚的人。這是在清楚方面，稱贊他，而於其所說的內容，槪念，則却不予尊重。這個意思實在未免顯得輕浮，這種聰明實在誤了自己。

傳統哲學的認識理法界，旣有不相應的地方，虛幻的地方，則其强烈膠固，亦不能免。也就是說，它太緊了。現代的精神，則是從緊密的强度中解放出來，而向鬆弛的廣度的外在的路上走，因此，遂捨理法界而欣趣於事法界。在這種事法界的認識中，有好些地方頗類乎能破除許多「執着」。例如，對於「物質體」的破除，類乎破「法執」，對於「心靈體」的破除，類乎破「我執」。有好多人以爲相對論的無體無力的世界觀最是灑脫自在，各如其如，這就是近乎「道」的境界了。易經繫辭傳豈不也說「神無方而易無體」嗎？這個無體的境界是很美的。其實這都是似之而非也。因爲逗住於知覺經驗所呈現的事件上，而以此爲標準，以泯除物質體與心靈體，這根本說不上破我執與法執。因爲這根本尙未接觸到「我」與「法」，何能說得上破？以知覺事件，物理的或心理的，爲準，當然說不到「體」。這是根本未着，或是以事件爲準而取銷或不理，不能說得上破。因爲凡是破，必是立於高一層上來破，破除假的，還要顯眞的。例如佛家破除假我，還要顯「常、樂、我、淨」的涅槃眞我。立於高一層上，就表示已經進入了我與法的領域，而且已經透轉了我與法。並不是逗住於低層上，根本未接觸到，亦未經過透轉，而可以說破也。同理，無體無力的事件觀，亦根本說不上灑脫自在的如如眞境。這祇是科學知識上的釐淸，假設之需要不需要的問題，不是境界的問題。當然，人們能在這裏透露出這種意味來，亦表示他們內心裏實有一種欣趣的傾向：欣趣於「法爾如是」的自在之境，欣趣於無我無法的「冷冷然」的超然之境，祇是如是如是之境。然而他們不知「這種境如何轉出」的來歷，而祇是逗住於知覺事件之平面層上以作擬似之自娛。是則其所透露的內心之欣趣只是一種不自覺的主觀之情感。他們並不能反而就其內心的欣趣之情感再透進一步。若能如此，他們的學問將不祇停住於事法界內打轉轉。而其內心的欣趣將可超轉而有實着落，而於事法界理法界將更有圓融無礙的認識，而不祇膠着於祇是平面的事法界上以洩露其欣趣之情，且轉而爲一種排他之僻執。這種內心的欣趣之傾向，羅素只就知識說話，從事問題的分析與辨解，似乎表面上並不顯。然而在其喜歡海與喜歡邏輯，喜歡與愛因士坦換一個過的自白上，實有一種「智者」的情趣在洋溢。在其邏輯的必然，知識的概然，事實的偶然，而於人生又特別重視創造的衝動，自由之崇拜，之思想形態上，亦實有一種無可奈何而安之若命的蒼涼的智者之情調。至於維特根什坦，則在詞裏行間，解說義理上，即已甚顯此種內心的欣趣之傾向。這種事法界的認識之所以吸引人處，從主觀的情感方面說，胥繫於此種內心的欣趣之傾向。在外面，在其所宣說的東西上，極端冷冷然而無情，然而其內心的欣趣之美學情調即在欣趣於此「冷冷然而無情」的一切「是其所是」的平鋪之境。這是鬆弛的，散的，極端外在的境。浪漫派，意象派的詩是以緊密，强烈，生命爲主徵。西方人似乎是以這種詩爲眞正的詩。然而中國人則不甚重視這種詩，而以鬆弛的，散文的，行雲流水，蒼蒼涼涼的七古歌行，五言古詩，爲最高。在這裏邊，把强烈的情感，生命的意義，意象的內容，都化掉了。這也是歸於「事」上的境界。我們即可以拿這個意思來幫助我們了解近代人重視「事法界」的認識之精神及趣味。

然而事法界的認識不能離開理法界的認識，而事無礙，理無礙，事理圓融，方是澈底透出的全幅學問之歷程。在這裏，方可使「內心的欣趣」有實着落，而不流於排他之僻執。然而近代的事法界之認識却正是離理的「事」，更說不上事理無礙，事理圓融了。就在這個意思上，遂成了界線分明的兩極化。把上帝推遠了，清除了，而自己也落下來了。這是上帝的極端歸寂時期。再配合上教會的庸俗，近代人的無家性與非人格性，其爲極端歸寂更爲顯然。然而這裏却也正預伏着一個轉機。維特根什坦說：人生的「意義」不在世界內。然則把泛事實的客觀主義形成了，把清一色的命題世界，可說世界，弄清了，則這個確定的界線不也把「意義」逼顯出來了嗎？究竟像羅素，維特根什坦那樣能講名理的高度的「明智之心」不可以「事件串」論，也不可以分析成事件串。這不是由「事件串」的界線之畫成更超然地顯出來了嗎？不要祇是順取事件串，且須逆覺「意義」與「明智之心靈」。如是，方可進入理法界。這兩者是不相礙的。

四、「事法界」的認識與人類社會歷史的「物勢觀」

在近代向外開向下趨的一般時代精神下，人們的心思傾注於事象的如實的了解，如實的剖示。在奧坎刀的運用下所成的「事法界」之認識中，是無體，無力，與無理。無體，其特定的意思，原是指遮撥「物質的本體」與「心靈的本體」而言。若就「無體」而一般地言之，則可函「整個人生與宇宙皆無根底」這一廣泛的意思。因爲「本體」，無論是物質的或心靈的，皆是表示事象背後的東西，亦是由「理法界」的認識而引生出的半途中或居間的東西。由此實亦可以指點着「究極本體」的尋求。今既根本截斷了本體這一面，則「究極本體」的尋求亦根本不用說了。所謂截斷或遮撥，其開始的意思原是就科學知識或經驗知識而言其「不必須」，此還是從道理上講的。其次，則由「不必須」一轉而爲情感上的「不喜歡」，這便不是理上的問題。即由此情感上的「不喜歡」，我們可以看出一種時代的精神或習氣。亦由此可以看出這種截斷根本是一種情感的截斷，同時亦即是一種率爾的墮性的停滯，率爾停滯自滿於事象而不前，而即以爲足，由此引生一種習氣上的僻執。若祇是從「不必須」上說，則在此範圍內不必須，而在另一範圍內則可不是「不必須」，如是其前進之門還是開着的。惟是情感的截斷，習氣的僻執，才把門封上了，而亦顯出一種時代的精神或習氣。復次，「無力」，其特定的意思，原是發自休謨對於因果律的批評。原因中含有一種可以產生結果的「秘密的力」，這是不能證明的。而在相對論裏，不但不能證明，且亦是不必要的。但是「力」這個概念亦是指示事象背後的一個「所以然」的概念，亦是由理法界的認識而引生出的半途中的東西。它可以指點「充足理由」，「實現原理」，宇宙論上的一個理。今既根本截斷了「力」這一面，則再往裏亦不必說了，而截斷亦是由「不必須」轉而為「不喜歡」。復次「無理」，其一般的意思，亦可由無體無力而推出。體與力，從其究極方面說，皆可指示一種形而上學上的「理」，理性或理由。這是近代人所不喜歡的。而其特定的意思，則是由近代邏輯的發展（符號邏輯與數理邏輯）與對於數學的認識而表現。邏輯與數學本是最表示「理」的。縱與實在方面的「理」無關，然而似乎不能亦與純思想純知識中的「理性」無關。然而現代的人就是不喜歡「思想」「理性」這類字眼的。所以他們講邏輯與數學總是盡力往外推，使其與思想，理性無關，而使之成為純言詞的，純語句的，因而祇成為約定主義（Conventionalism），形式主義（Formalism），不能亦不願進於理性主義與先驗主義。所以這方面的「理」與形而上學方面的「理」，根本是近代人所不喜歡所不願聞的。這就可以形成了無理的境地。無體，無力，無理，祇有「事件」與「語句的形式」。這是近代順科學而發展出的一個局面。這是純粹事法界的認識之精神。奧坎（William Occam）是十三世紀的人。從他開始，經過十八世紀的休謨，廿世紀相對論的出現，羅素一派的從各方面的澄清，而確定出這個局面。

這還是就純學術方面而表露。同時還有一個馬克思。近代向外開向下趨的一般時代精神亦表現在馬克思而為另一形態。馬克思把這種事法界的認識之精神移之於社會歷史。他解剖了資本主義社會的經濟生產的全幅過程。他亦建立了唯物史觀。當我讀羅素的「物之分析」與馬克思的「資本論」的時候，實不能不令人生贊嘆之感。一個把物理世界給剖示出來，一個把資本主義的社會給剖示出來。可是他們雖同是傾注於事法界的認識，而其背後的基本情感情調却又不同。在羅素一派，是以自然知識爲主，這是「知識」本身的意義，也是就知識本身而講知識之一般的方法。所以其透顯在外面，是知識上的邏輯是非之辨，而其內心之情感情調，則是欣趣於「事法界」之鬆弛之境。在馬克思派，則不以自然知識爲主，而轉移於社會歷史。雖亦是只注意於社會歷史之事法界的認識，對之作理智的分析，然不是知識本身的意義，亦不是知識之一般的方法。所以其表現在外面，雖是事法界之分析，而其背後却是想加上一個括弧給圈起來。這個括弧就是唯物論，由這個括弧，亦表示着一種內心的情感情調。這種情感，從心理學的意義方面說，決然是一種變態的、恨的、惡惡喪德的心理。從藝術性的（廣義的）趣味方面說，則是欣趣於虛無的，漆黑一團的，渾同的「純量」之境。所以其內心的變態心理以及其所欣趣的純量之境，決然都只是物化的黑暗。這表示他們的生命以及其生命之所接觸的，純然是一團黑，毫無任何光明可言。所以他們表現在外面的對於事法界的分析亦全爲此黑暗所籠罩。這就是他們所加的括弧。他們把人類活動所成的歷史社會，使之脫離「人的活動」，全看成是一團「物勢」；把「人的活動」本身也看成是一團「物勢」，只是階級性私利性的「物勢活動」；把「人」本身也看成是一團「物勢」，階級性私利性的物勢。如是，事法界轉而爲人類社會歷史之「物勢觀」。當其就社會歷史之「事實」而作「理智的分析」時，豈不曰「科學的」？當其在此理智的分析中而表明社會歷史事實之純然「物勢的轉移」之規律性（或法則性）時，豈不亦曰科學的？「科學的」一詞，是以事法界的認識爲媒介，而被拿來作護符。然「科學的」並不函其後面所加的括弧，並不函其漆黑一團的物勢觀。其成爲物勢觀，是因爲他們不是純然的知識上的分析，他們作這樣的分析時，還函着行動的意向，社會革命的意向。這就是馬克斯所說的歸於「實踐」。但是他們不知道實踐自有實踐的根源。任何實踐，只要一落到實踐上，其最基本而普遍的條件，不能脫離道德的理性，道德的理想，而此必然要肯定一道德的心靈。然而馬派的實踐却不根於此，而根於純然是黑暗的變態心理。這樣，才把他們所觀察的社會歷史事實給加上那樣一個「物勢觀」的括弧。如是，「科學的」全成爲「非科學的」。

然而當時代精神成爲只注意於事法界的認識而至無體、無力、無理的境地，則馬派在此時代精神下，順之而追認上一括弧，澈底道出只是一個「物勢」，豈不是很自然的？科學上的「必須」「不必須」，並不能函向馬派轉。惟是愛因士坦的相對論轉成愛因士坦的時代，由科學範圍擴大而至各方面，由科學上的必須不必須轉而爲情感上的喜歡不喜歡，由必須不必須之理上的敞開轉而爲情感上的封閉（截斷），而成爲僻執，則始成爲一種時代精神或習氣。由此，遂函向馬派轉。當羅素說：「我不是唯物論者，雖然隔唯心論更遠。」這輕重之間，你可以看時代精神之趨向。羅素之所以不主唯物論，是因爲「物質本體」，「赤裸的物質」一概念之解消。這個意思與馬派的唯物論不相干。因爲馬派的唯物論也不是就「物質本體」，「赤裸的物質」而言。這正是他們所詬詆的機械的形而上的思考方式下的唯物論。他們的物就是「具體的事物」。列寧明說物就是「客觀的存在」。（此當然只指「具體事物」而言。）是則其所謂物也就等於「原子事實」，等於「事件」。不過一方較爲精微，一方較爲粗獷而已。你若說，從具體事物上，不可說唯物論，但馬派却因他們那黑暗的括弧，滿眼只是「物勢」，則「具體事物」也是唯物論的。是則馬派的唯物論完全是在那黑暗的括弧上成立。它就是這樣罪惡的唯物論。如是，羅素的不主唯物論，並不足以對治它。因爲不相干。然而，他的「隔唯心論更遠」，却間接地幫了馬派的忙。唯心論有各種不同的系統，有各層次各領域上的說法。從純理過程上看，當然各有利弊，並必有不健全的地方，亦有令人生厭的地方。見仁見智，自可有所取捨。但是綜起來看，唯心論有一個共同的意向與共同的主題，那便是想在純然的科學世界科學知識以外，開闢並肯定價值世界，以「意義」與「價值」（維特根什坦所說的不在命題世界內的那個意義與價值。）爲主題，以說明與成立道德宗教爲目的。這一個題材與領域不能完全抹殺，完全不理，一任其荒蕪而沈淪。這不只是建立系統的理論的事，我們可以丟開系統理論，而觀具體而眞實的人生與生活。以此爲對象而正面予以思考、研究、弄清，其重要與有意義並不亞於把邏輯數學與物理知識弄清。我們決不能把具體而眞實的人生與生活只看成是事件串。然而在時代精神之「只自足於事法界」而不進的截斷情形下，這一方面却正成了一片荒蕪沈淪地。當羅素聽到列寧說他清算鬪爭農民的行動不寒而慄時，當他講到人生社會問題，重視生命之創造衝動，自由人之崇拜，以及屢屢提到仁愛，寬容，智慧時，我覺得他是隔唯心論更近，隔唯物論太遠了。當然這種近或遠不是理論系統，而是生活態度的。當然一個人很可以是「唯心情調的」（Idealistic），而不必是「唯心論者」（Idealist），亦不必主「唯心論」（Idealism）。但是從學問上講，爲什麼把一切只看成是「事件串」呢？爲什麼單單把學問思想，概念思考，理論分析，只許用於邏輯、數學、物理、和知識方面，而不許用於意義與價值，道德與宗教方面呢？爲什麼不把這方面亦正面而視，予以尊重，而給留一餘地呢？意識、原理所貫注到的不是生活方面的，生活方面的不是意識，原理所貫注到的。我以爲這是「自我分裂」，不是學問之全。（這當然不是說一個人必須兼能。但必須有此承認的識量。）就是這種自我分裂，始造成生活態度上隔唯心論很近，而概念思想上却「隔唯心論更遠」的古怪現象。

我以上所說由自足於事法界而轉到馬派的「物勢觀」，完全是就時代精神或習氣來說話，不是說某一個人一時的思想理論可以負此責。單是羅素也不能負此責。我之所以多提他，不過是以他作例證而已。並不是單責備他。我們看時代精神由自足於事法界而發展到「物勢觀」，實在是已到了人類要毀滅的時候。這時，人人當該對於時代精神有所反省，有所覺醒。這種覺醒，就是我們下文所說的「人的呼喚」。

五、人的呼喚—悲情的呼聲

人的呼喚就是人對於上帝的呼喚，也就是對於人自己的呼喚。這是一種悲情的呼聲。這種悲情是一種對於時代的悲情：眼看到人的「無家性」，一般生活之庸俗，陷落，趨於「非人格性」，眼看到一般的概念思想之停滯於「事法界」而不進的風氣，眼看到馬派的毀滅人類的「物勢觀」之可懼，這都不能不令人怵惕與悲。欣趣於輕鬆的行雲流水的事境之趣味，固是一種風雅的智者之趣味，（帶點清談貴族味的趣味），而這種「悲情的呼聲」（Voice of tragic sense）却更有悲天憫人的高貴的仁者之情。

當海德格重新注意到霍德林的「上帝隱退」之呼聲，重新認識「詩人霍德林的價值的時候，他覺得霍德林是「詩人之詩人」（The poet of the poet）。依海氏的觀點，霍德林感覺到他自己是神人之間的媒介，是想把他所知的「神」傳達給人們，想指點出神的「神聖」（Holy）。霍德林所處的時代與我們所處的時代是大體相同的：是一個「古老的神」已沈淪而「新上帝」尚未出現的時代。上帝「自持其有」（Withholds His presence），而「神聖之名則缺」（holy names are lacking）。依海氏與霍氏，詩並不是人類的裝飾品，亦不只是一種文化的現象，而是最深的「人類歷史之根」，足以指導並鼓舞人類。上帝自身是存在的，不管人知道他不知道他。詩人則想盡呼喚之責，他可以洞開「神性之眞實」。當他唱出其贊美之詩時，他是上昇到與神性最接近的境地。詩人的喜悅是其自己處於密切於「聖靈」之境。但是因爲他遠於世人，而又深愛世人，使他孤獨。孤獨亦使他的詩充滿了憂鬱之情。這種情豈不是一種悲情嗎？

海德格以爲在我們這個「上帝退位」的時代，有四步工作需作：一、重新發見「實有之意義」（The meaning of Being）。這是哲學家的事。二、引起「神聖之感」（The sense of holy）。這是詩人的事。三、尋求神性（Godhead or divinity）。四、弄清「上帝」一詞之意義。這兩步工作，海德格並未確定誰去作或如何作。我以爲哲學家亦不必只限於講「實有」，如海氏個人所作的與所限定的。道德宗教生活的全幅歷程中所顯示的眞理，由聖哲人格宗教家所體驗所證會的境界，如佛家經論所說，宋明儒者之所說，皆當是哲學家進入「理法界」時所當從事的領域。不必限於「明智悟有」一路。因爲這還只是「智」一面的事。而「誠意啓化」亦是需要的。這是仁智雙彰的路。不能接觸到「仁」一面，哲學家的工作總不能算完全，對於上帝的呼喚亦總是隔一層。「神聖之感」固須詩人之喚起，而「神聖之名」亦須聖賢人格之證實。神性之尋求以及上帝一詞之意義之澄清與確定俱須聖賢人格之證實，由其所證實而尋求而確定。這就是耶穌所說的：「你天天與我同在一起，你還沒見到上帝嗎？」也是程伊川所說的：「觀乎聖人，則見天地。」而不是揚子雲所說的：「觀乎天地，則見聖人。」契爾克伽德（Kierkegaard）說：「我不敢自居爲基督徒，我只想如何成爲基督徒。」此言說出，直是不凡。此在西方，可謂獨一無二。宋明儒者講學唯是在明如何成爲聖賢。此「如何成爲」的全幅過程之說明，即是哲學家的終極工作。此在中國，已有型範可循。海德格於此一間未達，亦由於其文化遺産並未具備也。哲學家由事法界而進入理法界，其中方面，層次，途徑，皆多端。然層層融攝，總歸於一。本文可不涉及。現在西方「存在主義」（Existentialism）一路，即是哲學家「對於上帝的呼喚」所走的路。雖然其中也有無神論者，如薩特利（Sartre）之類。這在西方文化傳統哲學傳統裏，是一新方向。然其前輩並未給他們留下一個型範，故他們自己的摸索，乃不免有紛歧，亦有許多不透也。本文亦不能詳。我現在願就詩人的悲情之呼聲，引莊子齊物論一段話以實之：

「大智閑閑，小智閒閒。大言炎炎，小言詹詹。其寐也魂交，其覺也形開。與接爲構，日以心鬭。縵者，窖者，密者。小恐惴惴，大恐縵縵。其發若機括，其司是非之謂也。其留如詛盟，其守勝之謂也。其殺如秋冬，以言其日消也。其溺之所爲之不可使復之也。其厭也如緘，以言其老洫也。近死之心，莫使復陽。喜怒哀樂，慮歎變慹，姚佚啓態。樂出虛，蒸成菌。日夜相代乎前，而莫知其所萌。已乎已乎，旦暮得此，其所由以生乎？……一受其成形，不化以待盡，與物相刃相靡，其行如馳，而莫之能止。不亦悲乎？終身役役，而不見其成功。苶然疲役，而不知其所歸。可不哀耶？人謂之不死奚益？其形化，其心與之然，可不謂大哀乎？人之生也，固若是芒乎？其我獨芒，而人亦有不芒者乎？

這就是人生陷於「物勢機括」之可悲，而馬派却必欲出死力以促成之。莊子的悲情，即是莊子的呼聲。莊子是詩人哲人合一的心靈。戰國之時代亦猶今日之時代也。

世界有窮願無窮

一、悲願引生無盡的未來

徐佛觀先生爲「人生」雜誌三週年紀念題梁任公詩句云：「世界無窮願無盡，海天寥廓立多時。」任公原句如此。我也常聽人說「世界有窮願無窮」。此與白樂天長恨歌：「天長地久有時盡，此恨綿綿無已時，」同其語意。然比「世界無窮願無盡」，尤其凸顯。其意爲：縱使世界有窮，而我心願無窮也。

世界有窮無窮，不可保也。科學亦不能證其必無窮。相對論的宇宙是有限而無邊界，蓋意想其爲一圓球式的宇宙。後來又有膨脹宇宙（Expansive universe）之說，蓋意想其爲一不已的脹大之宇宙。合此兩義觀之，則宇宙似爲一圓筒式的繼續膨脹。然此繼續膨脹，不函其必爲無窮的繼續。科學亦未能作此肯定。在西方理想主義者，欲肯定而且保證世界爲無窮的繼續，則必肯定上帝之善性。以善性保證世界之無窮，則善性是「願」也。人願望世界無窮，不願其有毀滅之一日。將此願歸諸上帝，以取客觀之形式，實則世界無窮之根據仍是「願」也。上帝之善性亦表示「願」也。在中國儒者，則即就此願而言仁，以言生生不息。是則生生不息，惟以仁爲根據始可能，離開此根據，無可言生生不息。生生不息惟是根于仁而來之價値命題，非經驗事實命題也。此猶科學不能證明世界之必無窮。生生不息意即無窮繼續，而仁則表示悲心大願也。是則世界之無窮是賴心願以爲無窮，是心願爲無窮之本也，即先天根據也。然則「世界有窮願無窮」，豈不更顯心願之拔地參天而首出庶物乎？

桃花扇柳敬亭說書一幕，有詞云：「任憑那桑田變滄海，滄海變桑田，俺那老夫子只管矇矓兩眼定六經。」此雖鼓詞筆調，而意味極其蒼茫。將孔子的一幅無盡心願表露無餘。上天下地，往古來今，彼此人物，一齊勘破，一齊推倒。露無我無人之法體，發統天先天之心願。「維天之命，於穆不已，文王之德之純，純亦不已。」「只管矇矓兩眼定六經」，亦就是此「純亦不已」也。惟此心願，始是無盡心願。要之，只是一心之不容已。此心願並不是特殊化的心願。如特殊化而爲一定對象之意願，如意願發財，意願一定事業之成功，則心願即陷落而膠着于事象上，此時便不是那無盡的心願。蓋事象有生滅流轉，有成住壞空，有可實現而不必實現，而心願膠着于其上，則亦隨之而爲生滅法，所謂習心是也。生滅無常之習心不能無盡。而且膠着于事象上之心願，其意願某一對象而欲其成功或實現，則又不能不靠才情氣以鼓蕩，而才情氣即是服從消息之强度原則者，其自身不能永恆而常新。才有時盡，情有時枯，氣有時竭。及其盡也，枯也，竭也，則塔然若喪，而其膠着于事象上之意願亦撤消而盡矣。故此膠着之心願，乃生滅之現象，非「於穆不已」之本體也。於穆不已之心願，乃無條件者，亦不膠着于一定對象者。故云：此是無我無人之法體，統天先天之心願也。直承此心願而從事，則一切事業皆是此心願之流露。此心願常新而不已，故事業亦常引生而不息，而才情氣亦常活轉而不竭。一人之生命，事業，才情氣，有盡，而未來之生命，事業，才情氣，則相續不盡。此是一無盡之相續，而由無盡之心願以引生者。本此無盡心願而從事，則不可云膠着。只是隨緣隨分而盡其性。遇見事，該作便作，該如何作，便如何作。心願不已，事亦無盡。定六經是一事，學不厭，教不倦，天天是事，亦皆是純德之不已。孔子如此，文王之「純亦不已」亦如此。此心願，如關聯着事講，將永遠無了，而亦隨時可了。從隨時可了方面說，即所謂一念萬年也。一了一切了。從永遠無了方面說，則引生無窮之未來以了之。無窮之未來亦永遠不能了，故終於成一無窮之引生也。此不是談玄，而是實理。王船山論宋太祖云：「仁民者，親之推也。愛物者，民之推也。君子善推以廣其德。善人不待推而自生于心。（案即指太祖言。）一人之澤，施及百年。弗待後嗣之相踵以爲百年也。」（宋論卷一。）善哉斯言。知一人之澤之施及百年，即知於穆不已之心願之引生無窮也。儒者皆知此義，故儒者講學皆以恢復本心爲主旨，而中國學術文化亦即環繞此中心而形成，而以此義爲其骨幹也。此是中國文化生命用心之所在，而知之者則甚鮮。

二、斯賓格勒論中國

美人葛達德（F. H. Coddand）及吉朋斯（P. A. Cibbons）二人合作之「斯賓格勒之文化論」第二章中有云：「從多方面觀之，中國文化實近似乎吾西方者。然彼有特異性質，即善的形式之堅持是也。以是其神魂之全部雖逝，其軀殼猶能續存千數百年。」其第三章末又有云：「中國文化，集中于社會的義務。其哲學及宗教，皆聚精會神於人類關係之外的方面。中國文學與美術，其可羨慕之處固多，然大抵淺薄。其意義在表面上已顯露無遺，不需更向深處探索。然以中國人社會的感情之强，故雖其文化之精神確已死滅，其文化猶能勉强支撑，不致崩潰，而其遺緒不獨至於今日，且有復蘇之狀焉。中國文化有一種特殊空氣，即側重人與人間之責任及義務是也。中國人今猶漚浸于此空氣之中。此種理想原爲一切文化之基礎。惟在中國，此種理想，有變態之强力。以是中國文明雖腐壞，而中國人依然保持其極高之地位。」（案此書爲張蔭麟先生所譯。現收於「西方文化論衡」中，中央文物供應社出版。）

葛達德與吉朋斯之書乃介紹德人斯賓格勒「西方文化之衰頹」者。假若適所引之文足以表示斯賓格勒之原意，則斯氏對於中國文化確有其了解，然而未能透。「善的形式」一詞之提出即表示其確有了解，然彼所謂善的形式，其意只是外在的，即只就人類關係之外的方面而言，則即表示其未能透也。彼言「中國文化集中於社會的義務」，「側重人與人間之責任及義務」，「聚精會神於人類關係之外的方面」。就此而言「善的形式」，此善的形式自是外在的。此當是就中國的禮樂型的教化而言的。禮樂廣被人群，自可說爲一「善的形式」。然廣被人群之禮樂文制實亦可說爲善的形式之客觀化。

客觀化的禮樂文制必有其內在的性情之心方面的根據。側重人與人間之責任及義務，即人與人間要有禮文，要有敬意，要有忠恕之道。此雖是在人的關係上見，好像是外在的，然必通于仁義禮智之心，此亦是內在的。故善的形式之堅持實是通內外本末而爲一的。不純是外在的也。若無內在的性情之心爲之根，徒一空殼之浮文，則亦不能堅持也。反之，若眞能堅持善的形式而不捨，則無論自覺不自覺，必有其內在的性情之心之強韌性，此就是其靈魂也。自孔孟點出仁義性善以爲周文所確定之禮樂立大本，秦漢而後以及隋唐，則是從政制文教方面維護此善的形式，以抵禦佛教，消納佛教。此若從本源方面，即內在的性情之心方面，說，是不自覺的，因尙無心性之學故，然若從政制文教方面說，則是自覺的。其自覺地維護此政制文教，雖只是外部的，然亦正示其背後有不自覺的強韌之心也。否則早爲佛教所沖垮。至乎宋明理學出，則從本源方面自覺地維護此善的形式，而使孔孟相傳之內外本末一貫之善的形式徹底透出。善的形式，惟透至內在的性情之心，如宋明儒者之所講，方是文化生命之靈魂。依是，所謂「其神魂之全部雖逝，其軀殼猶能續存千數百年，」則全誤矣。若如適所言，其神魂並未逝，且正在通透維護此神魂，念念點醒提撕此神魂，故能續存而不斷也。明乎此，則前文所謂無盡心願，引生無盡未來，昭然若揭，而中國正其例證也。

斯賓格勒，陶恩比，等人，皆以爲中國文化生命發展至春秋戰國即已盡，秦漢以後，便以爲神魂全逝。斯賓格勒由此而言其文化循環斷滅論。當然不獨中國如此，即西方亦然。故以「西方文化之衰頹」一標其書。若從表面言之，中國自秦漢而後，因政制文教已定，實無多大之變化與創進。即有變動，亦只是浮面之動亂，所謂一治一亂是也。政治形態，社會形態，俱仍舊不變。簡單言之，至少未在急劇轉進中，創造出民主政治，產生出科學。依是，亦無西方近代式的，（在急劇轉進中表現的），大哲學家，大科學家，大藝術家，以及產生影響的政治社會思想家。故云神魂全逝，軀殼殘存，文化已在停滯中。黑格爾由此言東方文化停在原始階段中，未通過自覺而見主體之自由，故其精神在潛伏中，而其文化創造亦停滯而不前。關於黑氏所論，吾已詳評之于「平等與主體自由」一文中。大體言之，黑氏所論東方雖不盡恰，（亦有其恰當處），然其立言比較能深入歷史文化之內蘊。斯賓格勒未能至此境界。彼不知中國自秦漢而後，迄乎宋明理學之出現，正在通透維護此神魂，念念點醒提撕此神魂。在此步主要工作下，吾人不諱言，並未出現民主政治，亦未出現科學，當然更說不到大科學家。然在此主要工作所確定之文化形態下，其哲學家，藝術家，文學家，仍可說偉大。自某義言之，程朱陸王都是些大哲學家，創造天臺華嚴禪三宗的大師們都是些大哲學家。然他們的工作不是西方希臘傳統式的哲學，而已超乎哲學以上矣。此即中國所謂聖賢之學，亦即心性之學。藝術文學方面亦代有偉大人物出現。這且不說。吾人仍歸於通透維護本源方面說，此即是文化生命之靈魂；而所以引生無盡的未來者，正賴此耳。此即是心性之學中所謂「以理生氣」也。中國儒者惟能深知此義，故能念念不忘此義，而其講學惟以恢復本源，徹露無盡的心願，爲主。故中華民族雖在艱難困苦中，而仍能爭剝復以續存。由「以理生氣」爲原則，（中國學術最知此義，亦最信此義，）決不主文化循環斷滅論。然則斯賓格勒之主循環斷滅論，其觀文化所依據之原則，從可知矣。吾意即從才情氣之消長原則以言也。以下略介斯氏所言之每一文化消長之途程。

三、斯賓格勒論十九世紀

斯氏先從政治形態方面言其大略：

「政治之進展，其大綱如次：其始也，僧侶貴族兩階級，並散漫之農民階級，漸團聚而凝固。如是者若干百年。是爲一時期。後此遂入于封建之世，而眞正文化乃隨之發軔。封建制度者，非歐洲之專有物也。凡文獻可徵之文化，莫不有之。而發生之時代亦同。（非謂時間上相同，謂次序相同。）約在二三百年後，而與封建制度相鱗叠者，純粹貴族政治起焉。與之孿生者爲國家主義。當此時期，王權式微。其中或有復起中興，或全歸消滅。更後二百年間，貴族政治廢，而寡頭政治代之。貴族階級起後五百年乃頽落。貴族頽落，而平民始獲政治上之重要地位。彼新統治者之權力所基，厥在平民。爾後一世紀間，政治組織之形式，遂臻于最高之程度。而在一短時期內，止于「完滿」之境。此完滿者，可感覺而不可表狀。此完滿者，猶吾人聽巴赫之樂曲時所感之完滿也。然完滿不可久也。形式之緊嚴漸弛，民衆之威力隨增。最後第三階級竟與國家一而二，二而一。然此國家不能與其政府形式同久長。蓋第四階級日以滋長，而泯棼之會交矣。當此時代之初，民治民權，顯然有眞正之進步可見。然其後，人民僅爲偉人之工具，以遂其私圖。此種政治，史家稱爲「凱撒式」之政治。政治而入於「凱撒式」，則舊日之綱紀常維，與夫政治之智慧，已崩分蠹碎矣。繼此爲最終之一幕，即帝國之興起。舊日政治經驗及政治能力之遺留，無論存于貴族或人民者，悉應用于是。帝政之結果，位置及功能之劃分，日趨于緊嚴，用克適應環境，而物質文明之興盛隨之。更歷二百年，此最後一星之生力已竭。於是文化銷沉，返于原初之狀態，復爲半封建式，復爲混沌渾噩。然已奄奄無生氣。極其量只能藉墮性之作用，延其殘喘而已」（同上書第二章。）

斯氏所述政治形態之進展，大體不錯。彼以此爲綱領而言文化之消長或盛衰。文化進展頂盛之時，當爲貴族政治廢後，第三階級（平民）得勢後所成之寡頭政治或民主政治，亦即彼所謂「完滿」之境也。此在西方，當即爲十七、八、九世紀一階段之境界。十九世紀下半期以至今日廿世紀上半期，或甚至延長至廿世紀末，蓋即彼所謂「第四階級日以滋長，而泯棼之會交矣」之時。今日正是號稱代表第四階級之共產主義與維護自由民主之第三階級大鬪爭之時。文化在大動亂中要向一新階段轉進。是故十九世紀乃上承頂盛而下開衰世之「以哀音終」時期。十九世紀爲一希望之世紀。斯氏以爲「十八世紀之批評思想，大抵學者之空言，不必見諸行事。十九世紀之思想，不僅爲一思想，實爲一理想。其中涵有宗教之勢力。是乃一教義，衆人甘爲之而死。……就政治而論，就宗教及哲學之一部而論，十九世紀實唯智的理想之偉大時代也。而法國大革命（十八世紀末）所標舉之自由平等博愛，實爲此時代所託始矣。」（同上書第六章十九世紀。）十九世紀爲理智主義之時代。科學發達，理智的理性主宰一切，理想向現實用而求實現于人間俗世。一切以經驗實際爲衡量是非之標準。德性上之是非善惡轉而爲知識上之是非，現實上之快不快。不復有向上提撕，置根於超越者，以尋求人生之歸宿。超越者乃因理智而拆穿，而破滅。十九世紀乃相信知識之力量，人的力量之時。一切皆是樂觀的開發。希望，理想，皆是在此種精神下表現。然此種精神本身即是向現實方面粘着者。此精神本身即可轉爲希望、理想之否定。一旦知識有所不能，人力有所不及，則粘着於現實之精神即苶然若喪，而徬徨無主。一切皆成疑問。故十九世紀末乃顯出是一大疑問號之時代。斯氏以爲：『大勢所趨，文學在此時代，常以悲觀之音調終。當是時也，科學則停滯而殭死，理想則煙銷雲逝，宗教則成爲虛文與迷信，哲學則創造少而紹述多，間或隨時勢之需要稍加增減而已。新康德派也，新黑格爾派也，斯多噶派也，伊壁鳩魯派也，各以無端涯之辭，討論無端涯之原理，而毫無感奮，毫無進退。失敗之感覺，或爲哲學的，或爲文學的，然無論爲何，其出現皆在此時代將終之時。……且盡今日歡，明日歸黃土。此固爲淺易之哲學，然其後實有極深刻之背景在。科學，哲學，宗教皆不能解答所問之題。知識所遺留與吾人者，惟有一事確定：「吾之來也如水，吾之去也如風。」過此以往，「蓋有門矣，吾無鑰也。」而未嘗有人焉，尋得此鑰也。道德及倫理之强制勢力，消滅于使人失望之大疑問前。所遺留者，惟酒一杯，詩一卷，及關于「汝」字之猶豫不決的反想而已。其在印度，釋迦之悲觀主義較不堅決，蓋生存雖爲罪惡，然有鑰焉，可開解脫之門。惟伊壁鳩魯及其同派所持意見與鄂馬開亞謨（Omar Khayyam 波斯詩人）同。彼等皆視宗教爲滑稽劇。其教人以守德與寧心爲生活之方法者，不過欲免苦而得樂耳。此乃悲觀主義之最後歸宿也。其在西歐，當十九世紀之末，人類生活亦受悲觀主義之影響。惟其悲觀更深刻而更嚴肅耳。叔本華與哈代，乃其偉大之榜樣也。而哈代視叔本華爲尤偉大。即使彼之宇宙觀不能自圓其說，彼之人生觀已將維多利亞時代之神話與幻想摧毀無餘，而使吾儕與人生之眞象面面相對。歐洲文化視其他文化更爲嚴肅，愈不能忘情于窮苦無告之大多數人民之問題。The Dynasts（哈代所作）一書，實爲悲觀主義之最優的表現，而作者蓋能忍痛一覽全世界之生活，而發見其中毫無希望者也。是故失望之醒悟爲此時期末之特徵。於是，及時行樂之思想，取初期之理想而代之。而近代之人，猶古伊壁鳩魯派然，惟以舉杯澆愁爲事。其在禁酒之美國，則以取得金錢爲唯一之目的。至是十九世紀乃閉幕。其理想雖莊嚴璀璨，竟以失望終。而其文學亦以寧靜之悲音爲亂。從許多方面而論，十九世紀之態度乃一大疑問也。所問爲何？廣言之，則生之意義；狹言之，則人生之意義。人類若終不肯承認事物之表面價値，則其將來之命運可知。此時代往矣，人之情感亦隨之而改變。人類乃轉向其物質的狀況，以寄其主要興趣。物質的興盛之求索，消磨其心志，而此疑問遂成爲過去之物矣。』（同上書第六章末。）

斯氏所謂十九世紀實有典型之意義。各文化皆有類乎此形態之時代。（在中國，則爲戰國時代。）其時間亦不必限於十九世紀這一百年。十七八世紀亦可連屬在內。『封建之末運與貴族政府之初期，互相掩疊。專制時代之與民治時代亦然。紀元前四世紀時間雅典之情況，實顯兆希臘之紛亂時代。陸克政治思想之傳染，實法國專制政體傾覆之先機。漢摩拉比（Hammerabi巴比倫名王）前兩世紀之擾攘，固底亞（Guder）實開其先路。各文化中莫不有與此相應之時代，即所謂黎明期者，（一譯開明時代，或啓蒙時代，）其實皆衰降之時代也。於是，「理性」（此當爲理智的理性）爲價値之唯一標準，「人權」之呼聲，喧囂于世。舊日傳統之象徵，已爲「唯智」之思想所取而代。代帝王者盧梭也。代貴族之忠義者，金錢之權力也。學說與商業之新勢力，將爲僧侶與貴族兩階級之繼承者矣。由僧侶而至於哲學家與科學家，由上帝之崇拜而至於唯智思想及自然觀念之崇拜，其遞嬗之迹，昭然易尋。而錙銖不苟之「商家王」，其與貴族之關係，亦同此密近。自是以往，「作爲之人」乃利用學說以行其志，利用金錢以獲其果。公意輿論，鬥角勾心，而全力集中於自相爭敵。其在都市，交通易而書報之流通速，遂使羣衆自覺其權力，而思運用之。然羣衆自身不能有建設之成就也。有人焉，機智足以駕馭羣衆，則羣衆歸其統制。此其人時則爲馬流斯（Marius），時則爲凱撒，時則爲列寧。蓋此諸人，實無一爲民治主義者。……其在近世，則十九世紀恰足當之。此世紀之於吾儕，從任何觀點而論，皆極重要。吾儕今日正脫離此時代而始明白此時代之錯誤耳。此時代之結局非他，懷疑主義與否定之趨向而已。思想之進步，人權之發達，其所引起之希望，終於煙消雲散而已。吾人試一覽此時代大人物之姓名表，而知彼輩不復爲「作爲之人」，不復爲貴族，而爲思想家，且恆爲不透徹之思想家。此時期之最大政治家俾斯麥與巴米斯頓（Palmeston），皆爲今人所不喜。蓋今人於一切問題之判斷，與啓蒙時代同趨。凡爲敏慧之人，未有不左袒自由主義者也。然今日已有一退後之趨向，將使智能之士，漸復集於守舊黨之旗下。其在英倫，邱吉爾其第一人也。彼自由主義者所見雖高，所能爲者實少。不過如其在古典時代之斯巴達，助長克落門尼斯（Cleomenes）之莽行而已，如其在十九世紀末之英倫，助長格蘭斯頓（Cladstone）之翻雲覆雨而已，如其在一八四八年，助長西歐之革命而已。（案此即墮落而與商人結合之空頭的自由主義。）然彼輩亦不容忽略或小覷。彼輩有時竟具最大之勢力。如能與財政界及商業界聯絡，勢將睥睨一時。彼曼徹斯特學派，以政治學派自稱者，其注意政治之自由，不減於注意商業之自由也。」（同上書第二章。）

四、斯賓格勒論未來大帝國

由此而言，十九世紀，（斯氏亦採中國史家之名詞，稱之曰戰國時代，）已孕育出凱撒式之政治。利用學說主義以行其志，利用金錢人民以獲其果。共產黨其著者也。希特勒亦曾稱覇一時。故曰：「此時代者，大人物出現之時代也。彼輩不能如前此之貴族，構成弘大之傳統勢力。其動作也，俟機而乘時。其興起所取之手段，甚卑微無足道。彼輩或為深沐教化之人，或為甕牖繩樞之子。其露頭角於當世，或因樹績於疆場，或因馭衆有方，能維團體之倫序。語其大較，彼輩恆有學說為倚盾。此學說，彼輩或藉之而崛興，如列寧是也。或拳拳服膺而不踰，如革拉克（Tiberins Gracchus）是也。且也，經濟勢力恆不離其左右。」（同上。）如是動亂相當時期，最後階段之大帝國即繼之而起。斯氏以為如英國不濟，則當斯選者，德國與美國，必有一矣。於是，凱撒，奧古士都之徒起，重造統一與和平之局面。實則以今日觀之，英德恐皆不濟，夠資格者，恐只有美蘇與未來之中國。而此局面之來臨實決於與共產主義鬥爭之勝敗。假若蘇俄勝，則世界為共產主義之大帝國。假若美國勝，則世界為自由民主之大帝國。在達到此局面之過程間，或只停於四足鼎立之境地：美洲為一單位，歐洲聯邦為一單位，中國為一單位，蘇俄為一單位。然無論如何，斯氏所預測之最後一幕，即帝國之興起，恐將為十分可能之事實。且看其對於未來帝國所描畫之景象：

「自十九世紀以來，人民之權力及經濟之權力日以滋長。換言之，即思想家及大商人之權力也。然廿一世紀之變遷，將使彼等失其地位。蓋大帝國將興，其所挾之新政治勢力，將與彼等以大打擊也。大帝國為各文化之最後形式。過此，則復歸於其初興時半封建之景象。當大帝國之興也，凱撒之徒，吸集一世實行之人才為己用。與之抗敵者哲學家。在羅馬，則為斯多噶派。在中國，則為儒家。在近世，則為社會主義者。（案此語非是。）此時財富之積聚，依然繼續。然無論大流士（Darius）或拉美西斯（Rameses），（謂握帝國政權者），所需於財富者，為如何亟，財富已不復能控制政府之命運矣。財富之積聚，不過為失意於政治者聊以自娛之事而已。此時之政治史，實集中於統治者之左右。於是，則有各界之安寧，有國防交通之大規模的組織，有精密之商業及運輸制度，有謹飭之賦稅法，有物質方面蓬勃喬皇之氣象。然與之並長者，則為帝政威力之壓迫。凡此種種，稽之有史以來各文化，無一爽忒。瞻望來祀，吾儕獨能免乎？」（同上。）

「於是，西歐將達於紀元前五十年間希臘羅馬文化所處之情形，而悠久之帝國時代將開始。此時代約佔二百年。此時西歐文化外形之大概，或極類似今日。帝國時代恒爲物質興盛組織强固之時代。其在羅馬爲尤然。其在拉美西亞斯（Ramessias）朝之埃及，漢代之中國，及波斯帝國治下之赫泰區域，亦然。城市之最後而最大之發展，乃此時代外表現象之最顯著者。……將來之城市，其龐大之度當至何等，殊難想像。然試以居民二千萬之紐約爲準，當不甚遠也。國際貿易或增加十倍，而財富之增亦隨之。凡此一切，皆今日之規模之擴大而已。然以言精神方面，以言此文化之心的態度，則將有完全之差異。一切可想像爲有最後價値之物，皆漸消滅。一切與眞美善有關者，皆退居後位，而代以快樂之欲求與物質之興盛，代以羅馬之擊劍，比鬥，及其空前之奢侈，代以美國之棒球比賽，及其大富翁之豪奢生活。

「是故科學藝術及理想，遂入於末路。科學在希臘及亞拉伯已達於死亡之結局……。同時，愛因士坦將無繼承人……。將來力學上及化學上之發明當能續至若干年，並能產生與現在有同樣新異之結果。……吾儕或至能聽數千里外政治家之演說，而同時見其動作映現於幕上。（案今已有之。）又或將有今日所未能夢想及之轉運方法。雖然，爾時創造之科學，則已死矣。其所餘之工作，惟知識之統系化。如其他諸文化中法則之編定，如漢摩拉比及曼奴法典之于刑律，如加倫（Galen）之于醫學，及亞拉伯人于歷史之有人名辭典是也。吾儕已入于世界史中之此時代，不久將至于科學及數學之末次統系化矣。爾時，創造之藝術亦已死滅。奧古士都之世，確曾產生文學，且爲高等文學，然不過形式之文學，而非精神之文學。美之實質既微，感興尤缺，蓋僅爲白銀時代之文學而已。其雕刻苟非紀念之眞像，即爲希臘模型之鈔本。其建築亦入于末世。惟見巍峨而無規律之宮室。除與人以龐大莊嚴之印象外，無他優長。羅馬之宮殿及房屋，即如是。而巴比倫及報達（Bagdad）亦有類似不趨勢。今紐約之揷天樓及其他美國式之建築，皆同一精神之表現也。」（同上書第七章。）

由是以降，則文化銷沉，返於原初之狀態，復爲半封建式，復爲混沌渾噩，然已奄奄無生氣，非復原始狀態尙有原始生命以待發展也。依斯氏意，此將即是西歐文化之消失。一如希臘、羅馬、埃及、巴比倫、波斯之消失。代之而起者，彼以爲或將是俄羅斯民族。蓋彼以爲俄民族具有很深之內心複雜性，尙未眞實表露出。今日之共產黨所實行者非其本性也。此或可能而不必然。如代之而起者眞爲俄民族，則未來之大帝國，恐不在英德美，而在共產主義之俄國矣。如歐美尙眞能產生一大帝國，則共產主義必倒。如俄民族尙眞能有貢獻於文化，則必在蘇俄瓦解後之俄國也。蘇俄亦很可能成爲中國以前之秦。吾常有此感而爲此懼。如蘇俄共產主義眞能統一世界而成一大帝國，亦必如秦然，決不能久，亦非斯氏所預測之未來悠久大帝國也。蓋馬克斯教義之共產主義決不能產生任何文明與文化，亦不能產生安靜悠久之道。即使彼統一世界，亦必如秦然，瞬息崩解或轉化而成新型，此即近時世界中未來之大漢也。無論將來如何，吾人今日之事業，必須定其心志，端其趨向，以防止短暫共產帝國之出現，以解消邪謬共產主義之風行。人類及其文化之命運胥落在吾人之肩上。此時吾人須有一新心靈。如是，吾人不管將來政治社會之形態爲如何，吾人願一論斯賓格勒觀文化所不自覺地依據之原則。

五、周期斷滅論所依據之原則：以氣盡理

斯氏蓋視一民族之歷史文化有如生物個體，自產生，經長成，以至於解體或死亡，而且僅有一次之生命周期。吾名此說曰周期斷滅論，或循環斷滅論。時間當然有長短之不同，內容亦當然有不同。此無關緊要。吾在此所注意者即是這周期性的斷滅論。當然有生命的東西，才可說斷滅死亡。斯氏視一民族之歷史文化有如生物個體，自產生以至死亡，當然不是指所創造出來的歷史文化成果言，而是指民族生命之創造力言。民族生命能創造文化，故亦得進而言「文化生命」。所謂歷史文化有解體死亡，當然是言其文化生命已竭盡，並不是說所創造出來的文化成果會死亡也。文化成果當然無所謂死

亡不死亡，亦如一概念或數學命題，（如二加二等於四），無所謂死亡不死亡。言歷史文化既必通着文化生命，民族生命，則民族生命雖不是一生命個體，乃由許多生命個體而結成，然一國族既有其創造歷史文化之生命，當然可以聯想到衰替死亡。這個聯想不是主觀的隨意聯想，而實是由「生命」一概念直接分析出。如是，說一民族之文化生命之創造力有一周期歷程而至於斷滅，這是可以說的。蓋生命本身就是一生老病死之抛物綫，或用鄭康成解易的話，就是一始，壯，究之抛物綫。這個抛物綫歷程，吾名之曰生命的強度歷程。凡廣度量可以無限拉長，而「強度量」不能無限拉長。文化生命，就其爲如是之生命（Culture life as such）而言之，當然是一強度的。其有衰替死亡，不言可喻。斯氏言「西方文化之衰替」，我想就是就文化生命之創造力而言的。其視文化如生物個體，亦是就文化生命之創造力而如是觀的。這本是極簡易的道理與想法，亦似不易反駁也。但我願就生物個體，或文化生命創造力，進一步說出其所不自覺地依據之原則。蓋只言生物個體，或文化生命，這只是一直接之自然事實。尚不可視爲極成斷滅論之一原則。這個原則必須可以從「文化生命之創造力」一概念中分析出來，如是，此一原則如清楚，則斷滅論清楚。如吾人不贊成或不願意此斷滅論，則必須有一超乎此原則以上之原則。（吾見有許多批評此周期斷滅論者，然多不恰當，不中肯，故多零碎的浮辭支辭。）

斯氏就文化生命之創造力而言周期斷滅論，其所不自覺地依據之原則，我現在首先說出，便是「以氣盡理」。以氣盡理，未有無竭之時者。而超乎此原則以上之原則，便是「以理生氣」。以理生氣，則引生無盡的未來，而不斷滅。所謂「不自覺」者，蓋斯氏一方只就各歷史進展之途程會通以觀之，而見其爲如此，一方即就生命創造力之有竭，而斷其爲如此。並未進一步說出其所以然之原則也。故云不自覺。此點所關甚大，吾故願揭而出之。

何謂「以氣盡理」？吾既言生命爲一強度者，故服從抛物線的消息原則。人的歷史文化不能不靠人的生命之創造。其創造也，不能不靠才、情、氣。才情氣皆從生命之強度發。它們一方是精神的，一方是材質的。其爲精神的，是因爲心靈意識或自覺參加在內。心靈意識附着於才情氣中，遂使其爲精神的。但此精神是以才情氣爲主，在盡才盡情盡氣中表現。不以德性爲主，不在盡心盡性盡理盡倫中表現。如是，此精神乃只表現爲一無色之「能」，隨才情氣之俱屬於「能」而爲「能」。易經說乾知坤能。知是心靈，能是材質。才情氣俱是能，故俱是材質的。精神以才情氣爲主，即心靈只在才情氣上用，故亦只表現爲一無色之能的精神。生命之强度亦是「能」，亦是材質的。生命在才情氣中表現，在心靈中表現，但若以才情氣爲主，而心靈又只在才情氣上用，則生命之强度雖亦是精神的，但此精神既只隨才情氣之爲能而爲能，故生命之强度之爲精神的亦只成爲一無色之能之精神的，故亦是材質的。生命，才情氣，對德性之心靈言，俱是材質的，俱是能。故其中由心靈自覺之參與而成爲精神，亦只是能，亦只是材質的。此義既明，吾人即進而說，生命是拋物線的强度歷程，才情氣以及此中之精神，（其實只說才情氣即足），亦俱是拋物線的强度歷程。故生命之强度有竭，才情氣之强度亦有竭。

文化之創造而成爲文化成果不能不靠發自生命之才情氣。簡單說，不能不靠着「能」。才情氣既然是個能，天然是要外向的，它天然要有個矢頭，在矢頭之向中表現。因此，它必然是個凸出的觸角。它不是收斂的意味，而是發散的意味。生命之强度表現而爲才情氣，即是生命之發散，亦即是生命之凸出，而不是生命之收斂。創造文化而爲文化成果，就要生命凸出，而表現爲才情氣。如是，我們可以說：文化成果就等於才情氣撲向一具體對象而在具體對象中盡理所成之產品。簡單言之，就是「以氣盡理」。此理當然不是內在於心性中德性之性理，而是外在的事物之理。科學，哲學，宗教，藝術，文學，乃至政治形態，社會形態，俱是如此。西方人本就是只是順着生命之發散，使用其才情氣以撲向對象而盡其理者。乃是一往不回頭的凸出。順生命之凸出而滾下去。「順之則生天生地，逆之則成聖成賢。」西方人只有順，而無逆。故有許多成果，燦爛可觀。順之，則才情氣用事。逆之則德性用事。逆之則成聖成賢，而聖賢人格非文化成果也。聖賢人格一無所有也。西人不能在此講學問，亦不甚能了解此境界。故西人之學問，無論是科學或哲學，都是在才情氣之撲向對象中完成。即宗教亦在才情氣之撲向對象（上帝）中完成。故西人特別重天才，亦特別重英雄。而天才與英雄俱是在才情氣中用事也。西人順生命之凸出而盡量用其才情氣，故神工鬼斧，繁興大用，眞是生天生地也。然一往順之而不回頭，則其生命之強度與才情氣之強度，必有耗竭之時。此決不能無限拉長。此蓋爲必然者。即，爲強度一概念所必函。吾友唐君毅先生論柏拉圖式精神之不能成就生命之悠久曰：「柏拉圖式的人生情調，都是莊子所謂始乎陽而卒乎陰。故柏拉圖式的詩人，最後命運，皆理當不免如濟慈之夜鶯之嘔血以死。」（見「西方文化之根本問題」，民主評論第四卷第十五期。）此言甚有靈感，亦甚具美感。其實不獨柏拉圖如此，西方文化生命之表現，整個皆是此形態。其基本精神即是順生命之凸出而盡量用其才情氣者，即「以氣盡理」者。此則未有不始乎陽而卒乎陰者。其始乎陽，非自德性之理言，乃自材質的生命之發散言。此陽之發散必卒乎陰而竭。斯賓格勒未能反觀至此而明言之耳。如是，文化生命焉得不歷其周期而至斷滅。文化之創造不能離才情氣，順才情氣以觀文化，各民族之歷史文化皆然。故斯氏得以周觀各文化而作此結論也。

西方人順生命之凸出而盡量用其才情氣，由此再進而予以特殊之規定，便是唐君毅先生所說的「自覺地求表現」。吾於此，曾名之爲「分解的盡理之精神」。唐先生之言如下：『論中西文化精神重點之不同，即中國文化根本精神，爲自覺地求實現的，而非自覺地求表現的。西方文化根本精神，則爲能自覺地求表現的，而未能眞成爲自覺地求實現的。此處所謂自覺地求實現的，即精神理想，先全自覺爲內在，而自覺地依精神之主宰自然生命力，以實現之於現實生活各方面，以成文化，並轉而直接以文化滋養吾人之精神生命自然生命。而此所謂自覺地求表現的，即精神先冒出一超越的理想，以爲精神之表現，再另表現一「企慕追求理想，求有所貢獻於理想之精」神活動，以將自己之自然生命力，耗竭於此「精神理想」前，以成就一精神之光榮，與客觀人文世界之展開，而不直接以文化滋養吾人之精神生命自然生命。中國文化精神爲前者，西洋文化精神爲後者。而此亦即中國文化悠久，西方文化無論希臘，羅馬，皆一時極顯精彩，復一逝不回，唯存於「上帝之永恆的觀照」下之故。」（「中國文化之精神價値」，頁三六三。）唐先生此義，簡單言之，即：所謂「實現」，是本德性以生氣，將德性之理內在地獨體地實現於個人之人格；所謂「表現」，即順生命之凸出，冒出一超越之理想，而由才情氣以赴之，因此而有各種文化之成果。生命之凸出必有矢向，才情之奔赴必有對象。在矢向與對象中，其生命必外在而分裂，其文化必多頭發展。而在生命與才情之凸出中之精神，即心靈自覺參與其中所表現者，必以智爲領導，或必以智的形態而表現，此即吾所謂「分解的盡理之精神」，吾亦常說此是使用概念之精神，或智的文化系統。吾依此而謂其科學，民主政治，宗教，俱在此精神下完成。亦可以說在「自覺地求表現」之精神下完成。此以一語賅之，即爲「以氣盡理」。而分解的盡理之精神，使用概念之精神，自覺地求表現之精神，以及唐先生所常讚美他們的超越精神，客觀化其理性之精神，尊重個人自由之精神，及其文化之多端發展之精神，皆是此「以氣盡理」形諸外所結成的種種形態。而始乎陽而卒乎陰，如濟慈之夜鶯之嘔血以死，則是最後之歸結。

六、文化所以悠久之超越原則：以理生氣

吾早已言之，文化生命之創造而爲文化成果，不能不有生命之凸出，不能不有才情之奔赴。此是文化成果之出現所必不可少者，而順此以觀文化，則未有不始乎陽而卒乎陰者。此不獨西方文化爲然，任何文化皆如此。吾人可說此是文化表現之常情途徑。即，「順之則生天生地」之途徑。由此而言，如無超乎「以氣盡理」以上之原則與境界，則斯賓格勒之周期斷滅論，乃爲不可反駁者，無論吾人願意不願意。因爲强度的生命乃變滅法，而才亦有時窮，情亦有時盡，氣亦有時竭。西方文化正是順

此常情途徑而前進。乃是一往不回頭者。因此，在其文化裏，一切都是生命凸出之矢頭所凝結之成果，一切學術亦是此矢頭上之成果，而無一種逆回來以潤澤調護安頓此生命之學問。故斯賓格勒不復知有此學問，亦不復知有此境界，故彼不能見出文化所以能悠久無疆之道，而只能順文化表現之常情途徑，以言其周期斷滅論。此固西方文化生命之表現途徑是如此，而亦正因其無「逆之則成聖成賢」之學問也。如有此學問，而知「以理生氣」之境界，則彼決不主周期斷滅論矣。此則可斷言者。然而在中國文化裏，則正有此學問。故中國文化是在「以理生氣」之原則下進行，故知文化所以悠久之道。此即「世界有窮願無窮」，「維天之命，於穆不已」。先由生命之凸出逆回來而呈露「無我無人之法體，統天先天之悲願，」故能「以理生氣」，引生無盡的未來，而決然主張文化不斷也。故文化不斷之超越原則即是由悲願無盡所成之「以理生氣」。而周期斷滅論所依據之原則，則是順生命之凸出而「以氣盡理」也。是以中國文化生命所走的途徑乃是「逆之則成聖成賢」的途徑，乃由順生命之凸出之常情途徑轉了一念，逆回來先由德性以涵潤生命與才情氣，而不欲使之多表現。故西方文化生命之神工鬼斧，繁興大用，都集中在生命凸出之矢頭上，而中國文化之繁興大用，則在生命背後之悲願上，溥博淵泉而時出之。集中在矢頭上有竭，淵泉時出則無盡。有竭，則一切成果存於「上帝之永恆觀照」中，而人間不勝黍離之感。無盡，則一切文化成果既在上帝永恆觀照中，亦在人間之永恆受用中，而人道不滅，斯文不斷也。

吾常言，西方文化生命，自希臘傳統言，首先把握「自然」，以自然爲對象而研究之，故順生命之凸出，才情氣之奔赴，智之用特彰顯。此如上論。而中國文化生命，則自始即首先把握「生命」，以生命爲對象而期有以潤澤調護安頓之。自然之爲對象是外在的，生命之爲對象是內在的。外在的有質，內在的無質。以內在而無質之生命爲對象，期有以調護安頓之，不能不反而在心上用心：由生命之凸出，轉回來，翻上來，而見心靈之德性以調護生命。此即「逆之」之途徑。中國學問及智慧俱從此「逆轉」上開出。（今人一見「逆轉」二字便不愉快。但此處逆轉二字却是向上之機。）逆轉而見德性，則首先便是涵潤生命，而不欲其凸出，調護才情氣，而不欲其多露。此義通儒道及後來之佛教，皆無異辭。儒家重德性，重仁義之心，此由孔子已開闢出。孟子承之言性善，則仁義之心尤彰著。其「由此德性之心理生氣以」一義，則見之於養浩然之氣。「其爲氣也，至大至剛。以直養而無害，則塞於天地之間。其爲氣也，配義與道。無是餒也。是集義所生者，非義襲而取之也。行有不慊於心，則餒矣。」此固言其剛大，然配義與道，集義所生，則以理生氣之意甚顯。理能生氣，則引生無盡未來而不斷滅。自然之氣有盡，而心願之理無盡，故其引生亦無盡也。後來宋明儒者承之而講說尤密，闡發尤多。涵養，察識，居敬，以及致良知，俱是旨在透露本源，以理生氣。儒者重成用，主生生不息，故不反生命與才情氣。然決不是空頭的生命與才情氣，而必有以冒之與潤澤之。亦不欲其露。無德以潤之之才情氣，（再加上智），俱是儒者之大忌。故露才，溺情，使氣，皆非儒者所許可。不進於道，而維恃天資之美，則儒者雖亦稱之，而必以爲不足恃。故中國只重視聖賢豪傑，而不甚重視天才英雄。（關此諸層次之人格，唐君毅先生判之甚詳。讀者可參看其「孔子與人格世界」一文。民主評論社人文叢書。）在政治社會上，則尊德尚賢，其次才能。「斷斷兮無他技，休休然如有容，」此是最古之明訓。穿鑿之智尤所厭惡。純任智而至於奇技淫巧，亦所鄙薄。此教訓普遍於全社會人心，人人皆能知之。惟相習成風，久而不察，不知其所以然，遂成爲近人詬詆之對象。「女子無才便是德」，尤爲近人所詬病。而不知此是普遍的重德之意下的一句話，不專是限制女子也。近人只見重德之弊，而不知其本源上之大用。儒家以德性化才情氣，而引生眞氣。道家言心性雖與儒家不同，而收攝生命與才情氣，而不使之露，則無二致，且尤甚於儒家。所謂「無爲」，所謂「致虛極，守靜篤」，所謂「爲道日損，損之又損，以至於無，」尅實言之，就是把才情氣上的一切矢頭，一起打掉，而收攝回來。無爲就是無才情氣的凸出，致虛守靜就是化除才情氣的矢向之有，損之又損，也是損的這些矢向。因爲這些矢向都是耗散吾人之生命的，也都是足以使吾人心靈膠着於一定點上的。膠着於一定點上，也是生命之耗散。故休養生息，必須無爲。心靈膠着於一定點上，便不是道心圓智。故去掉才情氣之矢向有爲，而顯道心圓智，則「無爲而無不爲」。此是道家最後之宗旨。無爲而無不爲，一函悠久，（道家就個人修道言，即曰長生，成仙，）一函成用，（道家的成用，與儒家義不同。）後來之佛教，雖別有宗趣，然在此逆轉上以顯自然生命以上之心靈，亦無二致。在此不必多言。是故逆之以潤生護生，是中國學問之大智慧。此可總名之曰「心性之學」。西人不能知，近人亦不能知。

心性之學最大之作用就是「以理生氣」，此是文化不斷之超越原則，亦是實踐之超越原則。以理生氣，並不是說現實之氣總是合理的。因此，也並不是說，現實歷史之發展總是直線地合理的，光明的。歷史發展總有升降隆替，總是曲折宛轉的。其所經歷之各形態，也許各民族都差不多，這是因爲精神表現之途徑自有其精神義理之軌道，然這不要緊。要緊的，是文化不斷，是如何能引生無盡的未來。假若吾人能於西方「順之」的學問以外，知道逆之的「心性之學」之重要與價值，知道「以理生氣」一原則，則此問題即得解答。根據心性之學之以理生氣，則歷史縱在斷潢絕港，縱在極端晦否之時，看大勢極無挽救，看人心風俗極端陷溺，看生命極端墮落淫靡，然一念不昧，則當下即「獨握天樞以爭剝復」。（王船山語。）「以理生氣」是實踐之原則，不是知解之原則。故根據此原則以觀歷史文化，是自我作主的態度，是把吾人的生命拉進歷史文化中直接承擔起來的態度，而不是居於旁觀的態度以觀文化生命之「始乎陽而卒乎陰」，而撒手以去，悲觀以終。因爲歷史文化總是人創造的，不能說於我無分也。我也得參與其中而作一分主，此與自然界不同。「我欲仁，斯仁至矣。」這一心願，即引生一未來。大勢已成不可挽，夫豈不知之？在此，人不與天爭勝。然是非不可不講，義理不可不明。雖是孤明，我即守此孤明，鍥而不舍。此即獨握天樞以爭剝復。亦即孔子「只管矇矓兩眼定六經」也。不管眼前如何，不管未來如何，只當下這一緊守是非義理之心願，即是未來之復之幾。中國儒者根據心性之學之「以理生氣」，最知此義，亦最信此義。此比信上帝更易得救。當明清之際，天翻地覆，人誰能挽？然王船山身居猺洞，遍注經史子集，其生命直是與歷史文化之大流貫通於一起。此生命之流，雖暫爲當時刼運所障隔，然終於沛然莫之能禦，冲決而出也。

或曰：此是一「願」也。講歷史須重客觀事實，何有於此主觀之一願？曰：此正是近人之陋與蔽。吾人正吃了這個科學態度之虧。此一「願」非事實乎？惟不是一外在之事件耳。言歷史文化，此一願之事實須拉進來，方能見創造之動力。以前的人都是自我作主的態度，孔子如此，朱子亦如此。故其生命與古人相貫通，古之事即如己之事，古人之是非善惡即如己之是非善惡。故能體貼人情、曲盡事理。既能保住價値判斷、且亦反能較得歷史之眞實。惟近人始以硏究自然之態度硏究歷史，遂只注意外在之事件，而不復知創造歷史文化之心願，性情，與人格。故雖曰客觀，反去眞相愈遠。須知若抹去周公，孔子，朱子，陽明，以及其他諸偉大人物，尙有中國歷史文化可言乎？然則孔子之心願，朱子之心願，船山之心願，豈可不算在內？須知他們當時之緊守是非義理而不捨，即是引生史實之動力也。故言歷史文化，此決須算在內。於言文化不斷，此是一超越原則。於硏究歷史或觀歷史，此以理生氣之心願即轉而爲「道德判斷」。觀歷史，歷史判斷與道德判斷兩者皆不可缺。前者通權達變，後者立是非之標準。近人治史只是考據材料，尙說不上歷史判斷，去道德判斷更遠不可及。朱子治史惟以道德判斷爲準，此固於通變有缺，然其意義即在立是非之標準，而其當身即表示一「以理生氣」之心願也。船山於此兩者皆能顧及，故前賢論史無有能過之者。黑格爾言史，以其辯證之發展觀，而有「凡存在即合理」一語，此固足以通變，而於道德判斷稍有憾，人或以此譏之。可見兩者兼備之重要。關此，吾曾論之於「凡存在即合理」一文中。茲不再論。

明乎以上所述，則斯賓格勒等人，以其周期斷滅論，謂中國文化自秦漢以後即神魂全逝，爲非是矣。唐君毅先生於其「西方文化之根本問題」一大文中，（見民主評論第四卷第十四十五兩期。）歷言西方學術不能致和平與悠久，最後指出東方智慧可以補此漏洞，言東方智慧重在從根上超化非理性反理性者。此智慧即中國心性之學也。惟其論點，於開端多就戰爭而言，於悠久一義，表現的稍紆廻。故茲文直接就斯賓格勒之周期斷滅論，根據中國心性之學之以理生氣，以言文化所以能悠久之道，並指出其斷滅論所不自覺地依據之原則。此或足以略補唐先生文之所未備，亦深望西方學人能虛心求知中國心性之學之意義與作用，以改進其歷史文化之觀點，以謀所以延續其文化生命于未來。此未可動輒以不科學而忽之也。人類之命運端繫於此。世變亟矣，前途危矣。然而悲願無盡，法輪常轉，則斯文終不斷也。其有以此自肯自信者乎？

七、附　注

附注一：吾言西方無心性之學，而斯賓格勒亦不能知「以理生氣」，以主文化之不斷，此固也，然彼復亦不能至黑格爾之境界。彼言歷史文化尙是落在迹象或徵象上。彼甚有洞見，亦有深感。然彼不能穿過徵象而自精神表現之發展上觀歷史。故只由迹象徵象之描述而結果落在自然生物的層次上。精神之所以爲精神，以及其表現之義理軌道，與各種形態，彼皆不能至。而黑格爾則甚能彰著之。雖駁而不純，然大體規模不差也。彼能扣住精神說，而不落在迹象與徵象上，亦不落在自然生物之層次上。如順其精神表現之辯證的義理軌道言，此精神之發展本身即爲不斷者。彼之歷史觀當不函有斷滅論之意義。彼言精神發展至日耳曼世界已臻圓滿之境，此並不函歷史已停止。蓋彼之言圓滿（即彼所說之「知一切人皆自由」）亦如斯賓格勒言貴族廢後寡頭政治或民主政治那一階段之圓滿也。（見本文第三段）。歷史之圓滿是相對的。在一定條件下，意識所至，人力所及，而認爲是圓滿的。隨時可圓滿，亦隨時不圓滿。蓋精神內容無窮複雜，故其發展亦無休止。彼之言此亦是身處太平盛世之言耳。惟彼之述史，悲憫之意不足，此其學之不純也。彼亦不能自覺地言文化不斷。惟視其依據，亦決不函斷滅也。孔子曰：「文王既歿，文不在茲乎？天之將喪斯文也，後死者不得與於斯文也。天之未喪斯文也，匡人其於予何？」此是何等心量。故羅近溪曰：「眞正仲尼，臨終不免嘆口氣也。」

附注二：若知以理生氣，文化不斷，則一般意義的十九世紀以後之大帝國，譬如中國戰國以後之漢，不是最後一幕。而且此後之每一時代每一幕皆可有精神發展上的解析。墮落的意義，向上的意義，正面負面的意義，皆可各有不同。心德無量。精神的內容，形態，及成果，亦無量。凡眞理皆當實現，凡價值皆當實現。普通亦常以爲先秦諸子是中國文化的黃金時代，此後便無可言。此是不知價值實現之過程與踐履奮鬪之艱苦之言。實則佛學之吸收，與天台，華嚴，禪，三宗之創造，以及宋明理學之興起，其開闢心靈境界與實現價值眞理之領域，並不亞於先秦諸子，其心力亦並不低微。推之，以往沒有出現科學，此後定要出現，沒有出現民主政治，此後定要出現。西方沒有心性之學，定要逐漸轉出。基督教亦不能止於其已成之形態，儒佛皆然。德的文化價值，智的文化價值，美的文化價值，都要各循其文化生命之根，在無限發展中，步步實現出來。若只是順才情氣之奔赴，始乎陽而卒乎陰，則其生命之强度自然只能有一次或至多若干次創造力之激發。亦只能實現一種或至多若干種之主要文化價值。此如個人然，其一生只能有一種主要工作也。然文化生命之無限延續，則不可如此論。文化有特殊性，有會通性。特殊性無盡，會通性亦無盡。止於特殊性，則成僵滯。空言會通性（世界性），則不落實。（此義，吾曾於「文化及中國文化」一文中論之。見下。）

附注三：吾言中國文化是循「逆之則成聖成賢」一途徑走，以理生氣，而涵潤生命與才情氣。其在此原則下，於以往階段中，所成之文化形態，以及其表現才情氣之方式，本文俱不能論。吾數年來關於了解以往之文字，已不少。大體見於吾之「歷史哲學」。（此書已出版。）在此原則下，中國文化在以往所備的是什麼，所不備的是什麼，其利其弊，足與不足，以及未來之開展，大體俱已涉及。而唐君毅先生「中國文化之精神價值」一書，言之尤精詳。讀者取而觀之，當可於本文所言之「以理生氣」一原則，「逆之則成聖成賢」一途徑，不生疑惑。蓋或以爲此原則足以妨碍文化成果之創造也。至於「以理生氣」與「以氣盡理」，「順之則生天生地」與「逆之則成聖成賢」，兩者之須諧和統一，相資相補，自不待言。讀者思之。

反共救國中的文化意識

一

救人，救國，救文化，無迫於此時。從「人」方面說，含人性，人道，人倫，自由，民主；從「國」方面說，含民族國家；從「文化」方面說，含歷史文化。因爲共產黨及共產主義是要澈底毀滅這一切的。所以我們的救人救國救文化就是要救這一切。

但是要救這一切，其領導觀念就是「文化意識」之提高。所謂文化意識之提高，並不是指博聞强記的經驗知識之多少而言。因爲儘有博聞强記，經驗知識很多的人，而文化意識並不高。他們只拿他們那些雜碎知識，作爲粘牙嚼舌的工具。在現實生活上，他們仍落於現實自私的個人主義。他們毫無超脫的理想，客觀的情緒。他們的聰明只是糾結於外在的物質材料上而轉爲斤斤較量的理智，乾枯淺薄近視的理智。他們不能有而且也不承認這種理智以上的智慧或德慧。因此，其人格器識卑陋平凡，其心思完全退縮於自己之軀殼。其文化意識當然不會高。

在這裏，我必須指出對於文化的兩種態度：一、是把文化推出生命以外視爲外在的材料，在這種態度下，就是講孔子耶穌，亦視爲外在的東西。視爲外在的東西，完全與人不相干，與生命不相干，與人格不相干，他們才好從事排比爬梳，作歷史的考據，美其名曰科學方法。科學方法誠然是科學方法，因爲就自然科學言，它所研究的是自然現象，而自然現象本是外在的東西，從獲得知識上說，當然須用觀察歸納的方法以整理之。把這種方法用在歷史文化上，當然也是科學的。當然也必須把歷史文化推出去視爲外在的物質材料。但是這樣一來，則歷史文化毁矣，孔子耶穌死矣。二、是把文化收進來，落於生命上，落於生活上。看歷史文化是聖賢豪傑精神之表現，是他們的精神之所貫注；看聖賢豪傑是當作一個道德智慧的精神人格來看。在這種態度下，歷史文化可以保住而復其眞實性，孔子耶穌可以不死而在我們當下生命中起作用，因此，文化意識自然油然而生，沛然莫之能禦。這種態度看文化，並不反對考據，也不反對多識草木鳥獸之名。但是這裡有層次問題。考據，多識，必匯歸於生命生活，而且必須承認在生命生活一層次上有大學問存在，必須承認這裏也是學問，而且是更高級的學問。因此，我們所反對的是科學一層論：把用科學方法所處理的材料，所成的學問，視爲唯一的學問，外此都不能算學問，而且凡不能用科學方法去排比爬疏的，都不是學問的對象。這是我們所要反對的。這種態度是近人有意或無意向之而趨的，因此成爲卑陋墮落的時風。這種風氣，我敢斷言，也是反文化的。成爲反文化的歸結，其自身何有於文化意識。但是古人却必在生命生活一層次上講學問。孔孟以仁義立教，大學之道在明明德，程宋講心性，王陽明講良知，在近人看來，這都不是科學的，也不是學問的對象。然則，菲薄聖賢，醜詆孔孟，也就無怪其然了。我看，現在的人也當該在這裏反省一下。試問：中國的歷史文化是不是這些人物創造的？中國的文化形態是不是這些人物決定的？

反共救國，若不把對於文化的態度扭轉過來，提高文化意識，則共黨極力摧毀，我們也參與其毀，結果共魔反不下去，而我們的現實自私的個人生命也不能保。

二

依以上所述，文化意識，簡單地說來，就是：我們要眞正是一個人，把自已作人看，把人作人看。共黨先不以人看自已，所以亦不以人看他人。自已是一個眞正的人，他人也是一個眞正的人。「眞正的人」一觀念就含有客觀的情緒，即：在此觀念中，就可以把人的生命提升起來，而至客觀化的地步，把生命從個人自私的軀殼中超脫出來，而轉生客觀的情，客觀的意，因而發出客觀的智慧。在客觀的情意智的境界中，我們才能爲人性，人道，自由，民主，民族國家，歷史文化，而奮鬥。每當一個墮落的時代，就須把自已的文化意識提高，以之來挽救。這就是一個澈底覺悟的時代。這不是光靠打氣，鼓動情感，所能濟事。這是沈痛復沈痛，反省復反省，從自已的生命中澈底翻出「理性」的自覺，「價值」的自覺，才算是眞覺悟。覺悟就是從個人自私的軀殼生命中看出一個異質的眞實生命，理性的生命，超越乎軀殼的生命而有存在，這就是價値之所在，人格之所在。當拿破崙征服了德國，費息特對德意志國民講演，就首先指出當時德國人民的自私，毫無志趣，毫無理想。所以進一步就喚起人民的眞實生命，使每一個人重新教育其自已，從個人自私的泥坑中轉出客觀的智仁勇來。當然共黨的摧殘人類，威脅任何民族國家的存在，毁滅任何民族的歷史文化，其罪惡遠非拿破崙所能比。德國能對拿破崙的征服而覺悟，我們爲什麼面對共黨這樣的罪惡而不覺悟呢？

我們不必說他人，只看我們自己的聖賢，就可明白他們怎樣以高度的文化意識來警世，來垂訓，因而引生了綿延不斷的新生命，克服了罪惡，蕩滌了腥穢。

首先看孔子。我曾以以下三語說孔子：通體是文化生命，滿腔是文化理想，轉而爲通體是德慧。這就是他成其爲大聖處。德慧一層且不說。何以說他是「通體是文化生命，滿腔是文化理想」？文化生命既不同於「只是生物生命」，亦不同於「隔離的宗教生命」。動物只是生物生命，在它的生命中，它不能由自覺而湧現一異質的理性生命，精神生命，只是淸一色的機械的生物生命。一般人如不能有自覺而期成爲一眞正的人，只是現實自私的個人軀殼生命，則雖有聰明智巧，亦等於只是生物生命。共產黨齊人於物，就是要把人出死力造成只是機械的生物生命，它好任意播弄。這決不是孔子以及孔子之教所能堪，所能接受的。孔子對於人，對於人間世，有精誠側怛的愛。這就是儒家的世間愛。世間愛，並不是愛人的現實自私的一面，而是愛他是一個人，不忍他昏沈墮落而爲禽獸，不忍他遭受非理非禮非人道的摧殘而流離失所，而落爲非人的生活。所以在「愛他是一個人」一方而，就是把人作人看，不作物看。在「不忍他昏沈墮落而爲禽獸」一方面，這就期望他有自覺，從他的生命中湧現出一個異質的理性生命，精神生命，而不顧他是清一色的生物生命。在「不忍他流離失所，落爲非人的生活」一方面，就期望當政者亦須有自覺而不只是生物生命，行王道而不是任意荼毒生靈。從這三方面，就可以看出孔子整個是一文化生命在蕩漾，通體是一精誠惻怛之心在流露。而從他的文化生命，精誠惻怛之心裏，就湧現出全幅的文化理想。惟因愛之，所以總期成全之。「成全之」是成全其爲一人。而成全其爲一人，是靠從生命中體悟到一個異質的理性生命，精神生命。這個理性生命，精神生命，就是人的本，也就是道，就是天，就是神，但是孔子講這個道或天，是貫通着人而講的：由人處指點，即以之反而成全人。所以說：「仁者人也」。仁就是理性生命，精神生命。又說：「道不遠人，人之爲道而遠人，不可以爲道。」道的表現而爲禮樂，就是「文」。拿「道的表現」來成全人，就是拿「文」來成全人：此即是「人文化成」。文是道與器，天與人，內與外，本與末的綜和表現。光說道，是分解的抽象的說法，這是立大本。說「文」則是綜和的，具體的表示。（合而爲一，即爲具體。）所以孔子說：「文王旣歿，文不在茲乎？」這就表示孔子慨然以夏商周相傳而大備於周的「綜和體的文」自任。（朱注謂不敢以道自任，而以文自任，是謙辭。非是）。這就表示：孔子的精神不是耶穌的「隔離的宗教精神」。耶穌表現道或神，完全是隔離的，偏至的精神。這由他放棄人間世的一切，甚至最後連自己的生命亦放棄，（上十決架），來證實上帝之爲純精神，把上帝純淨化，獨一化，即可看出。這是隔離人間的宗教精神，而惟是以顯大本自任。所以基督教不把耶穌視爲人，而視爲聖子，視爲「道成肉身」，隔離的上帝之化身。這是西方人的精神。而孔子以文自任，則是綜和的，圓盈的精神。嚴格言之，只是生物生命固然不是文化生命，就是隔離的宗教生命亦不是文化生命。文化生命等於超越的宗教生命與形而下的生物生命之綜和。

因爲孔子唯是這樣的文化生命强，所以一方面雖曰「管仲之器小哉」，而一方面亦大其功曰：「微管仲，吾其被髮左衽矣。」這就是儒家的「夷夏之辨」的根源。夷夏之辨就是野蠻文化之辨。共黨與蘇俄就是大夷狄，其罪惡猶不只野蠻而已，猶不只原始的夷狄而已。然則，我們今日不應當更加强夷夏之辨的意識嗎？同時，亦惟這樣的文化生命强，所以一方雖對於隱逸高蹈之士持尊敬之態度，而自己却不忍走此路。故對「避世之士」之長沮桀溺，則曰：「鳥獸不可與同羣，吾非斯人之徒與而誰與？」這就是儒家的「人禽之辨」的根源。避人避世，雖曰高蹈，卻不是文化生命。沒有文化生命，則人間只有日趨墮落荒涼而已，而高蹈亦終歸於烟清雲散也。以此衡之，後來魏晉的清談名士俱不是文化生命也。故爲衰世。雖曰意境高遠，實則只是荒涼。故現實方面亦日趨腐敗墮落，而爲鳥獸之歸，而招夷狄之禍。

以上由孔子的文化生命而引出夷夏之辨，人禽之辨，在這裡就豎個流露着他的文化理想。他的文化理想就由他的春秋大義對於政治社會上的人與事之褒貶進退（即價値判斷）而表示，而其最後俱匯歸於「仁義」一原則。仁義就是文化理想的總根源。而此俱由他的文化生命而流露。故孔子通體是文化生命，滿腔是文化理想，而由他的夷夏之辨，人禽之辨，就頓時看出他的文化生命是一客觀化的生命。他的生命已頓時通於歷史文化的大流而客觀化於其中，他的生命就是堯舜禹湯文武這些歷史文化的創造者的人物的生命之周流貫注。他通過此「客觀化於文統的生命」而印證天道，而渾同於天，而與天地合德（生德），與日月合明，如是，他的生命乃普遍化而爲絕對，但不同於耶穌之印證絕對。甘地說：人之冥契於神者，（神即天道，上帝，或絕對。）或由於孤獨，或由於與千萬人爲伍。耶穌不但是孤獨而冥契於神，而且是犧牲自已而歸於神。（孤獨即隔離，此山林修行之士之所爲者。）而孔子則是與千萬人爲伍而與神遇。人間愛，通於歷史文化之大流，即是與千萬人爲伍也。所以他的宇宙的悲情，他的客觀的智仁勇，最爲眞實而彰著。這就是他的文化意識强。我們處在這個面臨大魔的時代，遙念着歷史文化之斷絕，目睹着人類之被摧殘，被荼毒，則客觀之情亦最易油然而生，沛然莫之能禦。我們實在當該由共產黨之毀滅人性人道，自由民主，民族國家，歷史文化，而引生我們的客觀之情，而客觀化我們的生命。孔子已經給我們定下了一個型範。我們的生命已經與孔子的生命相契了；而孔子的意識，立場，就是我們的意識，立場。當然孔子以「天縱之將聖」，其精純與博大，我們不能及其萬一。在太平年間，個人作聖賢工夫，探討聖賢學問，亦非易事。這由宋明理學家的精心講習，即可見出其不易。但是聖人立教，愚夫愚婦皆與知皆與能。只要一念警策便是一個眞正的人，而眞是非亦立見，而文化意識亦立强。而何況我們處在這個時代，迫切之感最易生起。由之而引生客觀之情，而客觀化我們的生命，亦非難事。不必像理學家那樣細微拘謹，亦可以觸目興起，而大體亦不悖聖人之型範。反共救國是神聖大業。我們雖是凡人，只要靈光不泯，則憑藉時代之需要，即可以擔負聖人型範下大事業。孔子贊管仲之功，亦如此而已。非必管仲擧目揚眉皆合理道也。故曰：「豈若匹夫匹婦之爲諒也？自經於溝瀆而莫之知也！」我們現在最重要的是文化意識之加强，是客觀化我們的文化生命，抒發我們的文化理想。這是人人，尤其是靑年人，所能作，所當作的，並不是叫人人皆作聖人也。（當然聖人也是人分的事。）

三

我以上由孔子說明我們的文化意識所當取則之模型。此後，在中華民族的生命中，文化意識是繼承這個模型而前進。首先繼承這個模型而表現的便是孟子。

我曾以以下三語說孟子：通體是文化生命，滿腔是文化理想，轉而爲通體是光輝。

孔子後，由春秋轉入戰國。時代精神日趨墮落。所謂墮落者，就是：當時各階層的人只是自然生命之氾濫。在那時的風氣中，人們不能由他的生命中，通過深深的反省自覺，透露出一個異質的理性生命，精神生命，藉以抒發客觀而積極的文化理想，以解答時代所啓示的問題。在春秋時，還有「尊王攘夷」一理想，在戰國時，則根本無理想。因此，當時人的生命只是一個物質生命之盡量的氾濫，只是一個清一色的物質生命之衝動。所以只是現實，自私，功利，並無其他。人民只是被運用的物質工具，士則只是縱横捭闔之士，君主則只是期圖富强稱霸的軍國主義。所以孟子見梁惠王，王劈頭就問：「何以利吾國？」他滿腦子只是利。而孟子一眼看定這個墮落，所以也給他一個當頭棒，而曰：「王何必曰利，亦曰仁義而已矣。」我們不要把這個仁義看成是個平常的字眼，老生常談。在當時確是開闢另一層領域，它代表一個不同於「清一色的物質生命」之理性生命，精神生命。只有把這一層領域開闢出來，才能克服刼難，扭轉墮落。所以一當孟子說此話時，我們就可以看出他通體是一文化生命，滿腔是文化理想。可是當時人的昏沈墮落，對於這層領域，完全不能接觸，木然無動于中。這由孟子告齊宣王行仁政，而齊宣王却說：「吾昏，不能進於是矣」，即可看出。然而孟子在當時確已盡了他的責任。他的全部心思言行，見於孟子七篇者，俱可使我們看出他在表現這種精神。

戰國時代的昏沈墮落的風氣，吾曾名之曰：盡物力的物量精神。物力不必是外在物質工具，就是自己的生命，若只是清一色的物質生命，生物生命，亦是物力。一任此物質生命之汜濫，亦是盡物力。把人民視爲被運用的物質工具，亦是盡物力。把一切看成是物而盡量運用之，便是盡物力。其所以把一切都看成是物，（人，自已的生命，俱在內），就因爲他不能見到另一層的理性生命，精神生命。這根本是一個物量精神。所以名之曰：盡物力的物量精神。這根本是一個放縱恣肆的墮落。

這種物量精神，如不能扭轉，便日趨下降，引生出秦始皇與法家的陰險黑暗的思想而剷平之。最能代表這種陰險黑暗的反動思想的，便是韓非。而秦始皇亦正有這種陰險黑暗之資而實行韓非之教。商鞅講法，（亦是天資刻薄人），申不害講術，韓非俱以爲不足，到他那裏，便是法術俱講的綜和。這是眞正「黑暗思想的法家」之典型。韓非與李斯俱是荀卿的學生。但是荀子却有文化生命，文化理想。而他倆却不能了解他們老師所開闢的另一層領域。思想遂流入邪僻，幫助秦政以肆其虐。韓非一眼看定當時墮落的物量精神，他不思提起文化意識有以轉之，却順之而下趨，隨其墮落而墮落，出之以反動之路，而生出一套反動的思想而凝結之。他凝結這物量精神的後面精神是數量精神。數量精神正是凝結物量精神的。它將一切剷平，將一切壓成死平板，死物質。在物量精神下，物質還是活的，還可以讓它隨意氾濫，到了數量精神的凝結，則全成死的，不能讓你隨意氾濫了。這就是物量精神轉而為秦與法家的數量精神，而戰國時代亦結束，而人類之浩刼亦來臨。

韓非如何以數量精神來凝結物量精神？他反賢智，反德慧，反歷史文化，他把一切看成是一個「物質的勢。」（這就是唯物論唯物史觀的底子）。他勸君主以祕密不欲見之權術行使表現于外的乾枯劃一之法。所以君主是一個黑暗的深潭，一個罪惡的祕窟。（這就是今日蘇俄的克里姆林宮）。以法為工具，把他的黑暗與罪惡下達于人間社會，把人間社會都壓成死物質，視人民為芻狗，為被運用的純物質。（這就是今日共黨的新奴隸制。）有取于人民而鼓勵人民的只是耕與戰，此外都須剷掉。（這就是今日共黨的生產與參軍。）所以說：「儒以文亂法，俠以武犯禁。」這是他最痛恨的。（這就是今日共黨的摧殘智識分子。）結果便歸于「以法為教，以吏為師。」（這就是共黨的逼迫人坦白學習，思想改造。當然共黨比秦與法家所行的還要兇。）隨之而來的當然是焚書坑儒。其剷喪聰明，摧殘生命，如此之甚。這豈不是人類的浩刼？不圖復見之于今日，而尤甚焉。試問自五四運動以來，吾民族的社會風氣是不是一個放縱恣肆墮落茫然的物量精神？然則其轉生共黨之數量精神而凝結之，又何怪焉？歷史往事，重見于今日。相觀而解，亦可以悟矣，亦可以醒矣。放縱恣肆的物量精神，沒有理想，沒有文化意識，只是現實、功利、個人、自私的虛無主義，理智主義，共黨提出一套儼若似理想的反動思想而徹底虛無之，亦與法家提出一套陰險黑暗的思想而徹底凝結戰國的物量精神同。時至今日，若猶不知反，則無一人能幸免死物質之刼運。

秦雖用法家思想壓死人間社會，然人究竟是人，而不可以壓成物。人究竟是有自覺的，以法為教，以吏為師，究竟不能泯滅其靈性。人到不堪忍受的地步，便會揭竿而起抗暴秦。這就是陳涉吳廣的發難。陳涉吳廣之一念不能忍受，便是「人要是人」的起點，便是文化意識的根芽。漢興，完全反秦與法家之道而行之，以文化意識來蕩滌秦之流毒。關此，我願引胡拙甫先生「韓非子評論」中一段文，以代我之說明：

「韓非之說，用于呂政，流毒甚遠。董子、史公、在漢初，皆欲矯其弊。董子作春秋繁露，張公羊義，以闡發民主思想。史公作史記，亦稱公羊。並鑒于韓非毀百家語，而集矢儒俠為最甚。於是，尊孔子以世家，立仲尼弟子列傳。孟子荀卿，皆有傳。定孔子為一尊，示儒家為正統。與董子主張同也。……又以游俠立傳，首引韓子：儒以文亂法，而俠以武犯禁，皆與獨裁不相容。又曰：竊鉤者誅，竊國者侯。所以攻擊獨裁之帝王。又曰：自秦以前，匹夫之俠，湮滅不見。余甚恨之。可見史公獎游俠之意，所以振民德，育民氣，扶民力，將使霸者芻狗萬物之技，有所憚而不敢逞。又以項羽列本紀，陳涉列世家，以匹夫而抗暴秦，行革命之事。雖功業未就，而其志行，足與殷周聖帝明王爭烈矣。伯夷行修孤峻，棄君位如敝屣。故列傳首之。管晏原本儒家，而開法術之宗。孔子雖病其器小，不謂其學術全非也。管晏之為法，未戾于儒，亦足以周世變。申韓以險譎為術，專橫為法，是管晏所必誅也。史公傳管晏，而次于伯夷，其識量宏遠哉！」（見「學原」第三卷第一期。）

漢初、董生、史公的學術思想為主流，故能於武帝時開「復古更化」一偉大之文化運動，而建造漢朝大帝國。此皆以文化意識，文化生命，文化理想，為領導原則，而克服魔難，而有所樹立也。今日之共黨，正是近代化之秦與法家。其不能久亦必然之勢。大陸上亦必然有陳涉吳廣之流，揭竿而起，以抗暴共，而我們亦正須有強烈之文化意識、文化生命，高度之文化理想，以恢宏吾人之生命，以開「天地變化草木蕃」之境界。

四

東漢帝國崩潰後，魏晉南北朝將近四百年，始終無積極而健康之文化生命，文化理想，故統一之局亦終不出現。魏晉的清談，南朝的淫靡，那裏有一毫「眞正的人」之氣象。故北朝的五胡得以亂中華。清談是談三玄。老、莊、易、名爲三玄。他們談這些東西，並不是根于內心生命之眞實要求而期貫徹理道，若如此，他們亦可以成學術。他們之談只是一種浮明之游離。他們在現實上，都是些世家大族，所謂王謝門第者是也。他們保持着他們現實上社會的地位，這種地位（門第）其實就是物質的凝結。他們凝結在那裏，固結自保。進而作官，不惜朝秦暮楚。管他誰來作皇帝，與他們不相干。反正得用他們作官、他們的作官也只是作官，並不在辦事，（以不問事爲雅），亦不在實現理想。所以他們的現實生活只是一種頹墮的物質生活之推移。下面是無問題無責任的物質生活之推移，（因爲固結自保，所以無問題；因爲不問事，所以無責任。）上面即是一浮明之游離。其靈光只浮在頹墮的物質推移之上而游離于夢境。他下面無責任心，他上面浮明之游離亦無責任心，因此而成爲清談，名曰風流雅趣。實則其內心只是陰涼暗淡，如月光然。其內心空虛無什麼，其浮明之游離亦無什麼。就是這兩頭「無什麼」，遂成功魏晉人之風流，魏晉人之靈魂。此不得謂爲文化意識，文化生命，甚顯。然而他們的浮明之靈光，却能爲佛教輸入之橋樑。而佛教亦是一種隔離的偏至的精神。佛教雖因此而輸入，而佛教並不是「人文的」，亦不是華族自己的文化生命之滋長。所以這四百年間，可以說是華族的文化生命文化理想之最爲衰歇時期。

隋唐興起是靠一種生命之健旺。唐代精神是服從「生命原則」，不是「理性原則」。漢朝固亦有朴實健旺之生命，但能翻出文化運動以指導現實，故服從理性原則。自此而言，唐不如漢。韓愈雖能「文起八代之衰」，然只是文之雄。韓愈之學力實不足以代表理性，故他翻不出一種文化運動，以矯魏晉，南北朝之頹風。他所矯的只是文章之一面，至于人生、社會、學術、理想，他根本不能及。所以唐朝的知識分子只是詩文才華，言學則退而歸于佛。唐代精神實是一特別型態。這點可由唐太宗生命之强，國威之盛，函蓋八荒，振歸一宇之氣概來說明。生命之强力澎漲，（此非充沛健旺者不能），實可以函蓋一切，而將一切荆棘細流悉以强力而通之而歸于大順，因而亦掩蓋了一切問題之透示，遂亦掩蓋了理性之凸出。在生命之强力中，一切現實措施只用由天資而發之「世智」（世俗聰明才智）即可足够。故唐朝政治制度之安排，甚爲後世所稱道，而文物之盛亦爲歷代所不及。此即朱子所謂天資之美有暗合于道處。理性之凸出常在絕望之時，極端敗壞，極有問題之時，已接觸到人生根本問題之時，如秦與法家之敗壞便是。魏晋南北朝，社會人心只是頹墮淫靡，政治只是不統一。醞釀日久，忽然爆出一健旺之生命而打平之，而統一之，此正是人心之所嚮往，而在健旺之生命中，頹墮淫靡之風亦隨之而振起。在唐太宗生命之强之函蓋下，一切以生命照面，措施現實用世智即足够。與現實發生連結關係的，只是生命與世智。而學術則無所謂。故不必由深深反省中湧出「理性」以與現實相連結。學術與現實爲不相干的外在關係，歸於佛亦無所謂。此即爲理性與學術之不彰著。措施現實用生命與世智，而詩文才華亦是與現實相連的「生命與世智」所貫注的現實生活之表現，故唐代的精神惟是「生命原則」之表現。及其生命强力不足，則以生命與世智照面即不能順適調暢，而趨于暴戾混亂，墮落復墮落，生命轉而爲物質，則毫無人味矣。其曾暗合于道者，至是則毫無道理可言矣。此即唐末五代是也。至此，才顯出純是生命原則之不足。故唐太宗生命之强，雖是函蓋八荒，振歸一宇，然而文化意識文化生命不能與現實措施相諧一，不能本華族自身之文化生命文化理想以開導現實，復不能由現實措施以誘發華族自身所發之學術文化而使之向前進，則亦究非甚有價值之時代。

宋興，則由深深反省自覺，湧出理性，開出中國歷史上第二次之文化運動。這是華族自身之文化生命文化理想之復位。民族生命文化與生命又歸于一。原宋儒之講學，一在對唐末五代無廉恥人不成人而發，一在對佛教而發。無廉恥，人不成人，不只是非善惡美醜之價值觀念顚倒而已，而且根本無是非善惡美醜之觀念。這還成個什麼世界？稍有人心，何能堪此？然泯滅已久，而欲湧出理性而有所立，則非有一股眞精神眞生命不能辦。宋儒于此興起，卓然立人道之尊，從理性之自覺，價值之自覺，樹立是非善惡美醜之標準，則其心力之强，文化意識之强，可想而知。在這理性之自覺，價值之自覺，要使「人成爲一眞正的人」上，即已遙契了孔孟的文化生命與文化理想，而華族自身之文化生命文化理想之大流亦于此振興而暢通。故反佛教是宋儒隨理性的自覺價值的自覺而來的一個意識上很清楚的理路。對無廉恥，卓然立人道之尊，這是表。反佛教是遮。遮表雙彰，而孔孟之文化生命文化理想始歸位。佛教是外來的，不是華族文化生命之所發，這尚不要緊，根本點是在：它是反人文的。這是從理性之自覺價值之自覺之一念中而來的理路所不能接受的，也是「立人道」一念中所不能接受的。宋儒對于此點把握的非常緊，意識的非常清楚。從歷史發展上看，這是一個很偉大的心願。

然此心願與工作之完成，魏晋以來之清談與隋唐以來之佛學，亦並非無助。雖說在此漫長時期，爲華族文化生命之衰歇與歧出，然清談究可以提高人之「形而上的解悟力」。（亦可以說穎悟。）清談可以爲佛教輸入之媒。而佛學所接觸之問題，義理與境界，亦非有超脫之智力不能及。此皆有助于「形而上的解悟力」之養成。此漫長時期中之清談與佛學實可以視爲「形而上的解悟力」之訓練時期。宋儒以此漫長的訓練爲背景，無有覺悟則已，一有覺悟，其心思即可接上這種「形而上的解悟力」而與之齊，而至極其高明之境地。解悟力能達到了人家的層次，才可以與人爭是非。韓愈尚不能達到這個境地，故其闢佛不能翻出一種文化運動來。而宋儒則達到了這個境地。故清談與佛學所有助于宋儒者，只可以說爲「形而上的解悟力」之促成。普通以爲宋學完全從佛學來，好像襲取佛學以裝點自己門面者，此則大非事實，亦不解開闢義理之甘苦。宋儒要排佛以復華族自己文化生命之位，即不能不從根本上以辨儒佛，如是，即不能不提高「形而上的解悟力」。這不是說提高即提高，這是勉强不來的。固由于歷史風氣之養成，亦須有這些善知識之出世。宋儒在其充分的「形而上的解悟力」之條件下辨儒佛，一方面徹底表明了佛老之爲異端，一方面徹底彰著了儒家學術之本源，彰著了其最核心之本質。這是一種義理上的大開闢，大創造。漢朝的文化運動是本于經學，是將孔子所刪述的六經籠統地繼承下來而復古更化。他們是通經致用，所以他們的文化運動是學術政治社會貫通在一起而爲一構造的綜和體。宋儒的文化運動是將這個綜和體打開而直探其本，直接由四書中而直探孔孟之心傳，所謂「內聖之學」是也。這一步本源之澄淸與彰著是宋儒的功績，漢人並未作到這一步。這就是經過淸談與佛學所養成的「形而上的解悟力」所達到之效果，亦是歷史的趨勢，精神的發展，所逼成的。惟這一點亦確定了宋儒的文化運動之特質，即：在他們的文化運動中所湧現出的「理性」是分解的，偏至的，（由打開綜和體而直探其本而成爲內聖之學這一點來了解），而漢儒所湧現的理性，則是綜和的，構造的。依此，漢朝的時代精神是服從理性原則，而理性原則是構造的綜和的；宋朝的時代精神亦服從理性原則，而理性原則是分解的，偏至的；而唐朝則唯是服從生命原則。宋儒的心力完全集中在本源，以此成其爲分解的，偏至的。其整個時代精神不爲構造的綜和的，宋之國威弱是一原因，此由于宋祖弟兄的生命力根本不能與漢唐比。外此，則自東漢光武以後，中國的政治形態已定，典章制度已大備而代代相繼承，小損益有，大變革無。宋儒之理性原則所引生之生命力亦只能維持兩宋于三百年，此則已不易，至于國威則根本須靠開創者之先天的生命力之强弱而定。至若政治形態，典章制度，則在因襲不變之時，宋儒之理性原則固不能與此方面發生內在關係也。（即不能在這方面彰其用）。此與漢朝不同也。因此，宋儒的文化運動只在將華族的文化生命文化理想作端本澄源的工夫。大本一立，開創無疆。宋儒不能開到別的方面，他人可以繼之而開到；那時不能開到，後來可以開到。宋儒的心力勞績，豈可泯乎？

但是歷史的發展，精神的表現，注定是曲折的。

宋之亡與明之亡是天崩地裂驚心動魄之事。王船山云；「漢唐之亡皆自亡也，宋亡則並堯舜禹湯文武相傳之道法之天下而亡之。」其言可謂絕痛，其心可謂絕苦，其情可謂絕憤。其說宋亡，即說明亡。明祖驅除胡元，光復華夏，其功不在禹下。明儒繼宋儒而發展，益臻精微之境。然其形態仍與宋同。明亡，儒者之文化意識可謂達于極點。滿清入關，華族之民族生命文化生命遭受曲折摧殘亦達于極點。然則明末諸儒文化意識之强，對於亡國之痛，豈無故哉？崇禎吊死煤山，南京福王不一年而垮。黃道周、鄭成功保隆武，又不轉瞬而亡。鄭成功退臺灣，父子兩代猶奉永歷正朔，與明朝共終始。此文化意識之表現於勢力派者。儒者如劉宗周、黃道周、朱舜水、張蒼水、顧亭林、黃宗羲、王船山，尤不待言。此一餘緒，終隨明亡而消逝。滿清統治中國，民族生命受一大曲折，文化生命文化理想可謂斲喪殆盡。其因果流轉，交引日下，流毒延至三百年之久，至今日而有共黨之出現。乾嘉年間之考據，引生清末今文學派怪誕不經之思想，而集大荒誕於康有爲。無積極而健康之文化生命文化理想，終湧現不出正常之理性，開闢不出眞實之義理。瑣碎的考據，乾枯的理智主義，足以窒息文化生命而有餘。人們不能耐，則反動而流入邪，此即是今日共黨出現之根源。馬克思主義之流行即是上承怪誕不經之思想而下來者。考據者反思想，反義理，不能抒發理想，則共黨出而講思想，發理想，而中國遂陷於十八層之地獄。吾知今日之青年必已有覺悟。曾迷惑於共黨者，而今知其不可爲理想，不可爲思想。然而青年人落於何處，從何處立脚跟，恢復其文化生命，湧現其文化理想，他們不必能深切知道。我們現在身處臺灣，即可以鄭成功爲線索，直須上承明末諸大儒之文化意識，將我們的生命通於孔孟以來之文化生命之大流中，立定我們的脚跟，湧發我們的理想，以排除當前之大魔，以提醒那已僵化了的文士階級以及乾枯的理智主義。這個文化生命文化理想之大流就是我們今日反共救國的最堅强不拔的原則。在反共救國中建國，再度使我們的民族生命與文化生命合一，使宋明儒者所彰著的本源再開出來而重爲一構造的綜和的形態。這就是我們這個時代的文化運動所要擔負者。這其中的詳細內容，本文可不涉及。

五

說到以上，本可以結束，但本文尚有不能已於言者，即：凡講文化意識，其主要意思是在反物化，反僵化。秦與法家及共黨的思想行動俱是物化之道，視人爲芻狗，所以在所必反。文化意識直接是在對治而否定這個物化以恢復生人之道。但是同時文化意識亦就是眞生命眞生機之活潑呈現，所以它必反僵化：任何好的東西亦可失掉生命，停滯不前，而轉爲僵化。反僵化就是重新予以生命。猶太的法利賽人，文士階級，豈不天天在講摩西的律法？然而他們自己的生命已死，所以把摩西的律法亦弄死了。這就是僵化。所以有耶穌的出現。耶穌反法利賽人的僵化，並不是反摩西的律法。所以他說：摩西的律法都要成全。基督教的教會及僧侶僵化了，不表現精神，反成爲罪惡的淵藪，所以有文藝復興（即人之再生）有宗教改革。這也是反僵化，並不是反耶穌，反宗教。隨文藝復興而來的，有民族國家之成立，有人權運動而成民主政治，有「知性」的解放而成科學。這都是好的。但是十九世紀國家至上而轉爲軍國主義，這也是僵化，死在國家一概念上，不知其他方面之眞理與境界，故須反僵化。但是反僵化，不是反民族國家之存在。有流入澈底否定國家者，則是反動之思想。凡文化意識強的人及其思想系統，決不肯主張亡人之國，亦決不肯甘願其國之亡。此種「不肯」決不是一時之情感。此「不肯」一念頓時即通於其「理性之全體」。必肯定民族國家之存在，此春秋大義之所以主張「興滅國，繼絕世」也。這是孔子的文化生命所給我們的教訓。而肯定民族國家的存在，即函不能亡人家的歷史文化。所以文化觀點下的民族國家之肯定與國家主義，帝國主義，國家至上等，決定不相干。而凡死在國家一概念下，成爲國家主義，其背後之意識決定不是文化的，它當是權力欲的汎濫，或是種族的優秀。尼采，希特勒等即犯此病。而凡因此病而來的反動，欲澈底否定國家者，其背後的意識，在下面或現實方面，只是赤裸裸的個人主義，在上面或理想方面，則是虛無不着邊際的世界主義，個個散立的世界主義。此種意識亦根本不是文化的，根本是反人文的。兩種「反人文」的意識都是「清一色的生物生命」在汎濫，都是僵化。反僵化即是立脚跟於文化意識而湧出「中道」來，使他們的生命清醒，個個豁然開朗。這兩種毛病清醒了，蘇俄共黨即不得假借「民族獨立」的口號來惑世。

復次，自由民主發展到十九二十世紀，亦不能無僵化之弊，停滯不前之弊。其弊不在自由民主本身，而在其成爲制度後的時風與學風。蓋民主政治及其下之出版言論結社等自由都是文藝復興後的自由主義（精神解放）之成果。那時的自由主義的「自由」是從前一階段中的壓迫，拘束，僵化而來的解放，是人性，個性，價值觀念之覺醒，是迫切要求的呼聲。在此覺醒與呼聲中，人們是從被動僵化不自覺的物質凝結的生活中深深反省自覺而直透到精神生命之原，直接透露出精神人格之光輝。此之謂大自由，大歡喜。故那時的「自由」是精神人格之樹立，是耳目之爽朗，是從凍結中直接透露出光與熱之本原。故精神人格中的客觀之情與意是一切要求活動的推動機：一切理想要求，價值要求，皆從此出。故帶有充分的理想性與精神性，而可以披靡一世。在此種情形下的人心及時代精神是構造的，綜和的，立體的。直接從客觀的情與意而貫注到行動之末與外，故爲立體的。那時的「智」也是根於客觀的情與意之要求而發其光輝，是統於這個立體中，決不是頹墮下來而成爲平面的，乾枯的，淺薄的，近視的，所以能有科學之出現。及其理想要求，價值要求，實現而爲制度，成爲經濟上的自由經濟，資本主義，政治上的民主政治，權利義務等，則其理想性，精神性，不能不停滯。吾人須知「精神人格之樹立」中的自由（Freedom）是精神的，本原的，而其所成之政治制度，以及此制度下的出版言論結社等自由（Liberty），則是些文制的。這些文制是精神自由的客觀形態。一成爲文制，則人們在此文制中過生活，成爲習慣，久而久之，便忘掉了那精神的本原的自由之意義與作用，此即是自由主義的精神性與理想性之喪失。精神性與理想性一喪失，則人們只在習慣習氣中過生活。精神人格中的客觀之情與意不但不透露，且根本已忘記，寖假且進而否定之，謂根本無其事，且根本認爲不是科學的，不是學問之對象，不能用科學方法來把握來處理。如是，其理智只成爲光禿禿的理智，頹墮下來而只成爲理智一元論。因爲就只這一點理智天天在其現實的接觸外物的計較利害中使用，故在其意識中特別凸出，因而也就只認這意識中凸出的爲唯一的。此唯一的理智，天天在扑着一外物爲其對象，因爲離開物質的材料，具體的外物，它便不能有表現，所以兩眼也就只認物而不認其他。而理智所表現的科學方法也就只用來處理這個物，把握這個物，而到處應用即到處都是物：用之於人，人亦是物；用之於孔子，孔子也是物；用之於歷史文化，歷史文化也是物。他們以爲天下無有不可以科學方法處理的，凡不可以科學方法處理的，他們以爲都是不科學的，都不是學問的對象，都在輕視中。依此，理智一元論即轉而爲科學一層論。此即爲淺薄的，乾枯的近視的理智主義。自由主義落下來而成爲寡頭的理智主義，在智方面是平面的，一層的，在生活方面則是習慣的，習氣的，亦是平面的，一層的，總之則歸於現實主義，功利主義，自然主義，而成爲精神之否定。此即爲時風學風知識份子之僵化。此一時風學風主宰時代，美其名曰主流。凡反而提撕精神人格，注重文化意識者，則名之曰逆流。逆流誠逆流矣。不逆而反之，不能順而有所成。反僵化，故必須「逆」也。文藝復興實即人之再生，不逆何能再生？不逆何來自由？自由民主是主流，其本身爲一原則，爲一永恆之眞理，而時風學風及知識分子之僵化，則斷然是墮落。在此墮落僵化的心思中，其言自由民主只是消極的，瑣碎的，習慣的，習氣的，只是太平年間內部的爭論。決不足以發出領導時代樹立自己抵抗共魔的積極精神。自由民主是一永恆的眞理，自然可作爲反共的一個口號。問題是在如何恢復其有效性。而其有效性之恢復，則端賴其精神性理想性之恢復，此則必須再從文制中的自由反到精神人格中的自由。此則必須從僵化的理智主義中，理智一元論，科學一層論中覺醒。如是，便不能不加强我們的文化意識，恢復我們的文化生命。這裏是樹立自己抵抗共魔的領導原則之所在，而亦是自由民主的有效性之證實的根據。

我以上所說決非囈語。若是自由民主，自十九廿世紀以來，尙眞能保持其理想性精神性，而無流入現實僵化之弊，則十九廿世紀以來風起雲湧而皆足以影響人心刺激時代，造成今日之大動蕩大混亂之更深一層而流入怪誕之思想，皆無謂矣。尼采之出現，非無故也。其思想言論非無警策深入處也。馬克思共產黨之出現亦非無故也。其爲邪僻怪誕，自無可疑。然其成爲有激而然之反動，亦無可疑。此外，許多思想家皆深入反省而自文化生命之本源上探討時代之病之根源，又豈皆無謂乎？除科學一層論者，淺薄的理智主義者，敢如此說，稍有心者不敢如此說也。人生不如此之簡單。囿於科學之一層，陷溺於現實的理智主義，不足以領導時代而對治邪僻，不足以解決時代問題之癥結。故眞欲愛護自由民主，堵住邪僻怪誕，則從反省自覺中，湧出「理性」，恢復積極而健康之文化生命文化理想，乃爲必須者。蓋彼深一層之邪僻怪誕原是由於不安於現實而向裏深入者。故能打動人如此其深也。其深入而不得其正，則邪僻怪誕生焉，而大害乃成。然則深入而湧出理性，澈底透出積極而健康之文化生命文化理想，以爲生民立命，慰人類不安於現實之情，以堵住邪僻怪誕之思想，豈不是理之必然而至順者？

蘇聯共產黨第十九次全國代表大會，各國共黨幾都派有代表參加。史大林最後致詞猶以「世界和平」，「民主自由」，「民族獨立」，三個口號相號召。「世界和平」，世人一見知其是假的。（當然也會有人相信。）關於「民主自由」，他說「從前資產階級高唱的自由主義，已經不存在了。民主自由的旗幟已經被拋在一邊了。正是你們，共產主義和民主的政黨的代表們，將必須舉起這面旗幟，打着它繼續前進。除你們以外，再沒有人會舉起這面旗幟。」關於「民族獨立」，他說：「從前，資產階級被當作是民族的領袖，它維護民族的權利和獨立，把民族的權利和獨立放在高於一切的地位上。現在，連一點民族原則的影子也沒有了。現在，資產階級出賣民族的權利和獨立來換取美元。民族獨立和民族主權的旗幟已經被拋在一邊了。毫無疑問，正是你們，共產主義和民主政黨的代表們，將必舉起這面旗幟，打着它繼續前進。如果你們希望作爲你們國家的愛國者的話，如果你們希望成爲你們民族的領導力量的話，除你們以外，再沒有人會舉起這面旗幟。」天哪，這兩段簡單的話，眞是觸目驚心。他能講自由民主嗎？他能講民族獨立嗎？然而這兩段話的嚮性非常的大。言僞而辯，足以欺惑愚衆。我們要放開眼界，看到廣大的人類，將有多少人會爲其所迷惑。我們不要限於身在臺灣的我自己，說我反共，就以爲這幾句話不值一顧。我們若不能澈底通透了我們的文化生命文化理想，發揮出領導人類的光輝，照耀出共黨的罪惡的本質，則它將永久會利用這虛僞的幌子以欺惑愚衆。自由世界裏的人士每遇見共黨這類的情形，常以幽默遊戲的態度處之，以爲不值一笑。實則先慢笑！殊不知這種不嚴肅的態度，自己內心先已落於輕薄放肆的境地，毫無痛切之感，迫切之感，這實在是一種壞習氣。人類遭遇這樣的大刦難，是誰致之？無論受刦者，造刦者，皆可悲可痛。不思痛切反省，用其誠而挽救之，而尙幽默遊戲乎？是眞不思之甚矣。須知更朝換代，政權更遞，並無所謂，而亡於共黨與蘇俄便是我們最大的罪過。是眞王船山所謂：「並堯舜禹湯文武相傳之道法之天下而亡之」。這在祖宗面前，「人」面前，能說無罪嗎？旁的有罪無罪且不管，「亡於共黨」這一點本身就是罪。讓我們歸於我們自己的文化生命文化理想中來贖罪。這就是本文所以不憚煩而縷述之之故。

關於文化與中國文化

一、綜起來了解文化是可能的

有人說，文化包括的太多，這題目太大。人的腦子這麼一點，那裏能裝得下這麼多。最好不談。這是一種幽默的頹墮，頹墮的謙虛。若把文化看成是外在的一大堆，自然須分門別類，一堆一堆地談。若總談文化，亦須一堆一堆地都經過，作累積的綜結的談。但人的心思有限，不可能作累積的綜結的談。一個人不可能樣樣都通。依是，綜起來而談文化是不可能的。你可以對談文化的人下一個判斷說：非愚即妄。但是，你若知文化是人創造的，是人的精神活動的表現，不是脫離人而現成地擺在外面，如是，你把文化收進來而內在於人的生命，內在于人的精神活動：視文化爲古今聖賢豪傑諸偉大人格的精神表現，而不是與人格生命不相干的一大堆外在的材料，則綜起來了解文化是可能的。這樣綜起來了解文化，就是了解創造文化的生命人格之表現方式，即生命人格之精神表現的方式。這種生命人格之精神表現的方式也就是文化生命之表現的方式。依是，綜起來而了解文化就是了解一個民族的文化生命之表現的方式或途徑。只要眼前歸於眞實的生命上，則我現在之看文化，是生命與生命照面，此之謂生命之通透：古今生命之貫通而不隔。我生在這個文化生命之流中，只要我當下歸於我自己的眞實生命上，則我所接觸的此生命流中之一草一木，一枝一葉，具體的說，一首詩，一篇文，一部小說，聖賢豪傑的言行，日常生活所遵守的方式，等等，都可以引發我了解古人文化生命之表現的方式。古人以眞實生命來表現，我以眞實生命來契合，則一切是活的，是親切的，是不隔的。古人文化生命之精采，成就，與夫缺陷，病痛，都是我自己眞實生命之分上事。古人之痛癢就是我自己之痛癢。在這種生命之貫通上，我眼前的眞實生命得到其恢宏開擴的境地：精神由這裏出，理想由這裏出，我所應走的途徑由這裏出。我們不能不承認今日中國的問題，乃是世界的問題，其最內在的本質是一個文化問題，是文化生命之鬱結，是文化理想之背馳。如是，不但綜起來了解文化生命是可能的，而且對時代的癥結言，疏通文化生命之鬱結，協調其文化理想而泯除其背馳，且是必要而又急切的。

二、文化有異同

又有人說，文化無分於中西，人同此心，心同此理：求眞愛美向善，大抵皆然。強論中西之異同，乃是短見。持此說者，只知斥人爲短見，却不知自己已落於不着邊際之顢頇。顢頇不切，遊離漂蕩，可謂長見乎？人同此心，心同此理，誠爲不虛。但是文化並不就是這個心，這個理之自己，乃是此心此理之表現。單就此心此理解，同同一如，但表現此心此理却有分殊。人同有惻隱之心，羞惡之心，辭讓之心，是非之心，但惻隱之心等之表現方式却有不同。人在惻隱之心，羞惡之心，辭讓之心，是非之心中同有仁義禮智之理，但此等理之表現方式亦有不同。而此心此理是不能不表現的。即在此表現上，始有文化可言。光說那個心、理之自己，是無所謂文化的。它是創造文化之本源，而其本身並不是文化。亦猶上帝本身並不是文化，而人表現上帝，或依照上帝之意旨而爲精神之表現的才有文化可言。但是一說到表現，就有氣質之不同。心、理是不能不表現的。它如何能表現？它不能不藉氣質來表現。心理雖可以指導氣質，變化氣質，但亦須藉氣質來表現。依是，氣質是表現心理的。心理雖普遍，而氣質則特殊。個人有個人的氣質，民族有民族的氣質。依是，心理藉氣質來表現，同時亦受氣質的限制。因爲受氣質的限制，所以氣質之表現心、理始有表現方式之可言。而一言表現之方式，就函有表現方式之不同。這就是文化不同之根源。人間一切病痛源於氣質。從這裏說，人間是無可奈何的。因爲人不是神。人有氣質，神無氣質。但人間的一切精采，成就與價値，亦由氣質來表現。從這裏說，表現的方式所函之「不同」是很可貴的。光想那個心理之同，光想那個「無」氣質的神，這個人是無文化意識的。惟當下能鄭重認識心理在氣質中表現而有不同之表現方式，才能嚴肅地認識人之所以爲人，才能有强烈的文化意識。

因爲心、理須藉氣質來表現，氣質表現了心、理、亦限制了心。理，所以人之心、理的表現或表現心、理，一方不能一時將心、理的全幅內容一表全表，一方亦必須將其所表現的一點在歷史中逐步開展擴充其意義，亦必須在歷史中通過自覺將其所未表現的逐步發展出來的。這就是心、理表現的歷史性。在其表現方式的不同上，說文化或各種文化，在其表現之歷史性上，說歷史：各民族之歷史，或各種文化之歷史。這就是我們從心、理之表現上說歷史文化。心、理的內容，從其潛蓄上，我們可以說函萬德，生萬化，無窮無盡。這正如陸象山所說：「孟子就四端上指示人，豈是人心只有這四端而已。」從這裏，你可以看出「心德」之無窮無盡。又說：「萬物森然於方寸之間。滿心而發，充塞宇宙，無非此理」。從這裏，你又可以看出心德之涵蓋性與普遍性。但象山之說此話，還是就證「體」上說，是就聖賢工夫澈底透顯此「體」說。此所云「滿心而發」是頓教，不是漸教。是無有隱曲遮蓋，一發全發。但這只是聖賢工夫之完成聖賢人格中的「發」。不是歷史文化上的發。若是從歷史文化方面說：則心、理之表現而爲歷史文化，其發決不會一發全發。若是在這裏而能够滿心而發，而至於一發全發，則就無有文化乃至各種文化可言，亦無有歷史可言。而只有聖賢人格之德量，即全體透明之神體。此即謂永恆而如如。依是，心、理內容，從其潛蓄上說，雖無窮無盡，而自歷史文化上說，則其表現決不會一發全發。一個民族有其特殊的氣質，即有其表現心、理的特殊道路。這個特殊道路就是這個民族的心眼之傾向，或對於內外環境的反應態度。（外部物質世界固是環境，而內部生理身體生命對心言亦是環境。）在這種傾向或反應態度上，人的氣質表現了心、理。每一種傾向是一種表現法。這種表現是不可能將心、理的內容一發全發的。但是一個民族，如其有文化，它必有一種反應態度，這就是它的歷史文化之開端」。這個反應態度，這個開端，何以或向此或向彼，這是沒有邏輯理由可說的，這只有歷史文化的理由，而無邏輯的理由。此如西方文化，在希臘傳統中何以首先把握自然，表現理智，因而產生邏輯數學科學，而中國文化何以首先把握生命，表現仁義之心性，而形成禮樂型之文化系統，這是沒有邏輯理由可說的。但不管或向此或向彼，如果它的傾向或反應能表現一種心、理，則它即是眞實的，有價值的。依是，每一文化系統有它的眞實性與價值性。因爲一個態度或傾向都是一個特殊的道路，都是有限的，都不可能將心、理內容一下子一發全發，所以道路愈多愈好。每一道路都是眞實的，有價值的。這就增加了心、理內容的表現之豐富性，也就多開闢了一條實現價值之道路。依是，亡人的民族國家，亡人的歷史文化，這在眞理價值面前，在上帝面前，是有罪的。所以肯定民族國家與肯定歷史文化是一事。此孔子之所以興滅國繼絕世也。若是自毀自己之歷史文化，而甘心墮落，則固對不起祖宗，而在眞理價值面前，上帝面前，更是有罪的。而其民族國家亦決定要腐爛而被淘汰的。此公羊春秋之所以痛斥「梁亡」也。（梁亡者自亡耳。自亡者何？魚爛而亡耳。）一個民族是一個生命。一個生命何能忍其魚爛而亡。所以無論自亡或被亡俱是不仁，俱是有罪。

依以上所述，每一民族有其表現心、理之方式。此表現方式在開始點不能完全相同。然一有表現方式而成爲精神之發展，即成一文化系統。此精神之發展是有其理路的。譬如中國文化生命之首先把握「生命」，而講正德利用厚生以安頓生命，由之以點出仁義之心性，一方客觀地開而爲禮樂型教化系統，一方主觀地開而爲心性之學，綜起來名曰內聖外王，成爲道德政治的文化系統，而以仁爲最高原則，爲籠罩者，故亦曰仁的系統。而西方希臘傳統，則首先把握自然，表現「理智」，（理智亦是心，理之一形態），因而開出邏輯數學與科學，此以「智」爲罩籠者，故亦曰智的系統。此兩方面既各成其系統，自有其精神發展上之理路。此理路是客觀的。氣質之表現方式是主觀的，是特殊的。氣質之首先表現此或表現彼，首先傾向於此或傾向於彼，是特殊的主觀的，然一有表現而成爲精神之發展而有其理路，則此理路是客觀的。假若你的心靈注意及此而引發你的氣質去表現這方面的眞理，則亦必走上此理路。此客觀而普遍之理路可以引發文化之溝通。宗教有宗教之理路，道德有道德之理路，政治有政治之理路，邏輯數學科學亦各有其理路。推之智有智之理路，仁有仁之理路，耶穌之愛有愛之理路，釋迦之悲有悲之理路。此各種理路，因其客觀性與普遍性，皆有其交光之處。光光相交，契合爲一，此即爲文化系統之世界性。每一文化系統皆有其世界性，從其氣質之表現方面言，則是其特殊性。特殊性不能泯，其共通性亦必然有。文化就是這樣在各盡其誠之自我表現中而向共通以前進。㬥而知其通，異而知其類，此之謂也。勿以爲有特殊性即停於特殊性，停於特殊性而不進，則其文化生命死矣，此眞所謂頑固也。除此，不得謂頑固。亦勿以爲有共通性，即顢頇於共通性而忽視民族氣質表現之不同，迷妄於渾同之中而妄言大同，茫然不知個性之特殊，不知歷史文化之可尊，不知民族國家之在文化上之價值。理路雖是客觀而普遍的，然各人各民族之表現必有其細微不同處。此不同即是價値之增加，眞理表現之增加。此即其可貴處。孔子之仁教並不止於孔子之所表現，亦不止於中國以往之所表現。孔孟理學家之表現固有其理路，他人他民族若通過其自覺而注意及此，則大體固亦可說同於此理路，然在同於此理路中必有其氣質之特殊性。即在此特殊性中，必然拖帶出仁教之更多的內容，更多的眞理。須知仁教之函量無窮無盡。同理，耶穌之愛，亦不止於耶穌及基督教之所表現。就是邏輯數學科學亦不能停止於其既有之成就。政治形態之演進亦復如此。此就是依客觀理路向共通性以前進中之表現的特殊性。眞理內容之增加與豐富端賴此特殊性也。如是，如何可以不講中西文化之異同？凡以眞實生命而落於實踐上表現心、理者，皆無不具此異同。泯此異同而不論，不是顢頇不着邊際，就是隔岸觀火未落於實踐，不知艱難痛癢也。

三、知識分子何以對中國文化起反感

在文化之特殊與共通性中，我們看中國文化。

中國文化，在這個時代最不行時。不但大陸上的共黨來摧殘，就是號稱自由中國裏的知識分子，文化買辦的知識分子，亦是瞧不起。這些人對於國家民族，眞理價値，並無眞實的責任感。他們的學術自由成了寡頭的，空頭的。一提到中國文化甚至文化，他們就起反感。何以養成這種風氣？

中國，自鴉片戰爭後，才直接地感痛癢地覺到西方另一套文化之厲害。中間的封閉線揭開了，雙方直接照面。西方也敞開了，擺在我們的眼前。此後就是雙方互相較量互相了解的問題。接連幾次戰爭：鴉片戰爭，中法戰爭，英法聯軍，把滿清政府打敗了。打敗政府並不一定打敗我們民族。義和團是發自民間的一股力量，然而結果是八國聯軍進北京。這一仗是把我們的民族也打敗了。（此義取自友人李定一先生。見其近著「中國近代史」。）這都尙未接觸到西方的學術文化，只接觸了他們的武力。知道他們的槍礮厲害。辛亥革命，對內是民族意識，排滿，覺得那個政府太不行了。對西方文化言，則是學得了他們近代化的政體，因而建造了五族共和的中華民國，改專制爲民主。這是首先在政治意識上進了一步。所有取於西方者，在接觸了他們的軍事武力以外，首先注意到了他們的政治形態。架子已安排好了，單等它生根，單等我們來充實它。但這就是個難題。這不能不有待於學術文化上之努力。

首先注意到西方學術的是嚴復的翻釋。他翻譯孟德斯鳩的「法意」，穆勒的「羣己權限論」，這裏邊的觀念是中國學術裏所沒有的。他翻譯這些，是讓我們了解近代化的政治形態中的諸觀念如自由，權利，憲法等之意義。他又翻譯亞當斯密的「原富」，這是經濟學。這也是中國所沒有的。他翻譯穆勒的「名學」，這是邏輯。這也是中國所沒有的。他翻譯這些，是讓我們了解西方人講學之條理性與系統性，分門別類，分析綜和，窮盡其理，以成「學」。這是西方希臘的一個傳統。學之爲學的觀念即在此傳統中養成。吾人名之曰「學統」。（此與「道統」不同。）這是中國人以前講學所不具備的。他浸潤於中國典籍很深，他用典雅的文字來翻譯西方的學問。他的翻譯不感覺到西方文化與中國文化爲對立，他並沒有以爲要吸收這些，非打倒中國文化不可。這倒不失爲一個健康的態度。但是時代精神似乎是「山雨欲來風滿樓」，顯出「神不守舍」的樣子，要散，要塌下來。他那典雅的態度，收歛的精神，在功名事業上不得志，歸而在煙榻上作翻譯，而顯出的，並不能普遍，亦並不能繼續下來。與他同時的那些擧人進士翰林所謂知識分子並不能懂得他所翻譯的那一套。（其實這一套也並不眞易懂。就是在今日，眞懂的亦並不多）。也並不具備他所有的那種訓練。所以中華民國的開國實在是虛弱的，並沒有一個與之相應的學術文化的精神作基礎。只是襲取一個虛架子。而時代精神不是一個開國建國的精神，而是要散要塌下來放縱恣肆的精神。這個趨勢，醞釀暴發於五四愛國運動後的所謂文化運動。這個運動不是繼承嚴復所翻譯的學術精神而下來的，也不是配合新的政治形態而期由嚴復所翻譯的學術而滋長壯大，以回應充實這個新的政治形態。如其如此，這還是一個建構的精神。但是時代精神不是這樣，沒有向這裏走的預備趨勢。在新的政治形態下的政府主持人也根本不了解這個政治形態的意義，根本無相應這個政治形態的政治意識。而社會上滿清留下來的老知識分子不用說，就是所謂新知識分子，能像嚴復那樣讀西書了解西學的也並不多。依是，朝野上下一切都在無主中。新的政治形態並不足以作爲吸引人注意用心的綱領。政府主持人一團糟，在那裏胡鬧。社會上的新知識分子則還是中國往時衰世大學生的老習氣。辛亥革命所建造的民主共和這一新政治形態，由北京政府所代表的，大家不理了，把它擱在一邊，另說別的。新知識分子只感覺到國家不行，受帝國主義的壓迫，而反省到文化問題。但他們的反省是非常之外在而直接，是以淺薄而輕浮。他們對於西方文化尙沒有達到嚴復的那個程度，而只是道聽塗說，外感地紛馳於其五光十色，而現成地檢取其科學與民主，而對於中國文化，則已無嚴復的那種典雅的態度，（浸潤於自己之典籍以譯西學），而只是外在地直接地取否定的態度。他們把科學與民主視爲文化之全部，而此兩者又是西方的，所以也是西方文化之全部，是中國所沒有的，中國文化沒有這兩者，所以中國文化全是老的，而「老」以封建來規定，所以中國文化是封建的，過時的，全當否定。而且以爲要吸收這個新的，必須去掉老的，視中國文化與科學及民主爲不相容的對立。我們試看由西方的武力先把滿清政府打敗，繼把我們的民族打敗，最後把我們的文化打敗。其實西洋人並未打我們的文化，當然無所謂敗不敗。文化是自己努力的事，是有彈性的，是隨時滋長壯大或轉形的。西洋人並不敢說打敗我們的文化。外人所能打的只是外在的有形的東西，一定形態的物質力量。兩種物質力量相交綏，衝突便是打，誰强誰打敗誰。把你的一定形態的物質力量打倒就算完，外此他管不着。所以打敗我們的文化是我們自己代人行事，起來自己否定的。這就叫做自失信心，自喪靈魂，此之謂「自敗」。這種敗才算是一敗塗地。

四、隨科學下來的科學一層論理智一元論的風氣

他們當時提出科學與民主並不是內在地對於科學與民主本身有興趣，而是藉着以爲否定中國文化之口號。科學是新的，凡不是科學的都是迷信的，都是無意義無價值的。他們是想藉科學之新來顯示迷信。科學當然可以破除一些虛妄與迷信。但是道德宗教的眞理與境界是屬於價值世界的，既不是虛妄與迷信，也不是科學的。而當時在科學一尺度下亦俱被剷平了。所以他們看不出中國文化有任何價值。中國文化裏沒有科學，也不是「科學的」，所以全無意義。他們大概以爲凡不是聲光化電的，都是虛妄與迷信的。這是當時藉科學一口號來否定中國文化的情景。

在當時提倡科學是一種風氣，其作用是破壞中國文化（所謂整理國故）。雖不是內在地對於科學本身用心，然在此風氣下，究竟可以提醒人的自覺，向科學方面注意，這究竟也是民族心靈的一步開展。所以在當時是風氣，而繼此風氣下來的近三十年來的發展，究竟也漸漸轉移到對科學本身用心。對於科學知識的吸收，對於科學的研究，究竟也有些進步。這不可抹殺。但是隨此進步而又帶來了一

個不得了的毛病，直至今日而不覺。這個毛病，就是：科學一層論，理智一元論，泛科學，泛事實，泛理智的態度。新文化運動時之言科學本就視之為籠罩一切的一個尺度，但這還是一種空氣，還是情感的。經過這三十年的浸潤發展，人們漸習於科學之特性，知道它的方法，態度與對象是怎麼一回事，所謂乍得一點甜頭，嘗得一點滋味，乃一經肯定，反而更印證了那個籠罩一切的尺度。以前是一種空氣，現在則凝斂而落實了，以前是情感的，現在則收縮而為理智的。但是所謂習於科學之特性，也是初次的，直接的，非批判的，因而成為獨斷的，即並不眞了解科學之限度與範圍。不了解這一點，也畢竟不能算了解科學之特性。科學的研究是要用「理智」。（這是心官之一能，即主體之一面。）理智所分析綜和的對象是自然的物質現象，客觀的具體事實。理智之表現必撲着一個物（客觀的對象），而凡為理智所撲着的也必外在化而為一平鋪的客觀事實。如此，它好去分析綜和，依是，在理智面前總是平鋪的事實之一層。這就是科學的對象。是以每一科學劃分它的範圍即是圈出一套平鋪的事實。物理圈物理現象，化學圈化學現象，心理圈心理現象，生理生物圈生理生物現象，動物植物圈動物植物現象，這叫做分門別類。而所圈的現象（一套平鋪事實）都是同等的，並無價值高下之別。這些研究是可貴的，增加我們的知識。但是它只知平鋪的事實，只以平鋪事實為對象，這其中並沒有「意義」與「價值」。這就顯出了科學的限度與範圍。是以在科學的「事實世界」以外，必有一個「價值世界」，「意義世界」，這不是科學的對象。這就是道德宗教的根源，事實世界以上或以外的眞美善之根源。譬如「大學之道，在明明德」，這個「明德」就是意義與價值的總根源，這不是科學所對的客觀現象，這不能平鋪而為客觀的具體事實。但是人們若反諸己身，則不能否認其有。又如父慈子孝，兄友弟恭，這個慈孝友恭亦是意義與價值之所在，這不能用理智來分析，亦不能平鋪而為客觀的具體事實。但就使窮兇極惡的人亦不能否認其有。這個意義世界或價值世界決不能抹殺。眞正懂得科學的人必懂得科學的限度與範圍，必懂得這兩個世界的不同而不能混一。但是經過這三十年來的浸潤發展，由情感的「科學唯一」轉到理智的「科學唯一」，遂把科學的「理智分析性」與科學的「事實一層性」從科學本身冒出來氾濫而為言論行事的普遍態度，籠罩態度，這就成為科學一層論，理智一元論，（人心主體不只理智這一面），泛科學，泛事實，泛理智的態度。這個態度，其後果之壞無以復加。科學本身是這樣去研究，並無所謂。我們並不反對。一個人專心內在於科學本身獻身於科學之研究，是高貴的，值得稱贊的。但就是這種把科學的「理智分析性」與「事實一層性」從科學本身冒出來而成為科學一層論，理智一元論的態度，則須斷然予以反對。須知我們這三十年來眞正獻身於科學研究的並不多。淺嘗輒止，反是跳出來「用科學」的多。讀科學的人捨棄了科學研究而從政而革命而作校長作官的，比比皆是。三十年來內在地浸潤於科學所得之利，抵不過其跳出來「用科學」所成之害。我這裏所謂跳出來「用科學」，並不指用科學之成果而從事工業製造言，中國尚未達到這個程度。就是適才所說的作官從政也不能盡「用科學」之意。我說用科學乃是指科學一層論，理智一元論言。這個普泛的態度就是「用科學」。

一個人不能潛心於科學本身之研究，而只是「用科學」，成為科學一層論，理智一元論的態度，頂無謂，頂無聊。任何學問不能入：既不能入於科學，亦不能入於哲學，復不能入於文學，而只是掃邊，講科學方法，不落於學問本身，而只是在外邊轉，頂無聊，頂害事。而科學一層論，理智一元論的態度，最大的害處就是抹殺意義與價值。蓋就整個人生說，科學一層論，理智一元論的態度，只知物，不知人。人為什麼當該「孝」？這是經不起理智的疑問與分析的。這不是一個科學的對象，這是不能平鋪而為具體事實的。這是沒有理由的。既沒有理由，就可以化除。在守孝時，要吃素，穿素衣，不可穿華彩的衣服，精緻的綢緞。假若是近視眼，也不可帶金框鏡。我們的理智主義者可問：既可以帶銀框，為什麼不可以帶金框？不都是金屬嗎？既可以吃青菜豆腐，為什麼不可以吃猪肉？這不都是可吃的物質材料嗎？既可以穿棉麻的粗布，為什麼不可以穿絲綢？這不都是可穿的物質材料嗎？沒有理由。旣沒有理由，要這些封建的限制幹什麼？但是我們很容易看出：關於這類的事可以這樣去追問去分析嗎？當他這樣一問時，他的心已經死了，可謂全無心肝。那麼你可以看出這個時代風氣的敗壞是不爲無因的。所以共產黨得以拿唯物論的「階級」立場爲理由來鼓勵人弑父殺兄。當然自由中國的理智主義者不會贊成共黨的弑父殺兄，但是他那科學一層論，理智一元論的態度只認科學爲學問，只認外在的事實爲學問的對象，「明德」不是學問的對象，孝弟，人倫，人性，仁義之心不是學問的對象，而中國以往的學問，聖賢之教，却總是在這裏講道理，提撕人，所以他們看不起中國文化，輕視中國學術，這却是他們的態度。不然，何以一提中國文化就起反感呢？面對共黨的毀棄人倫，摧殘人性，重新來復興講人性人倫仁義之心的中國文化正是人性的覺醒，理性的覺醒，這是應當而且必要。這在反共上，其力量並不亞於政治上的自由。難道人性的覺醒，理性的覺醒，只應當限於政治上的自由嗎？沒有人性人倫人品人格的尊嚴，自由也是不保的。那麼理智主義者在這裏實在當該重新考慮他們的態度，放棄他們那種科學一層論，理智一元論的態度，得承認明德、人性、人倫、仁義之心也是大學問的對象，而且是科學以上的學問，得承認科學的事實世界以外必有一個意義或價値世界。否則，那種非人格的態度未有不落于虛無主義者。

五、隨民主下來的日常生活上泛民主泛自由的風氣

我以上說的是科學一面，至於「民主」一面，則我已說到當時提倡民主的人，並不是配合辛亥革命所建造的新的政治形態而用其誠。一個新的政治形態之形成，須靠朝野人士對於這個政治形態內的意識、運用、與諸觀念有清楚而確定的理解，在內心生命上有堅實不拔嚴肅負責的信念。當時政府主政的人一團糟不必說，新文化運動中倡民主的新知識分子又何嘗有清楚而確定的理解，嚴肅而負責的信念？這是政治家式的思想家，思想家式的政治家的事。當時的知識分子不足以語於此。他們並不想

在這裏用其誠而思於建國創制有擔負。他們之提倡民主，一如其提倡科學，並不是內在於政治而用心，而是脫離政治而轉成社會的。政治上的民主下散流走而轉爲社會日常生活上無律無守的氾濫泛民主主義。民主裏面含有自由平等兩觀念，如是自由平等亦失掉它政治上憲法上的意義，而下散流走，轉爲日常生活上無律無守個人自私的泛自由泛平等。此風一直在社會上漫衍，直至今日而不覺。西方社會裏有顯明的階級間之對立。階級間集團地互相爭取其權利而訂定憲章，因而產生民主政治。他們的爭取，一、目標具體而顯明，在某階級裏爭取某些權利，我要什麼，你對方當給什麼，都是很具體的；二、其爭取是集團地行動，代表整個階級，並不是散漫的個人單獨行動，故其爭自由爭民主易於是政治的，限於其所當，而不下散流走。中國社會無此階級對立性，知識分子並不能結成一個有實體性的階級，他亦不能代表階級，因爲社會上農工商亦未結成實體性的階級。中國的政治變動歷來都是知識分子作領導。辛亥革命亦是知識分子作領導。而中國的知識分子傳統風氣一直是個人行動。隨便結合，隨便離散。眞正切實的政治意識並不够，作官的意識很够。志願宏深以天下爲己任的意識也很够。有時很有宏願，有時又很高蹈。但這還是少數的。在這種情形下，當時代演進中一個新政治形態來臨的時候，知識分子要擔負新政治形態之實現與形成的責任，必須有宏深的志願，有切實而確定的認識，有嚴肅而負責的心情，有識大體的綜和智慧。這是荀子所謂大儒雅儒，吾所謂政治家式的思想家或思想家式的政治家。但是民國以來的知識分子一直不能相應這個新的政治形態而用心，一直在這裏不能出人才，而只是太學生的老習氣，隨着時機而起哄。哄的結果，把民主脫離其政治形態之中心而轉爲社會上日常生活的。師生之間講民主，則先生無法教學生。父子之間講民主，則父兄不能管教其子弟。夫婦之間講民主，則夫妻之恩情薄。民主氾濫於社會日常生活，則人與人間無眞正的師友，無眞正之人品，只是你不能管我，我不能管你，一句話是「你管不着」。民主本是政治上對權力的大防，現在則轉而爲掩護生活墮落的防線。三十年來知識分子對於民主的貢獻不期乃如此。社會上泛民主主義愈流行，愈墮落，則政治上愈專制，愈極權。墮落氾濫的結果是共產黨之出現。知識分子乃遭歷史以來所未有之荼毒。此豈非其自身自造之命運而何？

民主不能在政治上見效，科學不能在知識上見效，則科學一層論，理智一元論的態度，社會上日常生活的泛民主主義的態度，所摧毀的只是科學與民主以外的人倫人道之大防，抹殺點醒仁義之心性以辨人禽別義利的聖賢之教之爲大學問，之爲一切文化創造之總根源。前人講學總在這裏諄諄講說。由周公之制作，孔孟之樹立，宋明儒者之繼承闡發，它在中華民族的進展中已盡了它的責任。其基本核心決無關於封建，亦無所謂新舊。它只是在此以往的發展中沒有開出科學與民主政治來。但是我們前面已說過，此心此理的內容，文化的創造，決不可能一下子都出現，它注定要在歷史發展中完成其自己。以前沒有開出來，將來都要開出來。這裏決定沒有不相容的地方。而且還是本末一貫的一個諧和體。辛亥革命以來，提出科學與民主，引發我們向這兩方面注意。這本是心靈自覺的開展。但不幸的是他們不能了解前人講學用心之所在，不能了解這種學問在文化生命中的作用與地位，因而亦不能了解中國文化之基本精神與基本原理之價值，遂視中國文化與科學民主爲對立。在對立的情形下，人們的心靈與生命頓時失其本，遂流於病態而走邪。人的心靈生命不能積極而健康地站起來，則在本源方面成了漆黑一團的空虛，而科學不能出現，只成爲科學一層論理智一元論的態度，民主政治不能出現，只轉爲社會上日常生活中的泛民主主義的態度。這兩種態度，由其到家所引生的壞結果，現在倒成了一個黑白分明的封閉圈。由它的封閉倒很顯明地顯出一個「意義與價值世界」之必然有與必須承認，此即是以前點醒仁義之心性以辨人禽別義利的大學問，中國文化生命之總根源。這個「意義與價值世界」之很顯明必然有，也使我們很顯明地見到從本源方面漆黑一團的空虛裏重新湧現出「清明之靈光」。這就好像一潭濁水，經過沙土之下沈，而清水上浮一樣。沙土之下沈劃出一條界線來，而清明之水自然很顯明地被認識。然則，我們此時對反共言，對科學與民主之實現言，對文化之發展言，重新肯定這個作爲中國文化生命之命脈的大學問，而多講點中國文化，使人對於中國文化多起一點敬意，鄭重意，有何不可，有何過患，有何負於國家民族乃至人類，而必仍堅持那種淺薄的科學一層論，理智一元論的態度以反對之，輕薄之，動輒斥之爲逆流？這裏容不下任何意氣。時至今日，泛科學，泛事實，泛理智的態度，也當該重新自己檢討一下，有所覺醒矣。

六、今日反省文化問題所應知者

原科學一層論理智一元論者之所以輕薄中國文化，實由其以爲在整個人生內只有科學與民主而足够之淺薄的陋見。實則在整個人生內，整個人文世界內，以下三套，無一可少：

一、科學：此代表知識，並不能成爲一個生活軌道。

二、民主政治：此是政治生活的軌道，而不是一切生活的軌道。

三、道德宗教：此可以産生日常生活的軌道，亦爲文化創造之動力。

他們對於道德宗教一項，完全忽視其意義與作用。說到宗教，他們馬上想到迷信；說到道德，他們馬上想到迂腐。他們完全不知道：道德宗教，在其客觀廣度方面，有成爲「日常生活的軌道」（即文制）之意義，在其主觀深度方面，有作爲「文化創造之動力」的意義。這兩方面看不到，當然視之爲虛無。依此，他們看文化也只作爲外在的一堆東西看，決不能看到它所由以成之創造的動力與精神的表現。他們看科學與民主，也視爲「外在的東西」，決不從文化動力與精神表現上來看它。把文化視爲「外在的東西」，所以提起文化，就是列舉。中國文化裏沒有出現科學與民主，所以一無所有，而列舉地說起來，則除了打板子，辮髮，纏足，太監，抽鴉片外，再無可稱舉。就是現在也還有人說，中國文化，只除講究吃比洋人好以外，再看不出還有什麼比洋人好。這種態度看文化，可謂極端輕薄無心肝。知識分子墮落到這種程度，則中國之有今日，你能怨誰？

反之，光罵他們，光稱贊中國文化好，只是情感擁護，這也失掉今日講文化問題的意義。本來中國人講中國文化，保存中國文化，這是天經地義，無理由來反對。不管講的如何，只是這點關懷之情，也不容輕薄。惟是今日中國乃至整個世界的總癥結是在文化理想之衝突，可以說整個是一文化問題，則吾人今日之反省文化，就不應當只是情感的擁護。情感的擁護與情感的反對是同一層次上的對立，而且也必然都落在以「列擧的方式」說文化，以「外在的東西」之觀點看文化。這便失掉我們今日討論反省文化問題的意義。以列擧的方式，外在的觀點，說好說壞，都是於事無補的。若是明白了文化是此心此理的表現，則亦根本不是好壞問題，乃是發展的問題。這就是引導我們深入一層，內在於創造動力與精神表現上看文化。這是論文化的基根觀點之認識。

復次，基於以上基本觀點之認識，要不喪失今日討論反省文化問題的意義，則必須扣住時代之癥結而疏導文化生命之發展以衝破此癥結，接引中國文化乃至世界文化新形態之來臨。以前孟子陽明俱講「必有事焉」。我們必須「必有事焉」。我們現在疏導文化生命之發展所必有之事，當爲以下三端：

一、道統必須繼續。此爲立國之本，日常生活軌道所由出，亦爲文化創造之原。此相應上列三套「道德宗教」一套而言。中國以往四千餘年的歷史中，惟是彰著此一套，一切聖賢用心惟是直接扣緊此方面而立言。此即爲以仁教爲中心的道德政治的教化系統，亦即禮樂型的教化系統。以前在此系統下，道統，政統，學統是一事。道統指內聖言，政統指外王言，學統則即是此內聖外王之學，而內聖外王是一事，其爲一事，亦猶仁義之與禮樂爲一事。在吾人今日觀之，此三者爲一事之一套，實應只名爲「道統」。其內容自應以內聖之學爲核心，此即爲道德宗教之本義，而其外王一面，則應只限於日常生活的軌道而言之，此爲道德宗教之末義。在此末義下，化民成俗之禮樂亦函於其中。至政統一義，則須另爲開出，見下。此道統必須繼續即是中國文化生命之不斷。道統者，詳言之，即道之統緒。在反省地了解此道之統緒下，必須了解二帝三王如何演變而爲周文，孔孟如何就周文體天道以立人道，宋明儒者又如何由人道以立天道。此一了解即是中國文化生命之疏導。必須隨時代作不斷的了解，不斷的疏導。然而決不可失其本義，亦決不可不知其爲中國文化之主流與基幹，決不可視之爲相對的一家之言，而以爲可以更端而交替之。文化業績可以包括很多，而文化生命不能不有主流。橫陳雜列，不足以語文化。

二、學統必須開出。此相應上列三套科學一套而言。內聖之道爲道統，此學統即爲「知識之學」之統緒。此義，西方文化中特別彰顯，此即爲希臘之傳統。希臘文化精神首先建立起「學之爲學」的意義。「學之爲學」的意義，即是：於了解外物上，必須由感覺狀態，而進至使用概念的抽象思考狀態。進至此狀態，則「知性」，即智之「理解形態」出焉。因此邏輯數學出焉，而科學於焉成立。在反省地了解此統緒中，必須知科學如何發展，哲學如何發展。科學哲學俱含在此統緒中而名曰學統。須知在中國文化中，此義始終未出現，而「學之爲學」亦終未建立起。其故即在內聖之學吸住了人心，而「知性」始終未獨立地彰著出。在內聖之學中，「智」始終停在「直覺形態」中，而未轉出「知性形態」。直覺形態是圓而神的「神智」，知性形態則是方以智的「方智」。遵守邏輯數學而使用概念，故方。此義必須由內聖之學的發展中開出，而中國的內聖之學亦決無與此不相容之處，而且亦決可以相融洽而見內聖之學之廣大與充實。

三、政統必須認識。此相應上列三套民主政治一套而言。政統即政治形態之統緒。在反省地了解此統緒中，必須了解在商質周文的發展中，如何成爲貴族政治，又如何在春秋戰國的轉變中，形成君主專制一形態。在君主專制一形態中，君、士、民的地位及特性如何？民主政治如何是更高級的政治形態？中國以往何以一治一亂？學人用心何以只注意治道而不措意於政道，直至今日而不變？民主政治中諸主要概念，如自由，權利，義務等，是何意義？凡此俱必須透澈了解，而後可以信之篤，行之堅，成爲政治家式的思想家，或思想家式的政治家。然後從事政治活動者，始可以爲理想而奮鬬，不至於一意孤行，隨盲目的權力而顚倒也。

以上三端，現在只簡單地開出。至於詳論其意義以及其關聯，則請參看拙作「歷史哲學」。

附錄一：悼念唐君毅先生

我于本年一月間在臺北時，即聞唐先生嗽咳氣喘，體重減輕。當時以爲中藥有效，但須忌口，其體重減輕，或不能免。但嗽咳氣喘不無問題。一月底返港，翌日往視，知經醫生檢查，可能是舊疾復發。見其容色衰頹，聲音非如常時，酷類其太夫人當初之發音。心念唐先生母子之情甚篤，到老更返于孺慕，故自然有此類似。越二日，尙知其多商量硏究所事宜，並知其聞大陸平反孔子而色喜，並擬過舊曆年再赴臺北作詳細檢查。孰知二月一日晚間卽不適，黎明卽因氣喘窒悶，遽爾長逝，傷哉痛哉！

我于抗戰初期，在重慶時，始認唐先生。當時，他在教育部任特約編輯，我在曾家岩編再生雜誌。一日，他與李長之先生相偕過訪。此後，常相往還。我知其精于黑格爾哲學。某次，請其略講大義，他乃縱談至英國新黑格爾派布拉得萊消融的辯證，覺其玄思深遠，鬱勃而出，我亦因而頓悟辯證之意義與其可能之理據，並知唐先生確有其深度與廣度，非浮泛小慧者所可比。讀哲學，須有慧解，亦須有眞性情。唐先生一生忠于哲學，忠于文化理想，當世無與倫匹，非性情深厚，慧解秀出者，不能至此。

抗戰初期極艱困。我與熊先生相處，得以提撕吾之生命使不墜；與唐先生相聚談，得以開發吾之慧解于多方。良師益友，惠我實多，我終生不敢忘。在此期間，困心衡慮，師友聚談，蘊蓄者深矣。時唐先生與周輔成先生共辦「理想與文化」雜誌，其道德自我之建立一書卽在此雜誌發表者，此爲唐先生在國家之艱困與時風之衰敝中發正大之音之初聲。我當時則正完成邏輯典範一書，並卽着手蘊釀認識心之批判。我極欣賞唐先生道德自我之建立中超拔之勁力與惻怛之襟懷，而唐先生亦謬許我對于邏輯之理解之不同于時流。我之有形工作在邏輯與認識論，而無形之蘊蓄以及所投射者則不止于此。此皆師友提撕啓沃之力也。

抗戰末期，共黨囂張。我目睹當時之輿情，知識分子之陋習，青年之傾向，深感大局之危殆，將有天翻地覆之大變。我之情益悲，我之感益切，而一般恬嬉者不知也。我當時對于時局之悲情（不是政治的，乃是文化的）幾達狂熱之境，燃燒到任何差謬我皆不能容忍，故雖得罪張東蓀梁漱溟諸先生而不辭。我當時日與青年辯談，理直氣壯，出語若從天而降。一般教授自居清高，緘口不言，且斥我從事政治活動。惟唐先生知我不如此。唐先生性涵蓄，對于時局初亦不肯直言，切言。某次，我問：我們是否要落于王船山、朱舜水之處境？唐先生答曰：不至此。然而我之感覺則甚急甚危。故勝利後，在南京，我以我之薪水獨立辦「歷史與文化」雜誌，校對付郵皆我自任。當時唐先生在原籍家居，每期皆寄稿相助。而世人則視我之舉動渺如也。熊先生亦勸我曰：「大害已成而不可挽，挽則必決。」熊先生在老年，我時在中年，故心境不同也。不久，大陸遂全部淪陷。（理想與文化，歷史與文化，乃一氣相呼應者。前者較超越，後者較內在。理想不能不貫注于歷史；文化亦不能不上通于理想，下貫於歷史。故我此後有歷史哲學之作。當時，唐先生比較精純，而我則較爲昂揚。又，我當時所以能以我之薪水獨力辦歷史與文化，乃因我當時無家累，又與家鄉不通音問，又因我有中大與金陵大學兩校之薪水故。）

我于民三十八年到臺，唐先生則由廣州移港，參加辦新亞書院。兩地異處，而精神則相呼應。時徐復觀先生辦民主評論于香港，吾與唐先生等皆爲常期撰稿人。吾之道德的理想主義，歷史哲學，政道與治道，諸書，皆當時在民主評論發表者。而唐先生抒發尤多，諸如人文精神之重建，中國人文精神之發展，人生之體驗，中國文化之精神價值，文化意識與道德理性，等書，亦皆在民主評論發表者。「弘大而闢，深閎而肆」，「彼其充實不可以已」，「其于宗也，可謂調適而上遂矣。」凡此諸語，可爲唐先生書之寫照。時下青年仍應當細讀此等不朽之作，藉以恢弘其志氣，提高其理想，敦篤其性情，勿得浸淫于邪僻奢靡之風，以代溝爲藉口，以迂濶視之也。

吾在臺自三十八年起，定居十年。自四十九年來港，任教于香港大學八年，後復轉至中文大學新亞書院任教七年，至退休而止。此十五年間，吾漸收斂其精神，從事學究之工作，前後寫成才性與玄理，心體與性體，佛性與般若，智的直覺與中國哲學，現象與物自身，等書。而唐先生則參與校政，盡瘁于新亞。其初新亞參加中文大學，不免需要一番改制，在此過渡期，動輒以港大爲準，受港大之指導，受盡洋人之氣，唐先生當時告余曰：直可謂受洋罪。既參加已，中文大學正式成立，唐先生復爲維護聯合制，保持新亞教學與行政之獨立，日日與一般所謂假洋鬼子相抗衡，直至聯合制被廢，新亞被吞沒（其他兩院校亦然），新亞董事會全體辭職，而後止。唐先生對于新亞感情特深。近十幾年來，其生命幾全部耗費于新亞。而新亞之作始以及其後來之發展本駁雜不純；人事，口舌，是非，恩怨，又極多。唐先生身處其中直如處煉獄，其心身之受傷可想而知。然而即如此，復又力寫其中國哲學原論（共四册），以及心靈九境（共兩册）諸大作。外而抗塵抵俗，內而著書立說，如此雙線進行，非有龐大之精神如唐先生者，其孰能支撐得住！然而緊張過度，則强忍力持，耗損必甚。夫人之精神有限，若此等諸大作須費七八年之時間始能寫得成，則待退休後，從容爲之，所成必更精純。今同時進行，稍失從容之旨。一失從容，便涉遑急。雖鐵打金剛，亦難支持，況血肉之軀乎？然此亦與個人性情氣質有關，亦難勉强，以唐先生之省察工夫，夫豈不知？所謂看得透，忍不過，亦莫可如何也。吾爲朋友傷，亦爲朋友痛。今于其遽歸道山，益增痛楚，常俯仰感慨不能已。吾有輓聯云：

一生志願純在儒宗，典雅弘通，波瀾壯濶；繼往開來，智慧容光昭寰宇。

全幅精神注于新亞，仁至義盡，心力瘁傷；通體達用，性情事業留人間。

吾不善爲文辭，蓋紀實也。

唐先生是「文化意識宇宙」中之巨人，亦如牛頓、愛因士坦之爲科學宇宙中之巨人，柏拉圖、康德之爲哲學宇宙中之巨人。吾這裏所謂「文化意識宇宙」與普通所謂「文化界」不同，文化意識不同于文化。這一個文化意識宇宙是中國文化傳統之所獨闢與獨顯。它是由夏商周之文質損益，經過孔孟內聖外王成德之敎，而開闢出。此後中國歷史之發展，儘管有許多曲折，無能外此範宇。宋明儒是此宇宙中之巨人，顧、黃、王亦是此宇宙中之巨人。唐先生是我們這個時代此宇宙中之巨人。唐先生不是此宇宙之開闢者，乃是此宇宙之繼承與弘揚者。沒有科學傳統，不能有牛頓與愛因士坦之爲科學宇宙中之巨人；沒有希臘哲學傳統，不能有柏拉圖與康德之爲哲學宇宙中之巨人。同樣，沒有中國文化傳統，亦不能有唐先生之爲此時代所須要弘揚之文化意識宇宙中之巨人。唐先生之繼承而弘揚此文化意識之內蘊是以其全幅生命之眞性情頂上去，而存在地繼承而弘揚之。「彼其充實不可以已。……其于本也，弘大而闢，深閎而肆；其于宗也，可謂調適而上遂矣。」吾再重述此數語以爲唐先生生命格範之寫照。他是盡了此時代之使命。

唐先生可以作事，亦有作事之興趣。但是他之作事不是政務官之作事，亦不是事務官之作事，亦不是革命家之作事，而乃是立于文化意識之立場來作事。他之參與新亞校政以及承擔了新亞後期之痛苦奮鬪與悲劇結束，皆是以文化意識之弘揚爲背景。參與新亞校政者多矣，不必皆有此文化意識，即或有之，亦不必能如唐先生之眞切與充其極。故到後來，幾等于只唐先生一人承當了這痛苦的奮鬪與悲劇的結束。痛苦之所以爲痛苦，悲劇之所以爲悲劇，即在一般人之立場與唐先生之文化意識有距離，甚至可以說有衝突。執行香港政府之政策者，固無視于唐先生之文化意識，即三院立場亦不一致，不能精誠合作；即新亞本身亦不一致，不能團結應對——此皆由于一般人不能契解唐先生之文化意識，故鬧成許多衝突。一般人之立場大抵皆是事便、利便、智巧、恩怨之立場，很少有能忠于原則，忠于理想者。唐先生身處此種衝突中，其奮鬪之痛苦可想而知，其爲悲劇之結束亦可想而知。唐先生可以作事，而其作事竟陷于此種局面，此亦可說在如此之現實中是註定的。蓋他本不是事業宇宙中之巨人，而只是文化意識宇宙中之巨人。

這點事業之成不成，固無損于其文化意識之强大。程明道有云：雖堯舜事業亦如太虛中一點浮雲過目。而何況區區一新亞？唐先生之文化意識可以表現而爲新亞事業，但不等于新亞事業。此一意識可以在新亞表現，亦可以在別處表現，亦可以其他方式表現。他之對新亞一往情深，只是忠于原則，忠于理想。若客觀言之，問値得不値得，這不是唐先生所顧及的。他之不考慮此値得不値得，而承當此痛苦與悲劇，正反映其文化意識之强烈。他在痛苦的奮鬪中耗損了其有限的生命，然而其文化意識宇宙中的巨人身分却永垂于不朽。

我前文說他不是事業宇宙中的巨人；他作事不是政務官之作事，亦不是事務官之作事，亦不是革命家之作事。他無汗馬功勞，亦無經國大業。他亦不是什麽專家，他更不是所謂名流。如是，銷用歸體，他却正是文化意識宇宙中之巨人。他的一生可以說純以繼承而弘揚此文化意識之傳統爲職志：他在適應時代而對治時代中張大了此文化意識宇宙之幅度，並充實了此文化意證宇宙之內容。他博通西方哲學，並時以哲學思考方式出之，只是爲的「適應時代，輔成其文化意識，引人深廣地悟入此文化意識之宇宙」之設教的方便。因此，若專狹地言之，或以西方哲學尺度衡量之，他可能不是一個很好的西方式的哲學家，雖然他有很深遠的哲學性的玄思（此哲學性的玄思發自其文化意識宇宙中之慧解並消融于此慧解）；因此，他不是哲學宇宙中的巨人，如柏拉圖與康德等，他越過了哲學宇宙而進至于文化意識之宇宙，他成了此文化意識宇宙中之巨人。中國人沒有理由非作西方式的哲學家不可。中國式的哲學家要必以文化意識宇宙爲背景。儒者的人文化成盡性至命的成德之教在層次上是高過科學宇宙，哲學宇宙，乃至任何特定的宗教宇宙的；然而它卻涵蓋而善成並善化了此等等之宇宙。唐先生這個意識特別強。吾與之相處數十年，知之甚深。吾有責任將他的生命格範彰顯出來。以昭告于世人。故吾人于哀悼其有限生命之銷盡之餘，理應默念而正視其文化意識宇宙中巨人身份之永恆價值。

中華民國六十七年二月

附錄二：「文化意識宇宙」一詞之釋義

吾在悼念唐君毅先生一文中，有「文化意識宇宙」一詞，此詞不同于普通所謂「文化界」。普通所謂學術文化，其意指甚爲廣泛，而且只從作業上說，因此，凡從事研究學問者，不管所研究者爲何，皆屬于學術文化界。「文化意識」不同于今之所謂學術文化之「文化」。今之所謂文化文明好像是新名詞。由新名詞，人便想到英文之"Culture"與"Civilization"，好像是外來語之譯語。其實文化，文明，皆是中國所原有，而且原自很古，原于易經之賁卦。賁卦彖傳曰：「賁亨。柔來而文剛，故亨；分剛上而文柔，故小利有攸往：天文也。文明以止，人文也。觀乎天文以察時變，觀乎人文以化成天下。」是則天文，人文，文明，文化，四詞皆見于此彖傳，而且其義甚切而皆有所專當，而且正表示一種道德實踐上的價值活動。柔文剛，剛文柔，此種剛柔相錯而互相文飾，乃是自然如此者，故曰「天文」。「天文」者自然之文理也。就此自然文理而光明之以使剛柔皆止于至善，剛不偏剛以至于戾，柔不偏柔以至于溺，則即謂「人文」。「人文」者，通過人之實踐以價值化此自然之文理之謂也。剛不偏剛，則剛明；柔不偏柔，則柔明。明則即止。是則「止」者即善成之謂也。故曰：「文明以止、人文也。」是則「人文」即表示人之道德實踐。故曰：「觀乎天文以察時變，觀乎人文以化成天下。」剛柔相錯即是自然之「時變」，「文明以止」之人文即足以「化成天下」。此明示人文乃屬于價值化活動者。由人文以化成，故亦可縮稱曰「文化」。此縮稱之「文化」即表示以人之道德實踐以化成天下也。化成即善成。任何事，只有善而化之，始能成就其自己，即「文明以止」也。否則必歸于破滅，流逝而歸于虛無。今之所謂文化，文明，如二次大戰後所謂美國世紀所代表之文化實只是虛無之道，乃是蕩而無歸化，而蘇俄中共所代表之文化，實皆是破滅之道，乃是暴戾化，死化，黑暗化，殘滅化，凡此，寧有所謂文化、文明之意耶？因此，吾所謂「文化意識」乃卽中國固有之「觀乎人文以化成天下」之意識也。此一意識乃是孔孟成德之教所開闢，而由賁卦彖傳簡單辭語作代表。由此意識，吾人卽可開闢價值之源。依此價值之源以作道德實踐而化成天下，卽名曰「文化意識宇宙」。

此一宇宙在層次上是高過科學宇宙，哲學宇宙，乃至任何特定宗教宇宙者。科學宇宙只是各種專門知識，此中並無足以立人道所遵循之價值標準者，它只可以提供某種行動之技術原則。若只順科技知識向下滾，則必以技引技，以技制技，交引日下，必有爆炸之一日，決不足以化成天下，適足以毀壞天下，蓋無「文明以止」之人文故也。此中並無人文，而只有物文，技文，馴致于人亦物矣。人日呼籲原子能當應用于社會福利，不當應用于軍事武器，然而人們却朝夕恐怖于戰爭之毀滅中，蓋人文之門終未開啓故也。卽使用于福利，不用于戰爭，若只逐追福利，而無「文明以止」之調節，則必流于奇技淫巧之奢靡，而日暴露不可遏止之邪僻，終至于姦殺淫盜無已時，然則所謂福利又安在？福利適成爲福利之抵銷。此正是今日美國世紀所領導之社會之災難也。人文之門封閉久矣，徒嚷福利有何益哉？此正是虛無之道，將人間蕩而無歸化，焉有所謂「文明以止」之文化耶？夫科技知識本身有何過患？福利亦人生所應有。然必有「文明以止」之文化意識以冒之，然後始足以善成之。此所謂文化意識宇宙高過科學宇宙也。

哲學只是思辨，順人性各領域辨而明之，以明其原理爲如何。原理者貞定各領域之自性而不使其相凌駕與蕩越之謂也。此亦是一種「文明以止」之人文——人所當有之一種活動。然此種「文明以止」是知解的，卽思辨的，尙不是實踐的。知解的「文明以止」必須融攝于實踐的「文明以止」中，然後始能具體而落實，而不流于空論或只是理智的遊戲。此卽文化意識宇宙高過哲學宇宙者。順西方哲學傳統，常只是流于純理智的思辨，雖理論壯濶，義理豐瞻，思理奇突，而常無關于人品。因此，雖于其所思辨者能明而止之，然于其「自己爲人」之本身却陷于黑暗而無所止，此亦是蕩而無歸者。此是「思辨之只爲思辨」之蕩而無歸。哲學家亦可討論人，而且根據種種學問，如人類學，心理學，生物生理學，社會學，文化學，道德學等等，以討論之，然結果其所討論者只是一個客觀的人，而不是其自己，其所成者仍只是一些空泛的一般性的理論，而無與於個人自己之成德。是則其自己人之爲人仍是闇而不明者，到處皆明，而只自己是一個黑點子。存在主義有一半的覺醒，然結果仍是流于一套理論以及負面分析之挑動，而仍無關于自己人品之挺立。在此，顯出中國儒家成德之敎，「文明以止」之人文化成之殊特。它從不繞出去根據種種學問泛講一客觀的人，它只令人當下立于其自己來覺悟價值之源以期存在地實踐地完成其自己之人品，並期善化善成人之所有一切事。此種成德之敎，使自己生命「文明以止」的智慧，除于中國傳統外，乃無處可以發見者，即使哲學宇宙亦不能盡之，故此文明以止的文化意識宇宙乃高過哲學宇宙而足以善成之以彰其思辨之用而使之爲有所歸者。

宗敎指向絕對，將人之心思專注于絕對，倒懸人道于神道，神道明而自己之生命仍是一黑暗而不明，此雖與以各種學問講人者有間，而繞出去以外在者處置人則同。自己闇，則任何外在者皆不免蕩而無歸，而自己之生命亦必被紛扯于外在者而無主，而日馳逐于外在者而無寧靜時，是則「絕對」未見其利，先見其弊。夫人類能冒出一「絕對」本非壞事，但冒出一絕對，停止于此，而倒懸于絕對，則非究竟。此猶如盲而睜眼者爲一外在之光所眩惑，指東畫西，說出許多奇特事，而與自己究不相干；即使一時定下來，而默識那外在之光自己，然而于自己之生命仍未起動一步也；即使說我已有光指導矣，我之生命即順此光前進可也，然而即如此，亦仍爲外光所牽引，而吾自己內部之光仍未透出也，是則自己生命仍是一黑暗點，而不是一「文明以止」之光明點；即使說外光牽動了我，同時即動蕩了我，然而即如此，其所動蕩者乃是你感性生命之勁力與衝力，及見到自己感性生命之勁力與衝力滿盤是罪惡，動蕩不安，衝突百出，而終不知何以措手足，如是你只有呼喚與祈禱，及至聲嘶力竭而後止，然而你以爲平安了，而其實你那內部鬱結仍一動也未動，仍照樣牢固于原處而潛伏在那裏。此何以故？終不回頭之故也。回頭是光明自己之契機。這一回頭之教正是儒聖所開闢。同頭就自家生命開出仁道以順成人道，即是光明而寧靜自己者，即使自己成爲「文明以止」者。開出仁道即足以遙契天道，而且即證同天道，仁道即天道，即絕對，即人生宇宙之本體。本此本體以順成人道，此即所謂開闢價値之源，以善化人生者，而不是倒掛人道于神道以祈福者。本此本體以成人道，而善化人生，即是善化絕對者。是故此一回頭所成之「文明以止」之化成意識在層次上是高過任何特定宗教意識而足以善化而善成之者。人能就主體開闢價値之源，通過道德實踐以光明自己，始能光明絕對。人不能光明自己，而倒懸自己于神道以祈福，則絕對亦終不能明，只是一畔援欣羡之彼岸而已。詩云：「無然畔援，無然歆羨，誕先登于岸。」此可思也。「無然畔援」者，言你不要那樣離畔自己而攀援外在者。「無然歆羨」者，言你不要那樣歆動欲望以羨慕外在者。「誕先登于岸」者，言如是你便可以先達至于道之極處，即盡道之極也。故文王之德之「絕亦不已」以及孔孟所承之而開闢的內聖之學成德之教乃正是一「文化意識宇宙」之開闢而足以涵蓋一切而且善成一切者。人若想救自己，救世界，而不欲眼看人類向暴戾化，死化，黑暗化，殘滅化墮落，則捨此莫由。

又，「文化意識宇宙」本似與「文化意識界」爲同義語，然吾不說「界」而說「宇宙」者，則因依中文之語意，「界」字首先示人以界限或範圍之印象，不若「宇宙」字之能涵蓋一切。「範圍天地之化而不過，曲成萬物而不遺。」範圍曲成是「宇宙」一詞之所示。又範圍曲成是隨時代而充實其內容並漲大其幅度，亦猶言「漲大的宇宙」也。然無論如何漲大，總是一範圍曲成，涵蓋一切之宇宙。其他一切特殊活動皆各是此宇宙中之一特殊的動相。故此宇宙乃高過一切動相而足以善成之者。此其所以有普遍性與包容性也。此是一圓實而平平之宇宙，無奇特相，無撐架相，無偏注相，因而亦無虛幻相。然而「雷雨之動滿盈，天造草昧，宜建侯而不寧」（屯彖傳），正須「君子以經綸」（屯象傳），「天下雷行，物與无妄，先王以茂對時育萬物」（无妄象傳），却亦正是精進健行，充實飽滿，而亦「純亦不已」也。

國家圖書館出版品預行編目資料

道德的理想主義

牟宗三著. – 修訂版. – 臺北市：臺灣學生，民 81 印刷

面；公分 –（當代學術叢刊：17）

ISBN 978-957-15-0417-9 (平裝)

1. 哲學 -- 中國 – 論文，講詞等

120.7 81004325

道德的理想主義（全一冊）

著作者：牟宗三

出版者：臺灣學生書局有限公司

發行人：楊雲龍

發行所：臺灣學生書局有限公司
臺北市和平東路一段七十五巷十一號
郵政劃撥戶：○○○二四六六八
電話：（○二）二三九二八一八五
傳眞：（○二）二三九二八一○五
E-mail: student.book@msa.hinet.net
http://www.studentbook.com.tw
本書局登記證字號：行政院新聞局局版北市業字第玖捌壹號

印刷所：長欣印刷企業社
新北市中和區中正路九八八巷十七號
電話：（○二）二二二六八八五三

定價：新臺幣二八○元

二○○○年九月修訂版六刷
二○一三年八月修訂版七刷

19003

ISBN 978-957-15-0417-9 (平裝)